KB270851

공공재의 가치

내일을여는지식 사회 27

공공재의 가치

공공재의 가치 측정과 비용편익 분석

고태호 지음

KSI 한국학술정보㈜

　행정학도였던 학부 시절, 토론식 수업이 상당히 많았었다. 당시 이슈가 되고 있는 공공사업을 주제로 선정해놓고, 찬성 측과 반대 측으로 나누어서 상대편을 설득하는 과정으로 수업은 진행되었다. 그러나 대부분의 토론에서 결론은 나지 않았다. 결론이 나지 않을 때의 답답함이란……

　결국 토론에서 결론이 나지 않았던 이유를 깨달았다. 이유는 크게 두 가지였다. 첫 번째 이유는 찬성 측이 부각시키는 공공사업의 편익과, 반대 측이 부각시키는 공공사업의 비용을 종합하여 비교하려는 시도가 없었다는 것이다. 두 번째 이유는 편익과 비용을 종합하여 비교하려고 해도, 비교의 기준이 다르기 때문에 비교할 수가 없었다는 것이다. 예를 들어 도심에 생태 하천을 조성하는 사업을 생각해보자. 찬성 측은 '도시 환경이 쾌적해지기 때문에' 사업을 추진해야 한다고 주장하는 반면에, 반대 측은 '1,000억 원이라는 어마어마한 비용이 소요되기 때문에' 사업을 추진하지 말아야 한다고 주장한다. 도대체 1,000억 원의 비용과 쾌적함이라는 편익을 어떻게 비교해야 한단 말인가?

　이 문제를 해결하기 위한 답은 간단하다. 쾌적함이라는 편익을 돈으로 환산하면 된다. 그러나 쾌적함을 돈으로 환산하는 과정은 그리 간단하지 않았다.

―머리말 중에서

행정학도였던 학부 시절, 토론식 수업이 상당히 많았었다. 당시 이슈가 되고 있는 공공사업을 주제로 선정해 놓고, 찬성 측과 반대 측으로 나누어서 상대편을 설득하는 과정으로 수업은 진행되었다. 그러나 대부분의 토론에서 결론은 나지 않았다. 결론이 나지 않을 때의 답답함이란…… 이러한 답답함을 해소하기 위해 대학원에 진학하여 정책 분석을 공부하게 된다.

결국 토론에서 결론이 나지 않았던 이유를 깨달았다. 이유는 크게 두 가지였다. 첫 번째 이유는 찬성 측이 부각시키는 공공사업의 편익과, 반대 측이 부각시키는 공공사업의 비용을 종합하여 비교하려는 시도가 없었다는 것이다. 두 번째 이유는 편익과 비용을 종합하여 비교하려고 해도, 비교의 기준이 다르기 때문에 비교할 수가 없었다는 것이다. 예를 들어 도심에 생태 하천을 조성하는 사업을 생각해 보자. 찬성 측은 '도시 환경이 쾌적해지기 때문에' 사업을 추진해야 한다고 주장하는 반면에, 반대 측은 '1,000억 원이라는 어마어마한 비용이 소요되기 때문에' 사업을 추진하지 말아야 한다고 주장한다. 도대체 1,000억 원의 비용과 쾌적함이라는 편익을 어떻게 비교해야 한단 말인가?

이 문제를 해결하기 위한 답은 간단하다. 쾌적함이라는 편익을 돈으로 환산하면 된다. 그러나 쾌적함을 돈으로 환산하는 과정은 그리 간단하지 않았다. 이에 쾌적함을 돈으로 환산하는 방법을 터득하기 위해 박사과정에 진학하여 환경경제학을 공부하게 된다.(참고로 이 책은 환경경제학 분야에서 발달해 온 비시장재의 가치 측정 이론을 빌어 공공재 또는 공공서비스의 가치 측정에 적용하려고 한 것이다.) 궁극적으로 지금은 1,000억 원의 비용과 쾌적함이라는 편익을 종합하여 비교할 수 있게 되었다.

아마 학부 시절 내가 느꼈던 답답함에 공감하는 대학생 또는 대학원생이 있을 것이다. 그 답답함을 조금이나마 해소할 수 있었으면 하는 바람으로, 그리고 내가 고생하면서 갔던 길을 보다 쉽게 갈 수 있었으면 하는 바람으로 이 책을 집필하게 되었다.

그렇다고 이 책이 이러한 주제와 관련한 모든 답답함을 해소하고, 학도들의 엄청난 지적 욕구를 채울 수 있을 것이라고는 생각하지 않는다. 이 책의 내용을 보면 알겠지만 공공재의 가치 측정 방법, 공공정책의 비용 편익 분석 등을 명확히 이해하기 위해서는 미시경제학, 후생경제학, 재정학, 통계학 등 다양한 분야의 방대한 배경지식이 전제되어야 한다. 이렇게 방대한 지식과 정보를 모두 이 책에 담는다? 이는 독자들의 (학문적) 부담능력을 무시한 처사일 뿐만 아니라, 나의 지적 오만이 될 것이다. 특히 이 책은 경제학도뿐만 아니라 비경제학도를 위한 책이기도 하기에, 가급적 비경제학도의 부담능력을 고려하여 집필하였다. 책의 내용을 이해하는 과정에서 필요한 배경지식은, 필요에 따라 관련 전공서적을 참고하는 것이 바람직할 것이다. 다만 이해를 위해 반드시 필요하다고 생각되는 정보는 각 CHAPTER 뒤에 「NOTE」로 간략하게 제시해 놓았다. 참고로 본인도 많은 서적과 논문에서 도움을 받았다. 특히 존경하는 스승님이신 한양대학교 김홍배 교수님, 한국방송통신대학교 노형규 교수님, 고려대학교 곽승준 교수님의 저서와 논문들을 참고하였다.

이 책은 총 3장으로 구성된다. 『제1장 공공재의 가치』에서는 공공재의 가치 측정의 의미와 공공재의 가치 측정의 필요성을 중심으로 기술하였다. 『제2장 공공재의 가치 측정 방법』에서는 비시장재의 가치 측정 방법론에 대한 설명과 함께 최근 가장 많이 이용되고 있는 조건부 가치 측정법을 이용한 공공재의 가치 측정 방법에 대해 구체적으로 기술하였다. 그리고 현실 적용력을 높이기 위해 (논문 등을 통해 발표하였던) 사례 분석 과정을 제시하였다. 『제3장 정책의 비용 편익 분석』은 공공재의 가치 측정 결과를 활용한 정책의 비용 편익 분석 과정에 대한 내용으로서, 비용 편익 분석의 각 과정상에서 필요한 방법들에 대해서 기술하였다. 그리고 이에 대한 이해도를 높이기 위해 공공재의 가치 측정 결과를 활용한 비용 편익 분석 사례를 제시하였다.

그리고 각 장은 「Q(uestion)」, 「본문」, 「정리」, 「NOTE」로 구성되어 있다. 「Q(uestion)」에서는 각 장에서 필요한 문제의식을 명확히 하기 위한 질문과 그에 대한 답을 간략히 제시하였다. 그리고 각 장의 CHAPTER 마지막 부분에는 해당 CHAPTER의 핵심 내용을 상기시키는 의미에서 「정리」를 제시하였다. 「본문」은 가급적 내용이 순차적으로 연결되게끔 구성하였다. 특히 내용의 흐름이 끊기는 것을 방지하기 위해, 중간 중간 내용 이해를 위해 필요한 경제학 또는 통계학적 지식은 해당 CHAPTER 뒤에 「NOTE」로 제시하였다.

마지막으로 감사의 마음을 전하고 싶다. 이 책의 구상단계에서부터 집필까지 많은 아이디어를 제공하고 공유해 준 임정현 연구원과 자료 수집, 편집, 교정 등의 작업 과정에서 많은 도움을 준 오윤정 연구원·이수연 연구원에게 감사드린다. 이들은 이 책의 최초의 독자로서 많은 비판도 해 주었다. 그리고 이 책을 집필한다는 이유로 같이 시간을 보내 주지 못한 데 대해 영주와 가은, 다현에게 미안함을 전한다.

들어가며 _ 17

제1장 공공재의 가치   23

1. 가치와 화폐 _ 25
2. 가격과 효율성 _ 35
  2.1. 가격의 역할 _ 35
  2.2. 효율성 _ 40
  2.3. 자원배분과 효율성 _ 47
  NOTE 1. 소비자 선택 이론 _ 53
3. 공공재와 효율성 _ 64
  3.1. 공공재의 특성 _ 64
  3.2. 무임승차자와 효율성 _ 68
  3.3. 공공재의 최적 생산량 _ 73
  NOTE 2. 시장수요의 도출 _ 78

제2장 공공재의 가치 측정 방법   81

1. 공공재 가치 측정의 기본 개념 _ 83
2. 공공재의 가치 측정에 관한 이론적 배경 _ 87
  2.1. 소비자 잉여 _ 87
  2.2. 보상잉여와 동등잉여 _ 93
3. 비시장재화의 가치 측정 방법 _ 101
  3.1. 헤도닉가격기법 _ 102

3.2. 여행비용법 _ 106

3.3. 조건부 가치 측정법 _ 109

4. **조건부 가치 측정법을 이용한 공공재의 가치 측정 방법 _ 115**

4.1. 조건부 가치 측정법을 이용한 공공재의 가치 측정 과정 _ 116

4.2. 양분선택형 질문법의 추정 모형 _ 124

4.3. NOAA 보고서의 가이드라인 _ 131

NOTE 3. 엑손 발데즈 호 사건으로 인해 훼손된 자연자원의 가치 _ 135

NOTE 4. 로짓모형 _ 138

5. **대중교통서비스 개선의 가치 측정 _ 144**

5.1. 일반 배경 _ 144

5.2. 분석 과정 _ 145

5.3. 분석 결과 _ 150

6. **특허청의 청구항별 심사제도의 가치 _ 156**

6.1. 일반 배경 _ 156

6.2. 분석 과정 _ 157

6.3. 분석 결과 _ 161

7. **사회복지서비스의 가치 측정: 장애인 콜택시의 적정요금 도출 _ 164**

7.1. 일반 배경 _ 164

7.2. 분석 과정 _ 165

7.3. 분석 결과 _ 169

제3장 정책의 비용 편익 분석   179

1. **비용 편익 분석의 이해 _ 181**

1.1. 정책의 효율성 _ 181

1.2. 비용 편익 분석의 개념 _ 184

2. 비용 편익 분석 과정 _ 189
NOTE 5. 청계천 복원 사업의 개요 _ 204

3. 비용과 편익의 측정 _ 207
3.1. 비용과 편익의 종류 _ 207

3.2. 비용과 편익의 측정 _ 210

4. 비용 편익 분석의 의사결정방법 _ 221
4.1. 현재가치법 _ 223

4.2. 사회적 할인율 _ 227

4.3. 순편익과 편익-비용비 _ 233

NOTE 6. 내부수익률 _ 241

5. 환경가치를 고려한 관광개발정책의 비용 편익 분석 _ 243
5.1. 일반 배경 _ 243

5.2. 관광개발의 영향 _ 246

5.3. 관광개발정책의 비용과 편익 항목 _ 251

5.4. 관광개발정책의 편익 분석 방법 _ 257

5.5. 관광개발정책의 비용(환경 비용) 분석 방법 _ 263

5.6. 사례 분석 _ 270

6. 문화시설 건립의 비용 편익 분석 _ 279
6.1. 일반 배경 _ 279

6.2. 문화시설 건립의 비용과 편익 항목 _ 280

6.3. 사례 분석 _ 283

참고문헌 _ 290

색인 _ 303

표 차례

〈표 1-1〉 화재경보기 설치비용 부담 여부에 따른 후생수준 비교 _ 70

〈표 1-2〉 나무에 대한 주민들의 한계편익 _ 75

〈표 2-1〉 교통 소음이 주택 가격에 미치는 영향 _ 104

〈표 2-2〉 여행비용법으로 추산한 산림의 위락가치 _ 108

〈표 2-3〉 하천 수질 개선 시나리오에 대한 지불의사금액 _ 112

〈표 2-4〉 Carson et al(2003)의 연구 내용 요약 _ 137

〈표 2-5〉 독립변수의 기술통계량 _ 150

〈표 2-6〉 이중경계 양분선택형 모형 종합 추정 결과 _ 151

〈표 2-7〉 버스이용자의 추정 결과 _ 152

〈표 2-8〉 학생이용자의 추정 결과 _ 153

〈표 2-9〉 버스비이용자의 추정 결과 _ 154

〈표 2-10〉 연도별 출원건수 _ 157

〈표 2-11〉 향후 20년간 특허출원 예상건수 _ 158

〈표 2-12〉 추정 결과 _ 161

〈표 2-13〉 연도별 청구항별 심사제도의 편익 _ 162

〈표 2-14〉 장애인 콜택시 운영 개요 _ 166

〈표 2-15〉 독립변수의 기술통계량 _ 170

〈표 2-16〉 종합 분석 결과 _ 171

〈표 2-17〉 노약자 추정결과 _ 173

〈표 2-18〉 장애인 추정결과 _ 175

〈표 2-19〉 평균 지불의사금액 산출내역 _ 177

〈표 2-20〉 목표 이용 확률별 평균지불의사금액(로짓모형) _ 178

〈표 3-1〉 공원에 대한 주민들의 편익 _ 182

〈표 3-2〉「청계천 복원 사업」에 따른 비용과 편익 항목 _ 194

〈표 3-3〉「청계천 복원 사업」의 비용과 편익 _ 197

〈표 3-4〉「청계천 복원 사업」의 연도별 비용과 편익 _ 198

〈표 3-5〉「청계천 복원 사업」 비용과 편익의 현재가치화 _ 199

〈표 3-6〉 분석 기간에 따른 민감도 분석(할인율 7%) _ 200

〈표 3-7〉 할인율에 따른 민감도 분석(분석 기간 25년) _ 200

〈표 3-8〉 청계천 복원 사업의 총사업비 _ 206

〈표 3-9〉 할인율과 할인기간에 따른 현재가치 _ 225

〈표 3-10〉 정책 A의 편익과 비용 _ 226

〈표 3-11〉 정책 A의 비용과 편익의 현재가치화 _ 226

〈표 3-12〉 정책 A의 순편익 _ 234

〈표 3-13〉 정책 A의 편익-비용비 _ 236

〈표 3-14〉 각 대안별 편익-비용비와 순편익 _ 237

〈표 3-15〉 각 정책대안별 편익과 비용 결과표 _ 238

〈표 3-16〉 타당성 평가를 위한 비용과 편익 _ 252

〈표 3-17〉 관광개발사업 효과의 항목화 _ 253

〈표 3-18〉 A 개발사업의 효과 구분 _ 256

〈표 3-19〉 산업별 재화의 가격변화 _ 271

〈표 3-20〉 산업별 재화의 소비변화 _ 272

〈표 3-21〉 산업별 재화의 부가가치 변화 _ 273

〈표 3-22〉 SBDC 모형 추정결과 _ 275

〈표 3-23〉 DBDC 모형 추정결과 _ 276

〈표 3-24〉 곶자왈의 총 가치 추정 _ 277

〈표 3-25〉 A 개발사업의 비용과 편익 _ 278

〈표 3-26〉 문화시설 건립사업 효과의 항목화 _ 281

〈표 3-27〉 문화시설 건립사업의 효과 구분 _ 283

〈표 3-28〉 최종 추정 결과 _ 286

〈표 3-29〉 한라문화예술회관의 가상적 가치 추정 _ 287

〈표 3-30〉 한라문화예술회관 건립사업 비용 _ 288

〈표 3-31〉 한라문화예술회관 건립사업의 편익 _ 289

〈표 3-32〉 한라문화예술회관 건립사업의 비용과 편익 _ 289

〈그림 1-1〉 물물교환의 메커니즘 _ 30

〈그림 1-2〉 수요공급곡선 38

〈그림 1-3〉 효율적인 생산량의 결정 _ 44

〈그림 1-4〉 에지워스상자 _ 48

〈그림 1-5〉 상호 이득이 되는 교환의 예 _ 49

〈그림 1-6〉 계약곡선 _ 51

〈그림 1-7〉 두 재화의 배합 _ 53

〈그림 1-8〉 예산선 _ 55

〈그림 1-9〉 소득과 가격의 변화에 따른 예산선 _ 56

〈그림 1-10〉 무차별곡선 _ 57

〈그림 1-11〉 무차별곡선의 교차 시 모순 _ 59

〈그림 1-12〉 한계대체율 체감의 변화 _ 60

〈그림 1-13〉 소비자 선택 _ 61

〈그림 1-14〉 소비의 경합성과 배제성의 정도 _ 68

〈그림 1-15〉 시장수유곡선의 도출 _ 74

〈그림 1-16〉 시장수요곡선의 도출 _ 79

〈그림 2-1〉 수요곡선과 지불의사금액 _ 88

〈그림 2-2〉 WTP와 WTP의 변화 _ 89

〈그림 2-3〉 소비자 잉여 _ 90

〈그림 2-4〉 공원의 수요곡선과 소비자 잉여 _ 91

〈그림 2-5〉 정책에 따른 소비자 잉여의 변화 _ 92

〈그림 2-6〉 가격변화와 소비자 선택의 변화 _ 94

〈그림 2-7〉 재화의 가격변화와 보상변화 _ 96

〈그림 2-8〉 가격변화와 동등변화 _ 97

〈그림 2-9〉 보상잉여(CS)와 동등잉여(ES) _ 98

〈그림 2-10〉 방문횟수와 1회 방문가격의 상관관계 _ 108

〈그림 2-11〉 수질의 수요곡선 _ 112

〈그림 2-12〉 조건부 가치 측정법을 이용한 공공재의 가치 측정 과정 _ 117

〈그림 2-13〉 종속변수가 이항형인 경우의 산포도 _ 139

〈그림 2-14〉 로지스틱 함수 _ 140

〈그림 2-15〉 조건부 가치 측정법 설계 절차도 _ 146

〈그림 2-16〉 조건부 가치 측정법의 설계 절차도 _ 160

〈그림 2-17〉 휠체어리프트 및 휠체어승강설비가 설치된 특별운송수단 _ 166

〈그림 2-18〉 조건부 가치 측정법 설계 절차도 _ 167

〈그림 2-19〉 종합 분석 결과 _ 172

〈그림 2-20〉 노인 분석 결과 _ 174

〈그림 2-21〉 장애인 분석 결과 _ 176

〈그림 3-1〉 비용 편익 분석 과정 _ 190

〈그림 3-2〉 「청계천 복원 사업」의 정책 시나리오 _ 191

〈그림 3-3〉 복원된 청계천 _ 206

〈그림 3-4〉 비용과 편익의 종류 _ 207

〈그림 3-5〉 비용 편익 분석의 의사결정단계 _ 223

〈그림 3-6〉 관광영향의 개념적 틀 _ 246

〈그림 3-7〉 조건부 가치 측정법 설계 과정 _ 264

들어가며

청계천에 다시 물이 흐른다. 시멘트로 덮인 지 47년, 복원공사가 시작된 지 2년 3개월 만이다. 자동차가 지상으로, 고가도로로 빽빽이 지나다니던 5.84㎞가 친근한 생태계 시내로 바뀌었다. 청계천 복원의 의미는 단지 물이 흘러 볼거리가 생겼다는 데 그치지 않는다. 도시 한복판에 사람들이 모여들어 소통하는 공간이 조성된 데 큰 의미가 있다.

청계천 복원 전   청계천 복원 후

복잡하고 더러운 도심을 피해 사람들이 빠져나가 밤이면 공동화되어 간 도시에 청계천은 다시 활력을 되찾아 준 것이다. 앞으로 청계천은 시민들의 휴식과 오락 공간으로 부상할 것이다. 밤낮으로 사람들이 북적여 그 주변은 새로운 상업, 문화와 관광 요지로 부상할 전망이다.

「청계천 복원 사업」은 복개로인 '청계천로'와 '청계고가로'를 철거하고 기존 청계천을 복원하는 친환경적인 도심 공원 조성 사업을 말한다. 이 사업을 통해 서울 도심 한복판에 5.84km의 도심 생태 하천이 만들어졌다.

청계천 복원 전과 후를 비교한 사진을 보면 어떤 생각이 드는가? 자동차가 다니던 도로가 사라지고 그곳에 물길이 생겼다. 이로 인해 도시의 모습이 친환경적인 모습으로 변모하였으며, 시민들의 휴식 공간이 마련되었다. 현재 청계천은 시민들의 나들이 장소로, 서울 방문객의 관광지로, 학생들의 생태 체험 학습장으로 이용되고 있다.

그렇다면, **"「청계천 복원 사업」은 성공한 정책인가?"**

이에 대한 해답을 찾기 위해서는 우선 어떤 기준으로 「청계천 복원 사업」의 성공 여부를 판단할 것인가를 설정해야 한다. 가장 쉽게 떠올릴 수 있는 기준이 바로 '돈'일 것이다. 일반적으로 기업은 사업을 통해 얻은 수익이 사업 수행에 필요한 비용보다 많았다면 그 사업을 성공했다고 판단할 것이다.

그렇다면 '돈'을 기준으로 「청계천 복원 사업」의 성공 여부를 판단해 보자. 이를 위해서 먼저 「청계천 복원 사업」의 총사업비를 파악해야 할 것이다. 청계천 복원에 투입된 총사업비는 설계비, 공사비, 보상비 등을 포함하여 약 3,844억 원(2005년 준공정산 기준)이다. 이는 2003년 7월 공사를 시작하여 2005년 10월 준공될 때까지, 약 2년 3개월간 소요된 비용이다. 즉 앞서 언급한 청계천 복원의 편익을 얻기 위해 약 3,844억 원의 비용이 소요되었다는 것이다.[1]

총사업비의 규모만으로 「청계천 복원 사업」이 성공한 정책인가를 판단하기가 망설여진다면, 사업비의 의미를 좀 더 구체적으로 생각해 볼 필요가 있다. 3,844억 원의 사업비는 서울특별시의 예산으로 충당하였다. 즉 「청계천 복원 사업」의 사업비는 서울특별시의 시민들이 내는 세금으로 충당하였다는 것이다. 이 사업비를 서울시의 인구(2005년 기준 주민등록인구 10,167천 명)로 나누어 보면, 서울시민 1인당 사업비 부담액은 약 37,809원이다. 만약 4인 가족이라면, 가구당 약 151,236원을 부담하였다는 것이다. 여기서 언급하지는 않았으나, 청계천을 유지하기 위한 운영비 또한 지속적으로 서울 시민들이 납부하는 세금으로 부담하고 있다.

이제 「청계천 복원 사업」의 성공 여부를 판단하기가 좀 더 수월해졌을 것이다. 개인적으로 복원된 청계천을 통해 느끼는 만족감이 소요된(또는 소요되는) 비용 부담보다 크다면 「청계천 복원 사업」을 성공한 정책이라고 판단할 것이다. 반면 만족감이 소요된(또는 소요되는) 비용 부담보다 작다면 이 사업은 실패한 정책이라고 판단할 수 있을 것이다. 다시 말해서 복원된 청계천이 주는 편익에 대해서 37,809원 이상의 비용을 충분히 지불할 의향이 있는 경우 「청계

---

1) 「청계천 복원 사업」의 세부적인 목적은 ① 노후화로 인한 청계고가로 및 복개도로의 안전 문제를 근원적으로 해소하고, ② 자연과 인간 중심의 친환경적인 도시 공간을 조성해 시민들에게 맑은 하천과 휴식 공간을 제공하며, ③ 광교·수표교 등 청계천의 문화유적 복원을 통해 서울의 역사성과 문화성을 회복하고, ④ 개발 지체로 노후된 청계천 주변 지역의 산업구조 개편과 도심 경제 활성화를 유도하는 데 있었다. 본 글에서는 독자들의 이해를 돕기 위해 「청계천 복원 사업」의 편익을 환경적 측면에서 언급하고자 한다.

천 복원 사업」을 성공한 정책으로, 37,809원 이상의 비용을 지불할 의향이 없는 경우 이 정책을 실패한 정책으로 판단할 것이다.

이러한 논의를 좀 더 확대하여 서울 시민 전체에게 「청계천 복원 사업」의 성공 여부를 투표를 통해 물어보았다고 하자. 만약 '성공했다'에 표를 던진 시민이 60%이고, '실패했다'에 표를 던진 시민이 40%라고 한다면, 「청계천 복원 사업」은 성공한 정책이라고 할 수 있는가? 전체 시민의 과반 수 이상이 '성공했다'에 투표하였기 때문에 이 정책은 성공한 정책이라고 할 수 있다. 단, 이는 정치적인 성공이다. 경제적으로 성공했는지는 판단할 수 없다. 여기서 경제적인 성공이 무엇을 의미하는지 궁금할 것이다. 이는 다음의 예를 통해서 이해해 보자.

"A, B, C 라는 3명의 친구가 동업하여 '의류 체인점' 사업을 시작했다. 사업 시작 1년 후, 각자의 손익을 따져 봤더니, A는 2억 원, B는 1억 원의 이익을 본 반면에 C는 4억 원의 손해를 봤다." 이들을 한 나라의 국민이라고 생각해 보자. '의류 체인점'이라는 국가의 정책 시행으로 국민 A, B는 이익을 봤기 때문에 약 67%가 이 정책을 성공한 정책이라고 평가할 것이다. 즉 정치적으로는 성공한 정책이라고 할 수 있다. 그러나 국가 전체적인 관점에서 '의류 체인점' 정책은 1억 원의 손실을 가져온 정책이다. 따라서 이 정책은 경제적으로 실패한 정책이며, 효율적이지 못한 정책[2]이 된다.

종합하자면 우리가 「청계천 복원 사업」이 경제적으로 성공한 정책인지를 판단하기 위해서는 서울 시민들이 복원된 청계천에 대해

---

2) 효율적인 정책을 쉽게 설명하자면, 정책 시행으로 인하여 발생하는 사회 전체의 편익이, 정책 시행으로 인하여 발생하는 사회 전체의 비용보다 많은 것을 의미한다.

느끼는 만족, 즉 청계천에 대한 가치를 돈(화폐가치)으로 측정해야 한다. 이는 비단 「청계천 복원 사업」에만 해당하는 사항은 아니다. 국가 또는 지방정부는 다양한 정책을 통해 공공재를 생산·공급하고 있으며, 이러한 정책을 합리적으로 평가하기 위해서는 공공재의 가치를 측정할 필요가 있다. 그렇다면 청계천과 같은 (비시장재인) 공공재의 가치를 어떻게 측정할 것인가? 여기에 이 책의 목적이 있다.

우리는 이 책을 통해서 청계천, 즉 공공재의 가치를 화폐가치로 환산하는 방법을 터득하게 될 것이다.

이러한 목적을 달성하는 과정에서 수많은 의문을 갖게 될 것이다.

가치란 무엇이며, 어떻게 표현되는가? 공공재의 가치를 측정한다는 것은 어떤 의미인가? 왜 공공재의 가치를 측정해야 하는가? 어떻게 공공재의 가치를 측정하는가? 공공재의 가치 측정을 토대로 한 구체적인 효율성 분석은 어떻게 이루어지는가?

이 책에서는 이러한 의문에 대한 답을 하나씩 풀어 나가고자 한다.

제1장 공공재의 가치

Q 1. 청계천이 주는 가치, 즉 공공재의 가치를 측정한다는 것은 어떤 의미인가?

▋ 공공재의 가치를 돈(화폐가치)으로 환산한다는 의미이다. 가치란 상대적인 개념으로, 어떤 재화의 가치는 다른 재화나 화폐를 통해 자신의 가치를 표현하게 된다. 만약 공공재의 가치를 (동일한 만족감을 주는) 다른 사적재와 대체할 수 있다면, 이 사적재의 화폐가치를 통해 공공재의 가치를 표시할 수 있게 된다.

Q 2. 왜 공공재의 가치를 측정해야 하는가?

▋ 궁극적으로는 공공재의 효율적인 생산 및 공급을 위해서 공공재의 가치를 측정할 필요가 있다. 사적재와 마찬가지로 공공재도 시장수요곡선과 공급곡선이 교차하는 점에서 생산·공급이 이루어질 때, 효율적이다. 그런데 여기서 공공재에 대한 수요곡선을 어떻게 도출할 것인가, 즉 공공재의 수요에 대한 정보를 어떻게 파악할 것인가 하는 문제가 발생한다. 이러한 문제를 해결하기 위한 직·간접적인 방법론이 개발되어 있다. 우리는 이러한 방법론을 이용하여 공공재에 대한 수요곡선을 파악하게 된다.

1. 가치와 화폐

텃밭에서 상추를 키운다고 생각해 보자. 이 상추는 상품인가? 만약 상추를 내가 먹는다면, 그것은 상품이 아니다. 반면 상추를 시장에 판다면 그것은 상품이 된다. 마르크스의 표현을 빌리자면, '상추는 상추다. 특정한 조건 하에서만 그것은 상품이 된다.' 이처럼 상품은 어떤 사물이 갖고 있는 성질이 아니라, 통상 화폐를 통해 구매와 판매의 형식으로 교환되는 사물을 의미한다.

그러나 모든 것이 상품이 될 수 있는 것은 아니다. 일단 돈을 주고 사려는 것은 최소한 어떤 유용성이 있어야 한다. 이를 '사용가치'라고 부른다. 상품이 되려면 어떤 것도 사용가치가 있어야 한다.

그러나 상품이 되기 위해서는 사용가치만으로는 부족하다. 가령 공기는 아주 중요한 유용성을 갖고 있지만, 아직은 공기를 상품으로 사거나 파는 사람을 만나긴 어렵다. 무언가를 사려고 한다는 것은 그에 상응하는 어떤 것을, 대개는 일정량의 화폐로 표시되는 대가를 지불하고서라도 그것을 얻고자 한다는 것을 뜻한다. 다시 말해서 무언가 가치 있는 것을 대가로 지불하고서라도 살 만한 가치가 있는 것만이 상품이 된다. 이처럼 무언가를 지불하고서 획득하는 행위를 '교환'이라고 하며, 다른 어떤 것과 교환할 만한 가치를

'교환가치'라고 부른다.

　따라서 모든 상품은 사용가치와 교환가치를 갖는다. 이 둘을 상품의 두 가지 요소라고 부른다. 사용가치가 그 상품의 질적 측면과 관련된 것이라면, 교환가치는 그것이 '얼마만큼'의 화폐를 받을 수 있는가를 표시한다는 점에서 상품의 양적 측면과 관련된 것이다.

　앞서 예를 들었던 상추처럼, 처음에는 상품으로 생산하지 않았던 것이 시장에 팔면서 상품화되는 경우도 있으나, 우리가 접하는 대부분의 상품은 처음부터 팔기 위해 생산된다. 이렇게 팔기 위해 생산한 상품은 사용가치와 교환가치를 갖지만, 이때 사용가치는 오직 타인을 위한 것이지, 생산한 사람, 자신을 위한 것이 아니다. 결국 팔기 위해 생산하는 상품은 교환가치를 위해 생산하는 것이다. 그렇기 때문에 팔기 위해 생산하는 상품은 교환가치의 양에 아주 민감하다.

　그렇다면 교환가치의 양은 어떻게 측정되는가? 그리고 교환가치의 척도는 무엇인가? 이에 대한 해명 과정에서 등장한 것이 마르크스의 가치형태론이다. '가치형태론'은 상품이 자신의 가치를 표현하는 네 가지 형식, 즉 단순한 가치형태, 확대된 가치형태, 일반화된 가치형태, 화폐형태를 통해서 통상 화폐가 단일한 가치척도로서의 기능을 수행하게 되는 과정을 보여 준다.

단순한 가치형태

　모든 것을 자급자족하는 촌락이 있다. 이 촌락에서는 한 해 100개의 사과를 생산하고 소비한다. 그러던 어느 해 수확을 마치고 나니 120개의 사과를 얻게 되었다. 여기서 100개의 사과는 소비가 되겠지만, 나머지 20개는 이 촌락에게는 쓸모없는 것 또는 잉여물이 될 것이다. 이러한 상황에서 1개의 항아리를 지닌 행인이 이 촌락을 지나가게 된다. 촌락민들은 생전 처음 보는 항아리를 보고는 가지고 싶어 한다. 이에 행인은 1개의 항아리 대신에 20개의 사과를 요구한다. 아마 촌락민들은 아무런 생각도 하지 않은 채, 20개의 사과를 덥석 건네줄 것이다. 1개의 항아리를 얻게 된 이 촌락에서는 항아리를 보고, 만져 보면서 20개의 사과가 쓸모없지는 않다, 즉 가치가 있다는 사실을 깨닫게 될 것이다. 20개의 사과는 1개의 항아리라는 현물형태를 빌어 자신의 가치를 표현하게 된 것이다. 이러한 가치형태를 단순한 가치형태라고 부른다. 이를 도식화하면 다음과 같다.

$$x \cdot A = y \cdot B$$
$$(20개의 \; 사과 = 1개의 \; 항아리)$$

사과는 항아리를 통해서 자신의 가치를 표현한다. 여기에서 20개의 사과의 가치는 1개의 항아리로 표현되고 있다. 20개의 사과의 가치는 스스로 자신을 나타내는 것이 아니라 1개의 항아리라는 다른 상품을 빌려서 상대적으로 표현되고, 항아리는 사과의 가치 크기를 똑같이 표현해 주는 '등가(等價)'로서 기능하고 있다. 그래서 마르크스는 이 경우에 사과를 상대적 가치형태, 항아리를 등가형태라고 불렀다. 여기에서는 사과의 가치만이 표현되고 항아리의 가치는 표현되지 않는다. 항아리는 단순히 사과의 가치를 표현해 주는 재료로서 역할을 수행하고 있을 뿐이다. 이제 가치형태를 통해서 원래 볼 수도 만질 수도 없었던 사과의 가치는, 항아리라는 볼 수도 만질 수도 있는 현물의 형태를 띠게 되었다.

확대된 가치형태

단순한 가치형태에서 사과는 항아리로 자신의 가치를 표현했으나, 그것이 자기 가치를 표현하는 유일한 길은 아니다.(지나가는 행인이 다른 것을 지니고 있는 경우를 생각해 보자.) 항아리가 아닌 다른 것, 가령 그릇이나 옷 등을 선택해서 자신의 가치를 표현할 수도 있다. 20개의 사과는 2개의 그릇이나 1벌의 옷으로 자신의 '가치'를 표현할 수도 있다. 이를 애초의 도식에 추가하면, 단순한 가치형태 대신 다음과 같은 확대된 가치형태의 도식이 만들어진다.

$$
\begin{aligned}
x \cdot A \,(20개의\ 사과) &= y \cdot B \,(1개의\ 항아리) \\
&= u \cdot C \,(2개의\ 그릇) \\
&= v \cdot D \,(1벌의\ 옷)
\end{aligned}
$$

가치형태가 이처럼 변화되었다는 것은 교환이 그만큼 복잡해졌다는 것을 의미한다. 그리고 교환이 복잡해지면 그만큼 교환의 어려움이 증가하게 된다. 교환이 이루어지기 위해서는 기본적으로 두 가지 조건이 충족되어야 한다. 우선 사과를 사고자 하는 사람 K는 사과를 팔고자 하는 사람 L을 찾아야 한다. 그러나 L을 찾았다고 해서 교환이 이루어지는 것이 아니다. L이 원하는 상품, 예를 들어 항아리를 K가 가지고 있어야 하는 것이다. 사과를 원하는 항아리를 지닌 사람이 항아리를 원하는 사과를 지닌 사람을 만날 가능성은? 아마 불가능하다고 해도 과언이 아닐 것이다. 결국 K가 사과를 얻기 위해서는 자신이 지닌 상품을 시작으로 여러 단계의 우회적인 교환을 거쳐야만 할 것이다. 자연히 그러기 위해서는 많은 사람들과의 거래가 요구되고 교환의 횟수는 늘어날 수밖에 없다. 다음 사례를 통해 구체적으로 얘기해 보자.

1벌의 옷을 보유하고 있는 K는 20개의 사과를 원한다. 20개의 사과를 보유하고 있는 L은 1개의 항아리를 원한다. K는 어렵게 L을 찾았지만, L이 원하는 항아리를 K가 지니고 있지 않았기 때문에 교환은 이루어지지 않는다. 이러한 상황에서 1개의 항아리를 가지고 있는 M이 2개의 그릇을 원하고 있다는 것을 알게 되었다. 그리고 2개의 그릇을 가지고 있는 N이 1벌의 옷을 원하고 있다는 것을 알게 되었다. 이에 따라 다음 그림과 같은 과정을 통해 K는 20개의 사과를, N은 1벌의 옷을, M은 2개의 그릇을, L은 1개의 항아리를 얻게 된다.

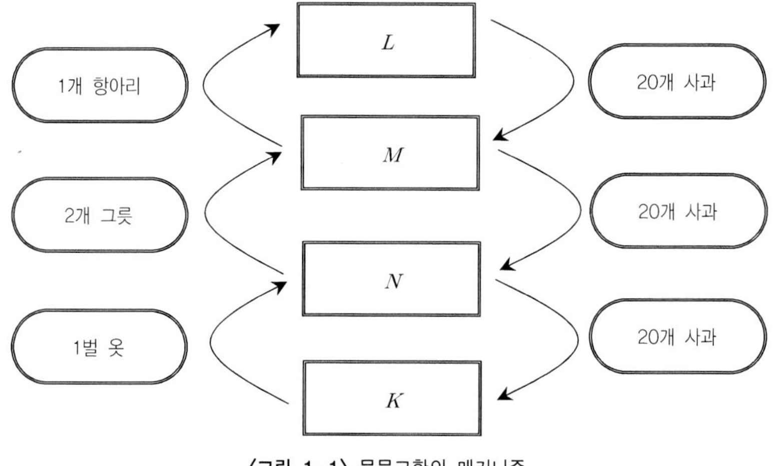

〈그림 1-1〉 물물교환의 메커니즘

복잡하다고 생각하는가? 그러나 실제 교환이 이루어지기 위해서는 더욱 다양한 상품을 지니고 있는 O, P, Q …… 등 수 많은 사람이 교환에 참여해야 할 것이다. 이러한 어려움이 늘어나면서 이를 극복하고자 하는 경향이 나타났다.

일반화된 가치형태

교환의 어려움을 극복하기 위해 교환을 전담하는 하나의 상품을 선정하는 노력들이 시도된다. 즉 교환을 전담하는 상품이 생겨나고, 모든 상품의 가치는 이 상품을 통해서만 표현되도록 지정되었다. 그것은 앞서 제시한 확대된 가치형태의 역전된 모습으로 표현된다. 이러한 가치형태를 일반화된 가치형태라고 한다. 이를 도식화하면 다음과 같다.

$$
\begin{aligned}
y \cdot B \,(\text{1개의 항아리}) &= x \cdot A \,(\text{20개의 사과}) \\
u \cdot C \,(\text{2개의 그릇}) &= \\
v \cdot D \,(\text{1벌의 옷}) &= \\
&\;\;\vdots
\end{aligned}
$$

이제 사과는 모든 상품의 가치에 대해 등가형태를 이룬다. 그래서 이러한 상품을 일반적 등가물이라고 부른다. 일반적 등가물은 모든 상품과 교환될 수 있으며, 따라서 이것을 매개로 하면 교환의 빈번함으로부터 발생하는 어려움들은 모두 해결될 수 있다. 이제는 L과 M이 항아리와 사과를 교환하고, M과 N이 그릇과 사과를 교환하고, N과 K가 옷과 사과를 교환하지 않아도 된다. K는 자신이 가지고 있는 1벌의 옷을 20개의 사과와 교환하고, L은 자신이 가지고 있는 20개의 사과를 1개의 항아리와 교환하는 것이 가능해졌다. M과 N은 자신이 가지고 있는 항아리와 그릇을 20개의 사과와 바꾸고, 이를 각자가 원하는 그릇과 옷으로 교환하면 되는 것이다. 이처럼 일반적 등가물이 등장하면서 교환은 단축되고 간단해졌다.

일반적 등가물은 사람들의 합의에 의해 선택되었는데, 대개 초기에는 당시 사회에서 가장 널리 필요한 상품, 예를 들어서 곡물, 가축, 소금 등이 일반적 등가물이 되었다.

그러나 교환이 차츰 발달하면서 이러한 일반적 등가물들은 운반, 보관 등에 있어서 문제를 드러냈다. 부피가 커서 운반이 불편하였고 보관을 위해서는 많은 공간이 필요하였다. 또한 살아 있는 일반적 등가물은 분할이 곤란해서 작은 가치에 대해서는 일반적 등가물로 사용하는 것이 어려웠다. 더욱 큰 문제는 이러한 일반적 등가물들은 모두 시간이 지나면서 부패하거나 품질이 저하되면서 점점 가치가 하락하는 성격을 가지고 있었다.

화폐형태

교환이 발달하면서 가축, 곡물 등의 형태를 띤 일반적 등가물이 지니고 있는 문제를 해결할 수 있는 새로운 일반적 등가물이 모색되었다. 그 결과 금과 은이 일반적 등가물로서 매우 적합하다는 사실이 발견되었다. 우선 금과 은은 운반과 보관이 용이하며, 소량으로도 분할이 가능하였다. 또한 아무리 오랜 시간 동안 저장을 하여도 부패 또는 품질 저하 등으로 가치가 하락하는 문제가 전혀 발생하지 않았다. 금과 은이 지니고 있는 이러한 장점으로 인해 시간이 지나면서 대부분의 사회에서는 금과 은이 일반적 등가물로 사용되었다. 금과 은이 일반적 등가물의 지위를 독점하는 순간 금과 은은 '화폐상품'이 되며, 일반화된 가치형태는 화폐형태로 전환하게 된다. 즉 화폐형태는 일반화된 가치형태에서의 일반적 등가물의 자리(A)를 화폐(M)가 차지한 것이다. 따라서 화폐형태의 도식은 다음과 같다.

$$
\begin{aligned}
y \cdot B\,(1개의\ 항아리) &= p \cdot M\,(2그램의\ 금) \\
u \cdot C\,(2개의\ 그릇) &= \\
v \cdot D\,(1벌의\ 옷) &= \\
&\vdots
\end{aligned}
$$

일반화된 가치형태에서 가치의 표현 형태로서의 일반적 등가물은 그 자체가 언제든지 사용될 수 있는 유용성, 즉 사용가치를 가지고 있었다. 일반적 등가물로서 금과 은이 사용될 때에도 금과 은은 다른 상품과 마찬가지로 사용가치(귀금속 등)를 가지고 있었다.

이러한 금과 은이 화폐가 될 수 있었던 이유는 그것이 다른 상품들과는 달리 주조될 수 있다는 특성을 가지고 있었기 때문이었다. 자신이 나타내는 가치만큼의 크기로 정확하게 분할이 가능했고, 분할된 크기로 주조될 수 있었던 것이다. 그리하여 주화가 나타났다.

주화는 그 가치를 표면에 각인으로 표시하기 시작하였는데, 그것은 결국 주화의 단위가 되었다. 여기서 주화의 단위는 반드시 무게는 아니었고, 그것은 단지 어떤 가치를 나타내는 단순한 표지(標識)가 된 것이다. 가치가 이처럼 주화의 단순한 표지로 정착되어 가면서 가치는 사용가치로부터 분리되기 시작하였다. 가치를 나타내는 것은 주화였으며, 주화가 표시하는 가치는 사용가치와는 전혀 무관한 것이었다. 이것은 점점 더 발전하여 아무런 사용가치도 없는 종잇장이 가치의 표지만을 찍은 채로 화폐의 역할을 수행하기까지 되었다. 지폐가 본격적인 화폐로 등장하였던 것이다.

그리하여 화폐가 나타내는 그 가치가 원래 사용가치와 결합되어 있었다는 사실은, 즉 상품이 가치와 사용가치의 모든 원천이라는 사실은 점차 묻혀 갔다. 이제 가치는 사용가치로부터 분리되었으며, 가치는 화폐 속에만, 그리고 사용가치는 상품 속에만 존재하는 것으로 되어 갔다. 화폐와 상품이 분리됨으로써 이제는 '달러', '원'이 가치의 원천인 것처럼 보이게 된 것이다.

지금까지 마르크스의 가치형태론을 단순화하여 설명하였다. 사실 마르크스의 가치형태론은 다양한 의미를 함축하고 있으나, 공공재의 가치 측정과 관련하여 우리가 알아야 할 것은 다음과 같다.

▶ 가치형태론을 통해서 알 수 있듯이 어떤 상품의 가치는 (동일한 만족도를 가져다주는) 다른 상품을 빌어 자신의 가치를 나타내게 된다. 궁극적으로 화폐의 양, 즉 원(₩)으로 자신의 가치를 표현한다.

▶ 이러한 논리에 따라 어떤 공공재의 가치가 (동일한 만족도를 가져다주는) 어떤 사적재로 표현될 수 있다면, 이러한 사적재의 화폐가치를 통해 공공재의 가치를 표시할 수 있다.

2. 가격과 효율성

이제 공공재의 가치를 측정한다는 것이 어떤 의미인지 알게 되었을 것이다. 그러나 여기서 '왜 공공재의 가치를 측정해야 하는가?'라는 의문이 생길 것이다. 공공재의 가치를 측정하는 궁극적인 이유는 효율적인 공공재의 배분을 위해서이다.(이와 관련해서는 '3. 공공재와 효율성'에서 자세히 설명할 것이다.) 여기에서는 이에 대한 이해를 위해, 먼저 가격의 역할과 효율성의 의미에 대해서 설명할 것이다.

2.1. 가격의 역할

카페라테 한 산의 가격을 4,000원이라고 하자. 물론 이 가격은 원가 이상의 가격일 것이다.(원가 이하라면 판매점에서 팔지 않을 것이기 때문이다.) 비싸다고 생각하는가? 그렇다면 사지 않으면 된다. 그러나 4,000원을 지불하고 카페라테를 구입하려는 어떤 사람(A라고 하자)에게 사지 말라고 강요할 수는 없다. 우리나라는 시장 가격에서 자발적 교환이 이루어지는, 즉 교환이 강요에 의해 이루어져서는 안 되는 시장경제체제이기 때문이다.

그런데 왜 당신은 비싸다고 생각하는 카페라테를, A는 사려고 하는 것일까? 이유는 간단하다. A는 카페라테 한 잔의 가치가 4,000원보다 높다고 생각하기 때문이다. 그리고 4,000원으로 살 수 있는 것 중에서 카페라테를 가장 선호하기 때문이다. 이러한 사실을 통해 우리는 A의 선호와 우선순위에 대한 정보를 확인할 수 있게 되는 것이다. 그리고 실제 4,000원이라는 카페라테 한 잔의 가격은 A뿐만 아니라 수많은 사람들의 선호와 우선순위가 반영되어 결정된 것이기 때문에, 우리는 가격을 통해 방대한 정보를 얻을 수가 있다.

다시 정리하자면, 어떤 상품을 구입했다는 것은, 상품에 대해 구매자가 느끼는 가치가 가격과 같거나 더 높다는 것을 의미한다. 한편 제품의 원가는 가격과 같거나 낮을 것이다. 일면 당연하고 단순하게 보이는 사실이나, 이는 실제 시장을 움직이는 중요한 정보가 된다. 가격이 보내는 정보를 바탕으로 각 경제주체는 합리적인 경제활동을 수행하며, 이러한 합리적인 경제활동은 궁극적으로 효율적인 자원배분을 가져다준다.

경제활동의 지표

볼펜 한 자루의 가격이 1,000원이라면 생산자들은 이 1,000원의 가격으로 볼펜을 몇 개 만들 것인지를 결정하고, 소비자들은 몇 개의 볼펜을 살 것인지를 결정한다. 가격은 합리적인 경제활동을 하는 데 필요한 최소한의 기초 정보를 사람들에게 전달한다. 기존 생산자가 1,000원의 가격이 적절한 이윤을 보상해 주는 수준이라고 생각한다면 생산자는 볼펜 생산을 계속할 것이다. 뿐만 아니라 볼펜가격이 1,000원으로 지속되어 연필 생산보다 이익이 더 많이 날 것이라고 판단하는 연필 생산자가 있다면, 그는 조만간 볼펜 생산에 뛰어들 것이다. 소비자 측에서도 이 가격수준이 자신이 생각하는 볼펜의 가치보다 낮다고 생각하는 소비자는 볼펜을 살 것이고, 이 가격수준이 가치보다 높다고 생각하는 소비자는 사지 않을 것이다. 이처럼 시장가격은 생산 및 소비활동을 하는 데 유용한 신호(signal) 노릇을 하거나 유인(incentive)을 마련해 준다는 점에서 경제활동의 지표가 되는 것이다.

자율적인 배급 기능

가격은 자율적으로 상품을 배급하는 기능을 수행한다. 1,000여 명이 사는 어떤 고립된 마을을 가정하자. 이 마을에서는 볼펜이 100개가 생산되었다. 그러면 부족한 볼펜을 사람들에게 어떻게 배분해야 할 것인가 하는 문제가 발생한다. 볼펜 생산자를 포함한 사회 구성원들 사이에 자유로운 시장거래가 허용될 경우, 볼펜이 꼭 필요한 사람은 아주 비싼 가격을 치르고라도 볼펜을 사고자 할 것이다. 따라서 사람들이 사고자 하는 볼펜수량이 100개를 초과하는 한, 소비자들은 서로 경쟁적으로 많은 돈을 지불할 것이기 때문에 볼펜가격은 계속 올라갈 것이다. 그리하여 예를 들어 볼펜가격은 10,000원이 될 것이고, 볼펜을 가장 갖고 싶어 하는 사람들만이 10,000원에 볼펜을 사게 될 것이다. 반면에 10,000원이라는 볼펜가격이 너무 높다고 생각하는 대부분의 사람들은 볼펜 소비를 단념함으로써, 10,000원을 주더라도 볼펜을 사고 싶어 하는 사람들에게만 볼펜이 배급되는 것이다. 이처럼 가격은 인위적인 간섭이 없이도 상품을 필요한 사람에게 배급해 주는 기능을 수행한다.

경제주체들이 가격을 생산 및 소비활동의 지표로 삼아 자기 책임하에 경제활동을 자유롭게 수행하면, 가격의 자율적인 배급 기능에 의하여 각 상품의 공급량과 수요량이 일치하는 방향으로 조정이 이루어진다. 이러한 과정을 단순한 수요곡선과 공급곡선을 이용해서 설명해 보자.

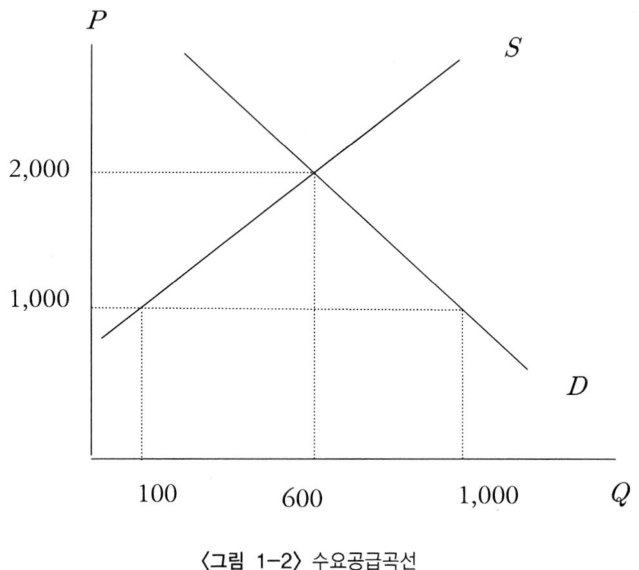

〈그림 1-2〉 수요공급곡선

볼펜을 생산하기로 결정한 사람들이 원재료 등의 가격을 바탕으로 처음 볼펜의 가격(P)을 1,000원으로 정했다고 하자. 1,000원이라는 가격에서 생산자는 100개만큼을 공급하려고 하지만, 이때 소비자는 1,000개만큼을 사고자 한다. 1,000원의 가격에서 원하는 볼펜을 구할 수 없는 소비자는 실망하고, 그들은 볼펜을 손에 넣기 위해 볼펜의 가격을 높여 부르기 시작할 것이다. 소비자는 가격을 높여 부름으로써 생산자에게 보다 많은 자원을 투입해 더 많은 볼펜을 생산하도록 자신들의 의사를 전달하게 되는 것이다. 이에 따라 생산자는 볼펜의 생산량(Q)을 늘리면서 공급곡선을 따라 움직임으로써 이 정보에 반응한다.

이러한 가격의 상승은 소비자로부터 공급자에게로 정보를 전달할 뿐만 아니라 소비자에게도 역시 가치 있는 정보를 전달한다. 소비자는 볼펜의 가격을 높여 부르면서 서로에게 볼펜이 공급 부족에 있음을 알리며, 기존의 볼펜을 아껴서 쓰거나 연필로 대체하여 쓸 것 등의 정보를 전달한다. 그리고 소비자는 그들이 소비하는 볼펜의 수량을 줄이며, 수요곡선에서 뒤로 후퇴함으로써 이 정보에 반응한다.

이러한 과정은 계속 진행되어 가격이 2,000원에 도달할 때까지 상승하는데, 이 가격을 균형가격이라고 부른다. 균형가격은 수요곡선과 공급곡선이 교차하여 결정되는 가격이다. 2,000원에서는 가격 상승이나 하락에 대한 압력이 없다.

여기에서 우리는 소비자와 생산자로서, 자신들의 사적 이익을 추구할 뿐이고 다른 사람의 관심사와 형편에 대해서는 관심이 없다. 다만 시장가격에 내포되어 있는 정보에 반응할 뿐이다. 그렇게 함으로써 소비자와 공급자의 의사결정이 완전히 조정된 상태가 되는 것이다.

가격을 매개로 한 시장 기능은 효율적인 자원배분을 가져다준다
는 점에서 우리의 관심을 끈다. 아담 스미스(A. Smith)가 지적했듯,
시장에 참여하는 모든 사람은 오직 사사로운 이익만을 염두에 두
고 경제활동을 한다. 그렇지만 시장의 보이지 않는 손이, 이 사리
추구행위를 공익에 부합하는 방향으로 인도해 가는 역할을 한다.
즉 시장기구의 조정에 의해 각 경제주체의 개별적 행동은 하나의
조화로운 상태로 수렴된다는 것이다. 이 조화로운 상태라는 것은
결국 효율적인 자원배분이 이루어진 상태를 뜻한다.

2.2. 효율성

효율성의 개념

일반적으로 효율성은 투입(input)에 대한 산출(output)의 비율의
의미로 사용된다. 다시 말해서 일정한 시간이나 비용을 투입해서
가장 좋은 산출을 얻어 내거나 또는 어떤 산출을 얻는 데 있어 시
간이나 비용을 가장 적게 투입하는 것을 의미한다. 경제학에서 쓰
이는 효율성의 의미도 결과적으로는 이와 유사하다. 다만 경제학에
서는 파레토 효율의 개념을 이용하여 효율성의 의미를 보다 구체
화하고 있다.

파레토 효율(Pareto-efficiency) 또는 파레토 최적(Pareto-optimality)
은 더 이상 자원배분으로 인해 사회 전체의 후생수준이 향상되지
못하는 상태에 도달했을 때를 의미한다. 따라서 파레토 효율 상태

에서는 어느 계층의 후생수준을 향상시키기 위해서는 다른 계층의 후생은 감소되어야 한다.

이러한 정의에 기초하여 비효율성을 정의해 보면, 자원배분을 통해 어느 계층의 후생을 감소시키지 않고서도, 다른 계층의 후생을 증가시킬 수 있는 상태를 의미한다고 할 수 있다. 예를 들어 치즈가 요구르트보다 더 많이 생산되는 국가를 가정하자. 만약 국민들이 치즈보다 요구르트를 더 좋아한다면, 이러한 생산은 효율적인가? 이와 같은 상황에서 치즈의 생산을 줄이고 요구르트의 생산을 늘린다면, 사람들은 더 좋아하는 요구르트를 많이 먹을 수 있게 되고, 따라서 불행해지는 사람 없이 모든 사람이 행복해질 것이기에, 상식적으로도 그렇지만 비효율성의 정의에 기초해서도 비효율적이라는 답이 나온다.[3]

이렇게 치즈가 (사람들이 보다 더 좋아하는) 요구르트보다 많이 생산되는 비효율적인 상태에서는 치즈의 생산을 줄이고 요구르트의 생산을 늘림으로써 효율적인 상태로 옮겨 갈 수 있다. 이처럼 후생 감소를 경험하는 사람 없이 적어도 한 사람의 후생수준이 증가되어 사회 전체의 후생이 향상되는 것을 파레토 개선(Pareto-improvement)이라고 한다. 즉 비효율적인 상태에서는 항상 파레토 개선이 가능하고, 더 이상 파레토 개선이 가능하지 않는 상태가 파레토 효율 또는 파레토 최적이 된다.[4]

---

3) 사람들이 치즈보다 요구르트를 좋아하는데도 불구하고 치즈를 더 많이 생산한다는 것은 말도 안 되는 얘기 같지만, 실제로 가격이 자원을 배분하지 않는 경제에서는 이런 일이 빈번하게 발생했다. 예를 들면 소련 경제는 수요가 거의 없는 물건을 창고에 잔뜩 쌓아 둔 반면, 사람들은 그들이 원하는 물건을 사고자 긴 줄을 서서 기다렸다.

4) 파레토 개선이 되었다고 해서 반드시 사회적으로 바람직한 상태가 되었다고는 할 수 없다. 예를 들어 어떤 정책으로 인해 가난한 사람들의 소득은 변화하지 않는 반면에 부자들의 소득이

효율성 조건

자원배분이 효율적으로 이루어지기 위해서는 일정 조건이 충족되고 있어야 한다. 이러한 조건은 여러 방법에 의해서 도출이 가능하나, 여기서는 간단하게 총편익(total benefit)과 총비용(total cost), 한계편익(marginal benefit)과 한계비용(marginal cost)의 개념을 이용하여 설명하고자 한다.

어떤 재화 또는 서비스가 생산이 되면, 그것을 소비하는 사람들에게 일정한 양의 만족을 준다. 이러한 만족의 총량을 총편익이라고 한다. 만약 재화 또는 서비스의 생산이 한 단위 증가하여 그만큼 소비가 증가한다면, 이에 따라 소비자의 만족도 증가하므로, 총편익은 증가한다. 한계편익은 이러한 총편익의 증가량으로써 정의된다. 한계편익은 재화의 한 단위를 추가적으로 더 소비하기 위하여 최대한 지불할 용의가 있는 화폐의 양으로써 측정할 수 있다.

예를 들어 현재 사과에 대한 한계편익이 300원이라는 것은 소비자가 하나의 사과를 더 소비하기 위하여 300원의 돈을 지불할 용의가 있음을 의미한다. 만약 사과의 가격이 200원이라면, 이는 소비자가 사과 1개의 소비를 위해 지불할 용의가 있는 금액보다 적은 비용이기 때문에 소비자는 사과를 1개 더 소비할 것이고, 이에 따라 소비자의 후생은 증가하게 될 것이다.[5]

이때 한계편익은 소비가 증가할수록 감소한다고 가정한다. 이러한 가정에 따라 한계편익곡선과 수요곡선은 동일하게 되고, 수요곡

증가한 경우, 효율성 측면에서는 파레토 개선이 일어났기 때문에 바람직하다고 할 수 있다. 그러나 빈부격차가 더 벌어지기 때문에 형평성 측면에서는 바람직하지 않은 상태가 된다.

5) 이를 설명하는 도구가 소비자 잉여이다. 이에 대한 구체적인 내용은 2장에서 설명될 것이다.

선상의 각 생산량에 따라 결정되는 가격은 한계편익이 된다. 왜냐하면 수요곡선은 각 가격수준에서 소비자들이 얼마나 많은 상품을 구입할 용의가 있는가를 보여 주는 것이며, 반대로 각 생산량에 대하여 소비자들이 지불할 용의가 있는 금액을 보여 주는 것이기 때문이다.

한편 어떤 재화나 서비스를 생산할 때 투입되는 생산요소들에 지불되는 금액을 총비용이라고 하며, 재화나 서비스를 한 단위 더 생산하기 위해서 추가적으로 생산요소들에 지불되는 최소한의 금액을 한계비용이라고 한다. 예를 들어 현재 사과에 대한 한계비용이 300원이라면, 현재의 생산량에서 사과 1개를 더 생산하기 위해서는 사과 생산에 필요한 생산요소를 공급하는 공급자들에게 최소한 300원을 지불해야 한다는 것을 의미한다. 만약 그 이하의 금액을 지불하면, 생산요소 공급자들은 추가적인 사과 생산에 생산요소를 공급할 때 후생이 감소하게 된다. 반대로 300원 이상의 금액을 지불받으면 생산요소 공급자들의 후생은 당연히 증가하게 된다. 이때 한계비용은 생산량이 증가함에 따라 증가한다고 가정한다.

<그림 1-3>의 ⓐ는 사과에 대한 총편익(TB)과 총비용(TC)을 나타내고 있다. 사과에 대한 총편익과 총비용은 사과의 양이 증가함에 따라서 커진다. 그러나 한계편익은 감소한다고 가정하였기 때문에 총편익의 증가율은 감소하는 반면, 한계비용은 증가한다고 가정하였기 때문에 총비용의 증가율은 증가한다. 이때 총편익곡선의 기울기는 한계편익을, 총비용곡선의 기울기는 한계비용을 의미한다. <그림 1-3>의 ⓑ는 이러한 한계편익(MB)과 한계비용(MC)을 나타내고 있다.

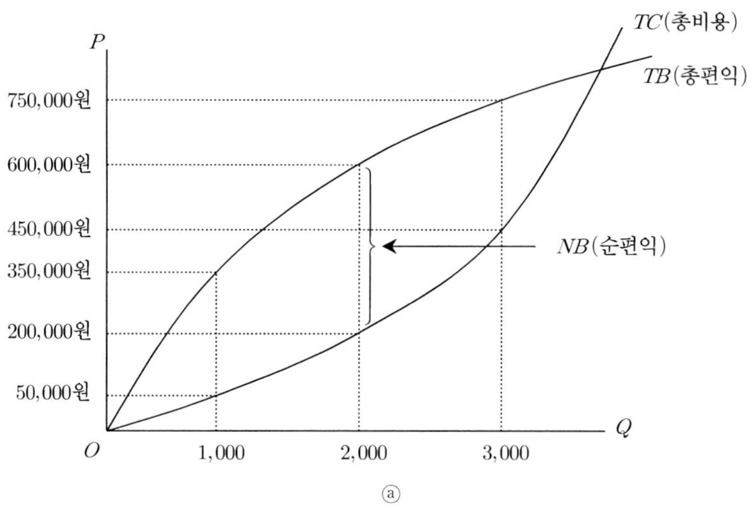

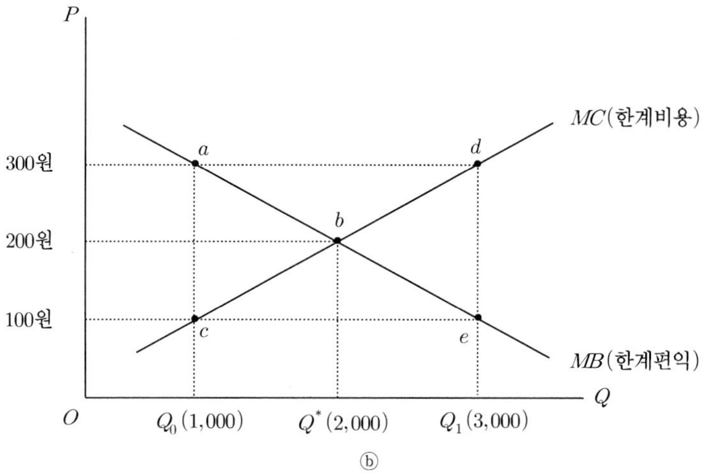

〈그림 1-3〉 효율적인 생산량의 결정

이제 본론으로 돌아가서, <그림 1-3>을 참고하여 효율성 조건을 도출해 보자. 결론부터 얘기하자면, 효율적인 사과의 생산량은 총편익과 총비용의 차이, 즉 순편익(net benefit)이 가장 커지는 생산량인 2,000개가 된다. <그림 1-3>의 ⓐ를 보면 총편익곡선과 총비용곡선의 기울기가 같을 때, 순편익이 가장 크다는 것을 확인할 수 있을 것이다. 다시 말해서 총편익곡선의 기울기인 한계편익과 총비용곡선의 기울기인 한계비용이 일치하는 지점에서 순편익이 가장 크다. 따라서 효율적인 생산량은 이 지점에서의 사과 생산량(2,000개)이다.

이러한 내용을 <그림 1-3>의 ⓑ의 한계편익곡선과 한계비용곡선을 통해 보다 구체적으로 살펴보자. 사과의 생산량이 1,000개인 경우, 한계편익은 300원이고, 한계비용은 100원이다. 즉 소비자는 사과 1개에 대해서 300원을 지불할 용의가 있고, 공급자는 100원만 받으면 비용을 충당할 수 있다. 따라서 만약 소비자가 추가적인 사과 1개에 대해서 200원(한계편익 300원과 한계비용 100원 사이의 금액)을 지불하면, 소비자는 자기가 지불할 용의가 있는 금액보다 100원을 적게 지불하기 때문에 후생이 증가하고, 공급자는 필요한 비용보다 100원을 더 받게 되므로 후생이 증가한다. 다시 말해서 사과가 1,000개 생산될 때에는 파레토 개선이 이루어질 수 있으며, 이는 1,000개의 사과 생산은 비효율적이라는 의미가 된다. 이처럼 한계편익이 한계비용을 초과하는 경우에는 파레토 개선의 여지가 있으므로 비효율적이 된다.

이제는 사과의 생산량이 3,000개일 때를 보자. 이 경우 한계편익은 100원이고 한계비용은 300원으로, 사과 1개의 생산을 줄인다면 소비자의 편익은 100원 감소하고 공급자의 비용은 300원 감소한다. 이 경우에 만약 공급자가 1개의 사과 생산을 줄이면서 200원을 소비자에게 지불한다면, 공급자는 100원(300원 - 200원)의 이익이 발생하므로 후생이 증가하고, 소비자는 자신의 편익 감소분보다 100원 더 많은 돈을 받게 되므로 후생이 증가한다. 즉 한계비용이 한계편익을 초과할 때에는 생산을 줄임으로써 파레토 개선을 가져올 수 있다. 이처럼 한계비용이 한계편익을 초과하는 경우에도 파레토 개선의 여지가 있으므로 비효율적이 된다.

정리하자면 한계편익이 한계비용을 초과하는 경우나 한계비용이 한계편익을 초과하는 경우, 모두 파레토 개선이 가능하므로 비효율적이 된다. 파레토 개선이 불가능한 경우는 오직 한계편익과 한계비용이 같을 때가 된다. 따라서 다음과 같이 한계비용과 한계편익이 일치하는 생산량이 효율적인 생산량이 된다.

$$한계편익(MB) = 한계비용(MC)$$

이 조건은 <그림 1-3>의 ⓐ를 통해서도 확인할 수 있다. 한계편익이 한계비용을 초과하는 경우, 사과 생산량을 1개 증가시키면 총편익의 증가량이 총비용의 증가량보다 많으므로 순편익은 증가하고, 따라서 효율성이 개선된다. 반대로 한계비용이 한계편익을 초과하는 경우, 사과 생산량을 1개 감소시키면 총비용의 감소량이 총편익의 감소량보다 많으므로 역시 순편익이 증가하고, 따라서 효율성이 개선된다. 궁극적으로 한계편익과 한계비용이 같을 때에만 더 이상 순편익을 증가시킬 수가 없으므로 효율성 개선의 여지가 발생하지 않는 파레토 효율 상태가 된다.

좀 더 확대해서 효율성 개선의 크기에 대해서 생각해 보자. 사과의 생산량이 1,000개에서 2,000개로 증가하는 경우 또는 사과의 생산량이 3,000개에서 2,000개로 감소하는 경우, 효율성은 어느 정도 개선되는가? 참고로 총편익은 한계편익곡선의 아래 면적과 동일하고 총비용은 한계비용의 아래 면적과 동일하다. 따라서 사과의 생산량이 1,000개에서 2,000개로 증가할 때, 총편익의 증가량은 사각형 abQ^*Q_0의 면적이 되고, 총비용의 증가량은 사각형 cbQ^*Q_0의 면적이다. 따라서 순편익의 증가는 삼각형 abc의 면적이 되고, 구체적으로는 10만 원이 된다. 같은 맥락에서 생산량이 3,000개에서 2,000개로 감소할 때에도 효율성이 개선되며, 이 경우의 효율성 개선의 크기는 삼각형 bde의 면적이 된다.

2.3. 자원배분과 효율성

에지워스(Edgeworth)가 고안한 상자도형(Box Diagram)을 통해 자원배분과 효율이라는 개념을 이해해 보자. 먼저 소비자 A와 B로 구성되어 있는 단순한 사회를 가정하자. 이 사회에서는 사과(X)와 볼펜(Y)이 생산되어 소비된다. A와 B는 사과와 볼펜에 대한 나름대로의 선호체계를 갖고 있으며, 사과와 볼펜의 양은 한정되어 있다. 사과와 볼펜의 양이 한정되어 있다는 것은 A가 사과(또는 볼펜)를 많이 소비한다면 B가 소비할 수 있는 사과(또는 볼펜)는 적어질 수밖에 없다는 것이다. 따라서 A의 소비와 그로 인한 후생수준은 B의 후생수준과 밀접한 관계를 갖게 된다는 의미이다.

이러한 사회를 에지워스상자를 통해 나타내 보면 다음과 같다.

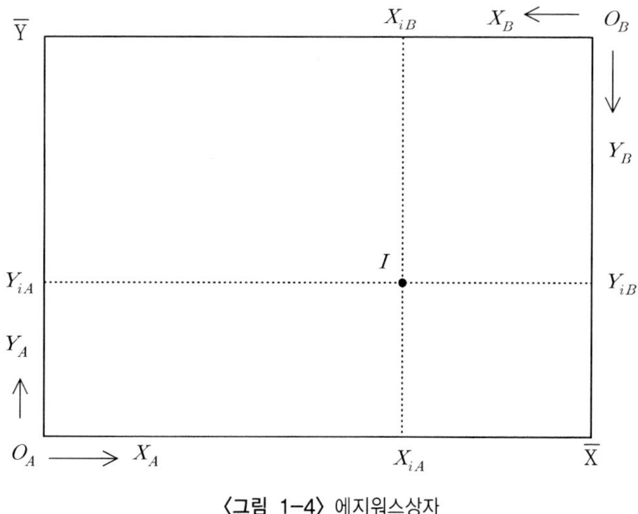

〈그림 1-4〉 에지워스상자

상자에 표시된 O_A에서 출발하는 수평축 위의 화살표는 A의 사과 소비량(X_A)을 나타내며, 수직축 위의 화살표는 볼펜 소비량(Y_A)을 나타낸다. 한편, 반대편의 O_B에서 출발하는 수평축과 수직축 위의 화살표는 B의 사과 소비량(X_B)과 볼펜 소비량(Y_B)을 각각 나타낸다. A와 B는 다음과 같은 재화묶음(bundle of goods) Q_A와 Q_B를 소비하게 된다고 하자.

$$Q_A = (X_A,\ Y_A) \qquad\qquad \text{식}(1.1)$$
$$Q_B = (X_B,\ Y_B) = (\overline{X} - X_A,\ \overline{Y} - Y_A)$$

$\overline{X}$: 사과(X)의 총량, $\overline{Y}$: 볼펜(Y)의 총량

그리고 사과와 볼펜을 A는 X_{iA}, Y_{iA}만큼, 그리고 B는 X_{iB}, Y_{iB}만큼 보유하고 있다고 가정하자. 이렇게 각자가 원래부터 갖고

있는 상품을 가리켜 초기부존자원이라고 한다. 그리고 A와 B 각자가 보유하고 있는 초기부존자원을 그대로 소비하게 되는 배분상태를 I라고 하자. A와 B는 I에서 출발해 교환을 통해 서로에게 이득이 되는 다른 배분으로 옮겨 갈 수 있는지를 모색하게 된다.

A와 B는 교환을 통해 좀 더 효용수준이 높은 점으로 이동할 것이다. 그럼, 어떤 점이 효용수준이 높은가? 이를 알기 위해서는 먼저 우선 두 사람의 선호체계를 알아야 한다. 두 사람의 선호체계를 나타내는 무차별곡선들이 다음 그림과 같다고 하자. A의 무차별곡선은 O_A를 기준으로 하여 그려져 있고, B의 무차별곡선은 O_B를 기준으로 하여 그려져 있다.[6]

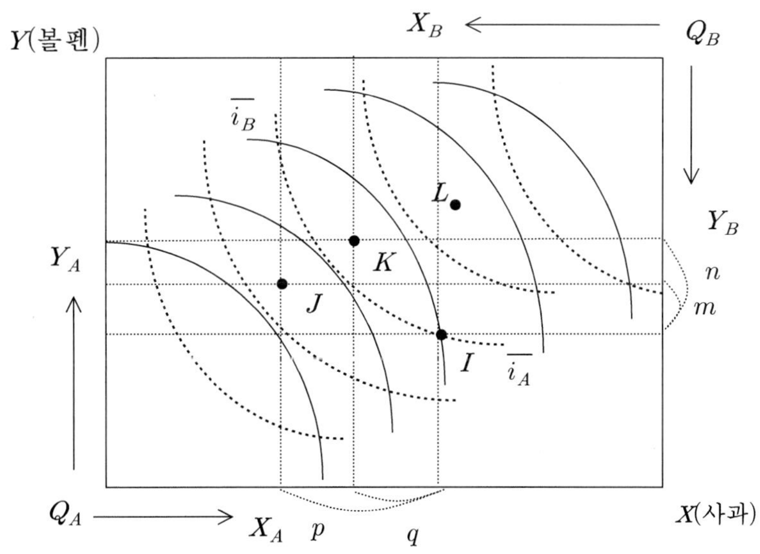

〈그림 1-5〉 상호 이득이 되는 교환의 예

---

6) 이에 대한 이해는 NOTE 1을 참고하라.

A는 사과를 p개만큼 B에게 주는 대신에 볼펜을 m개만큼 B로 부터 받으려고 할까? 다시 말해서 J점으로 이동하려고 할까? A는 합리적인 인간이기 때문에 초기의 I점보다 효용수준이 떨어지는 J점으로 이동하지 않으려 할 것이다. 그렇다면 A는 K점, 즉 사과를 q개만큼 B에게 주는 대신에 볼펜을 n개만큼 B로부터 받으면 만족할까? 만족할 것이다. 초기의 I점보다 효용수준이 높은 점이기 때문이다. 이러한 맥락에서 B는 L점으로의 이동은 거부하겠지만, K점으로의 이동은 동의할 것이다. 따라서 K점은 서로가 이득이 되기 때문에 옮겨 가려고 할 것이다. 이처럼 A와 B의 교환은 이득이 되는 교환점을 향해 계속 움직일 것이고, 서로에게 이득이 되는 변화가 더 이상 일어날 수 없는 배분상태에 이르러서야 멈출 것이다. 이와 같은 배분상태는 파레토 효율(Pareto-efficiency)의 개념과 밀접한 관련을 갖고 있다.

파레토 효율

에지워스상자 안에서는 어떤 점에서 파레토 효율이 될까? 답부터 얘기한다면 A와 B의 무차별곡선이 서로 접하는 곳에 위치한 점들, 즉 <그림 1 - 6>의 점 F, G, H, ……이다. 왜 이러한 점들이 파레토 효율이 되는 점인지는 앞서 제시한 파레토 효율의 정의를 되새겨 보면 쉽게 알 수 있다. 예를 들어 A의 후생수준을 향상시키기 위해서 F점에서 U_A의 오른쪽 어느 한 점으로 이동하면 B의 후생은 감소되어야 한다. 반대로 B의 후생수준을 향상시키기 위해서 F점에서 U_B의 왼쪽 어느 한 점으로 이동하면 A의 후생은 감소되어야 한다.

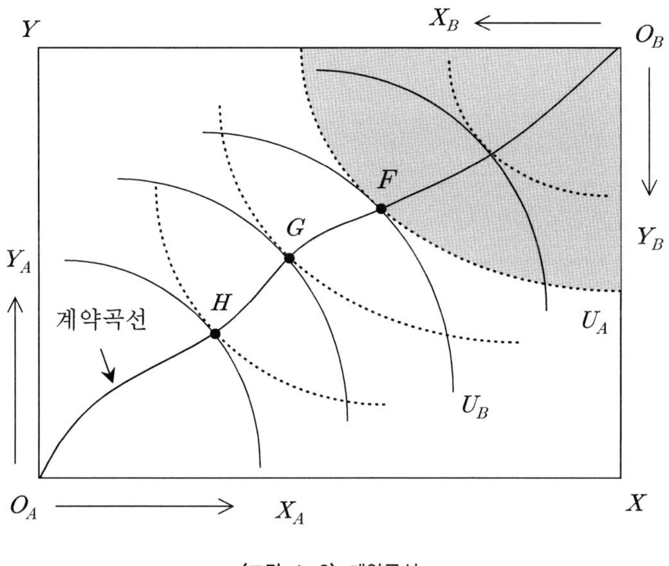

〈그림 1-6〉 계약곡선

　에지워스상자 안에는 F, G, H, ……와 같이 A와 B의 무차별
곡선이 접하는, 즉 A와 B의 한계대체율(MRS)이 같아지는 수많은
점들이 있다.7) 이러한 점들을 이어 놓은 선을 계약곡선8)이라고 하
고, 소비의 관점에시 볼 때, 효율적인 자원배분, 즉 파레도 효율적
인 자원배분이란 바로 계약곡선상에서 이루어지는 자원배분을 말
한다.

---

7) 이에 대해서는 NOTE 1을 참고하라.

8) 두 사람 사이의 교환에서 최종적인 계약이 이루어지는 곳은 바로 이 곡선상의 한 점일 것이라
　는 뜻에서 계약곡선이란 이름이 나왔다.

지금까지 공공재의 가치 측정에 대한 필요성을 설명하기에 앞서, 이에 대한 이해를 돕기 위한 이론적 기초, 즉 '가격의 역할', '효율적인 자원배분의 의미'에 대해서 설명하였다. 이에 대해서 간략하게 정리하면 다음과 같다.

▶ 일반적으로 경제학에서의 효율은 파레토 효율을 의미하며, 파레토 효율은 더 이상 자원배분으로 인해 사회 전체의 후생수준이 향상되지 못하는 상태를 말한다. 즉 어느 계층의 후생수준을 향상시키기 위해서는 다른 계층의 후생은 감소되어야 하는 경우를 의미한다.

▶ 경제주체들이 가격을 경제활동의 지표로 삼아 경제활동을 자유롭게 수행하면 가격의 자율적인 배급기능에 의하여 각 상품의 공급과 수요가 일치하는 방향으로 조정이 이루어진다. 그리고 이러한 조정에 의해 궁극적으로는 파레토 효율이 달성된다.

그렇다면 가격에 따른 시장 정보가 없는 공공재는 어떤 수준에서 생산 공급하는 것이 효율적인가? 이에 대한 해답은 다음 '3. 공공재와 효율성'에서 알아보자.

소비자 선택 이론

사과(X)와 옷(Y), 두 가지 재화만을 소비하는 사회를 가정하자. 따라서 이 사회의 소비자들이 선택할 수 있는 재화도 이 두 상품에 국한된다. 소비자들이 선택할 수 있는 두 재화의 모든 배합은 <그림 1-7>과 같이 나타낼 수 있다.

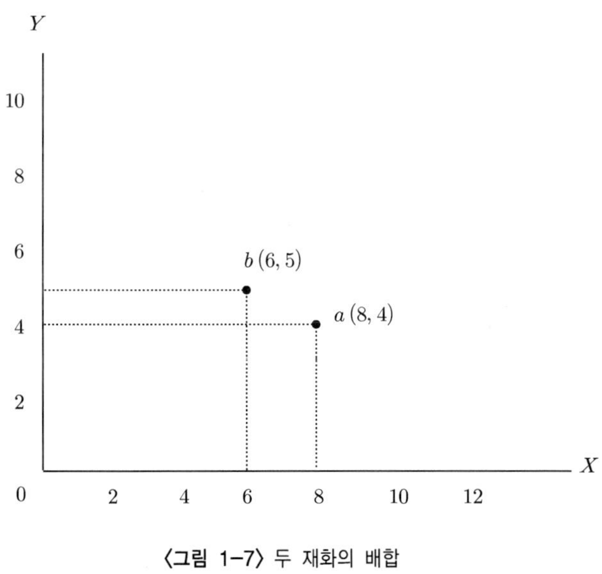

〈그림 1-7〉 두 재화의 배합

그림에서 a점은 사과 8단위와 옷 4단위를 포함하고 있는 재화묶음을, 그리고 b점은 사과 6단위와 옷 5단위를 포함하는 재화묶음을 가리킨다. 이와 같은 점들은 소비자가 선택할 수 있는 두 재화의 재화묶음을 가리킨다. 그러나 소비자의 선택은 소비자가 직면한 환경과 소비자의 선호도에 따라 다르게 나타난다. 여기서 말하는 환경이란 바로 재화의 가격과 소비자의 소득으로 요약된다.

1. 예산선

소비자가 선택할 수 있는 재화묶음은 소비자의 소득과 각 재화의 가격에 의해 제한된다. 다음의 예를 통해 이해해 보자. 월 소득이 I원인 소비자를 가정하자. 이 소비자는 I원을 가지고 한 달 동안 소비할 사과(X)와 옷(Y)을 구입하게 된다. 이때, 사과와 옷의 가격은 각각 P_X, P_Y이고, 소비량은 Q_X, Q_Y라고 한다면 소비자가 사과와 옷을 구입하는 데 사용되는 금액은 $P_X Q_X + P_Y Q_Y$가 된다. 따라서 소비자의 예산제약은 다음과 같이 표현될 수 있다.

$$P_X Q_X + P_Y Q_Y = I \qquad\qquad 식\,(1.2)$$

이 식을 Q_Y에 대해서 풀면 다음과 같다.

$$Q_Y = \frac{I}{P_Y} - \frac{P_X}{P_Y} Q_X \qquad\qquad 식\,(1.3)$$

이 식을 그림으로 옮기면 절편은 $\dfrac{I}{P_Y}$이고, 기울기는 재화의 가격비, 즉 $-\dfrac{P_X}{P_Y}$인 선이 되는데, 이를 예산선(budget line)이라고 한다.

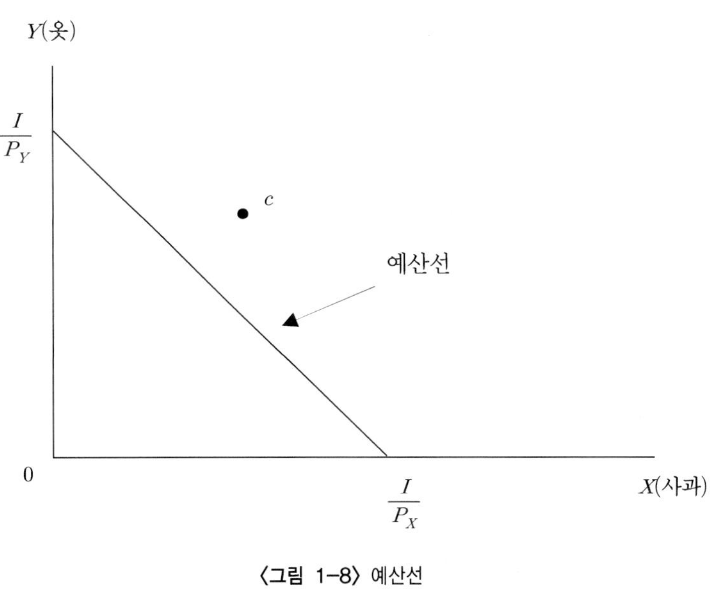

〈그림 1-8〉 예산선

예산선은 소비자가 처한 예산제약의 개념을 보여 준다. 소비자가 처한 예산제약을 엄밀하게 표현하면, 두 재화에 대한 지출이 소득보다 커서는 안 된다는 것을 의미한다. 이러한 맥락에서 <그림 1-8>의 c점과 같은 재화묶음에 대한 소비는 불가능하다고 하겠다. 그러므로 예산선은 소비자가 소비할 수 있는 영역을 제시한다고 할 수 있다.

소비자의 예산선은 소비자의 소득과 재화의 가격이 정해지면 결정될 수 있다. 따라서 소비자의 소득이나 재화의 가격이 변하면 예산선도 변하게 된다. 그렇다면 소비자의 소득이 <그림 1-9>과 같이 I에서 I'으로 증가할 때 예산선은 어떻게 변화되는가? 소득의 증가는 예산선의 기울기, 즉 재화의 가격비에 아무런 영향도 미치지 않고, 단지 절편의 변화만을 야기한다. 따라서 두 재화의 가격이 일정하다고 가정할 때 소득의 증가는 기존의 예산선을 오른쪽으로 평행 이동시키는 반면, 소득의 감소는 기존의 예산선을 왼쪽으로 평행 이동시킨다. 그렇다면 사과의 가격이 P_X에서 P_X'으로 상승할 때는 예산선은 어떻게 변화되는가? <그림 1-9>에서 알 수 있듯이 재화의 가격변화는 결국 예산선의 기울기변화를 의미한다. 소득과 옷의 가격이 일정하다고 가정할 때 사과의 가격 상승은 예산선의 기울기를 급하게 변화시키는 반면, 가격하락은 예산선의 기울기를 완만하게 변화시킨다.

이러한 내용을 그림으로 나타내면 다음과 같다.

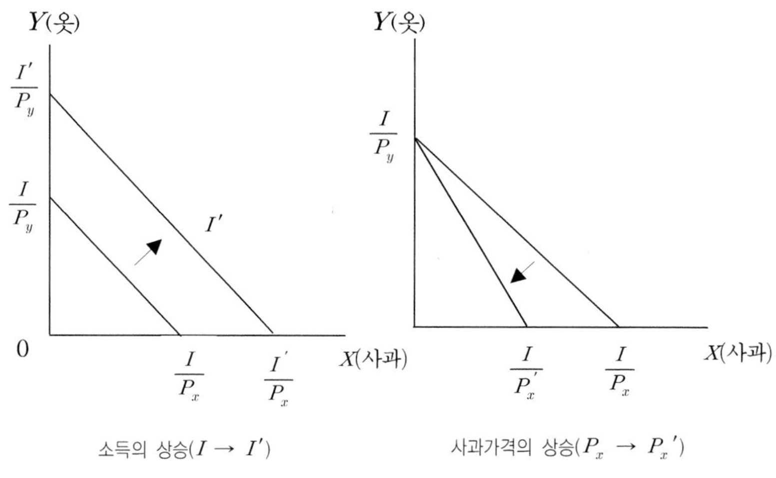

〈그림 1-9〉 소득과 가격의 변화에 따른 예산선

2. 무차별곡선(indifference curve)

소비자는 수많은 재화묶음 중에서 어떤 재화묶음을 선택할 것인가? 예산선은 소비자가 선택할 수 있는 재화묶음을 나타내지만, 예산선이 바로 소비자의 선택을 의미하는 것은 아니다. 소비자의 선택에 있어서 가장 중요하게 작용하는 것은 바로 소비자가 재화의 소비로부터 얻게 되는 효용이다. 그렇다면 소비자는 수많은 재화묶음으로부터 얻게 되는 효용을 어떻게 나타낼 것이며, 어떠한 기준으로 그 효용수준을 구분할 것인가? 이에 대한 설명을 위해 무차별곡선(indifference curve)이라는 도구를 사용하게 된다. 무차별곡선이란 소비자에게 동일한 만족감을 주는 모든 재화묶음을 나타내는 선이다.

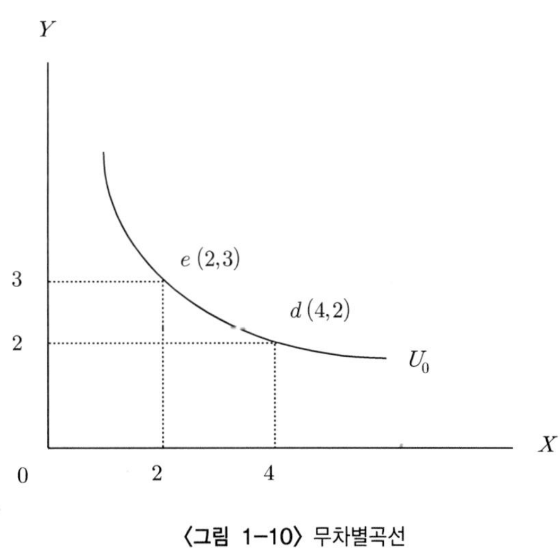

〈그림 1-10〉 무차별곡선

<그림 1-10>에서 U_0는 소비자에게 동일한 만족감을 제공하는

재화묶음을 이어 주는 무차별곡선이다. 즉 그림에서 사과 4단위와 옷 2단위를 포함하는 d 재화묶음으로부터 소비자가 얻게 되는 효용은 사과 2단위와 옷 3단위를 포함하는 e 재화묶음이 소비자에게 주는 효용과 동일함을 가리킨다.

무차별곡선의 기본 특징은 다음과 같이 요약된다.

첫째, 무차별곡선은 우하향하는 모양을 갖는다. 즉 음의 기울기를 갖는다. 무차별곡선상의 재화묶음은 동일한 효용수준을 나타내기 때문에 동일한 무차별곡선상에서는 한 재화의 소비증가로 인한 소비자의 효용증가는 다른 재화의 소비감소로 인한 효용감소로 상쇄되어야 한다. 이러한 특징으로 인해 무차별곡선은 우하향하는 모양을 갖게 된다.

둘째, 원점에서 더 멀리 떨어져 있는 무차별곡선일수록 더욱 높은 효용수준을 나타낸다. 원점으로부터 멀리 떨어져 있는 무차별곡선일수록 소비량이 많은 재화묶음으로 구성되어 있기 때문에, 결국 소비자들의 높은 효용수준을 나타낸다.

셋째, 무차별곡선은 서로 교차하지 않는다. <그림 1-11>에서 f 재화묶음은 g 재화묶음과 같은 만족수준을 나타낸다. 왜냐하면 각 재화묶음은 동일한 무차별곡선 U_1 상에 위치해 있기 때문이다. 마찬가지로 f 재화묶음과 h 재화묶음은 동일한 무차별곡선 U_0 상에 있으므로 두 재화묶음으로부터 소비자가 얻는 만족은 같다. 이와 같이 f 와 g 재화묶음이 소비자에게 동일한 만족감을 주며, f 와 h 재화묶음이 소비자에게 동일한 만족감을 준다면 g 와 h 재화묶음이 소비자에게 주는 만족감은 동일해야 한다. 그러나 g 와 h 재화묶음은 서

로 다른 무차별곡선상에 있기 때문에 서로 다른 효용수준을 나타
낸다. 따라서 무차별곡선이 교차할 때는 이러한 모순이 발생한다.

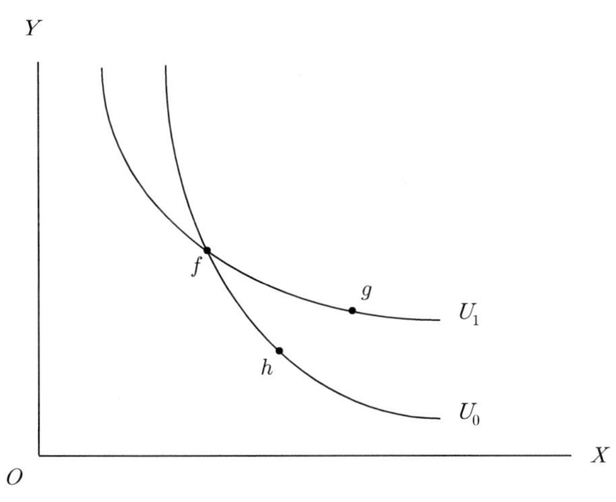

〈그림 1-11〉 무차별곡선의 교차 시 모순

넷째, 무차별곡선은 원점에 대하여 볼록하다. 이는 무차별곡선을
따라 내려갈수록 무차별곡선이 완만해짐을 의미한다. 무차별곡선이
왜 이러한 곡선의 형태를 갖는가를 설명하기 위해서는 한계대체율
(marginal rate of substitution, MRS)의 개념을 도입해야 한다. 한계
대체율이란 소비자의 만족수준을 동일하게 유지하면서 X재 1단위
를 더 얻기 위해 소비자가 기꺼이 포기하려는 Y재의 양을 말한다.
이는 Y재화의 감소분을 X재화의 증가분으로 나눈 값으로 표현된다.

$$MRS_{XY} = \frac{\Delta Y}{\Delta X}$$
식 (1.4)

이 식은 한계대체율이 바로 무차별곡선의 기울기임을 가리킨다. 한계대체율은 고정된 숫자가 아니라 무차별곡선상의 재화묶음에 따라 변한다.

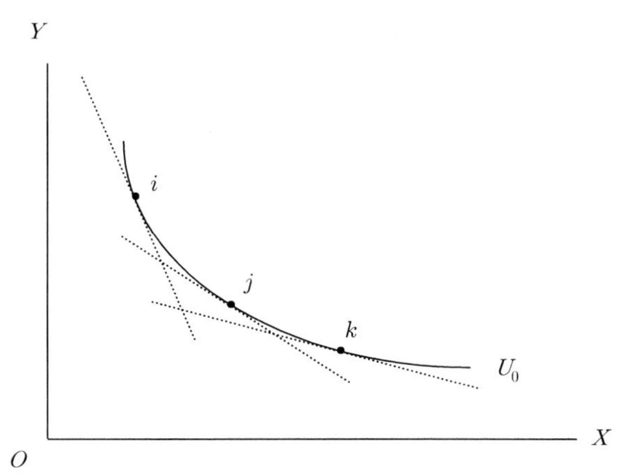

〈그림 1-12〉 한계대체율 체감의 변화

<그림 1-12>에 보이는 무차별곡선 U_0상의 i점과 j점, 그리고 k점에서의 기울기, 즉 각 점에서의 한계대체율을 생각해 보자. 이는 i점에서 X재 1단위를 얻기 위해 소비자가 기꺼이 포기하는 Y재의 양이 많음을 가리키며, k점에서는 1단위의 X재를 얻기 위해 소비자가 포기하는 Y재의 양이 i점과 반대로 매우 작음을 가리킨다. 이와 같이 무차별곡선을 따라 아래로 이동할수록 한계대체율은 체감하는데 이를 '한계대체율 체감의 법칙'이라고 한다. 한계대체율 체감의 법칙은 바로 무차별곡선이 원점에 대해 볼록하기 때문에 나타나는 현상이다.

한계대체율 체감의 법칙은 바로 소비자가 재화의 소비를 증가시킬 때, 소비량의 증가에 따라 그의 만족은 증가하지만 그 증가율은 감소하는, 다시 말해 체감적 증가를 가리키는 한계효용체감의 법칙에 기인한다.

3. 소비자의 선택

소비자의 최종 선택은 소비자의 예산선과 소비자의 만족수준을 나타내는 무차별곡선이 동시에 고려될 때 설명될 수 있다. 왜냐하면 소비자의 최종 선택은 소비자의 예산범위 내에서 소비자에게 최대의 만족을 주는 재화묶음에서 결정되기 때문이다.

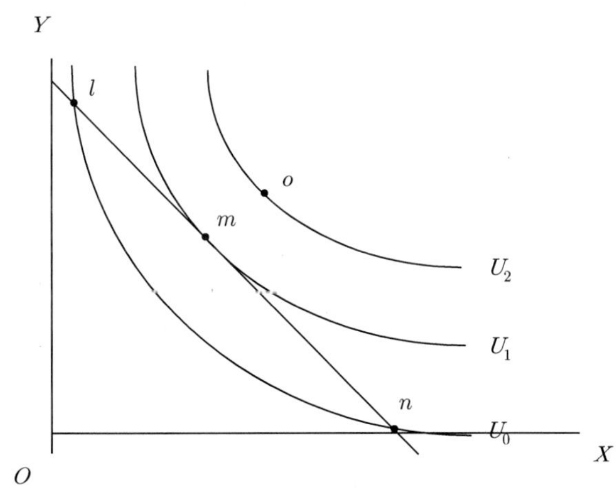

〈그림 1-13〉 소비자 선택

소비자 선택을 <그림 1-13>에 보이는 하나의 예산선과 세 개의 무차별곡선을 가지고 설명해 보자. 소비자는 소비자가 가지고 있는 예산범위 내에서 그의 만족을 극대화할 수 있는 재화묶음을 선택한다. 따라서 그림에서 알 수 있듯이 소비자는 m재화묶음을 선택할 것이며, 그때의 소비자의 만족수준은 무차별곡선 U_1으로 표시된다. 물론 m재화묶음 외에도 예산선상에 있는 많은 재화묶음들이 존재하며, 소비자는 그중의 어떠한 점들도 선택할 수 있다. 그러나 m재화묶음 외의 재화묶음은 소비자에게 U_1보다 낮은 만족수준을 제공한다. 예를 들어 소비자가 l재화묶음을 선택하였다면 그의 만족수준은 무차별곡선 U_0으로 나타나게 된다. 그리고 U_0는 U_1보다 낮은 만족수준을 가리키므로 효용극대자인 소비자로서는 선택할 수 없는 점들이라 하겠다. 또한 무차별곡선 U_2은 U_1보다 높은 수준의 소비자 만족을 나타내고 있으나 소비자에게 주어진 예산으로는 달성할 수 없는 재화묶음으로 구성되어 있으므로 소비자가 선택할 수 없다.

주어진 예산안에서 소비자가 그의 만족을 극대화하기 위해 선택하는 소비자의 선택조건에 대해 알아보자. 소비자의 선택은 <그림 1-13>에서 보이듯이 무차별곡선의 한계대체율과 예산선의 기울기가 같아지는 재화묶음에서 이루어진다. 이러한 조건은 다음과 같이 표현된다.

$$MRS_{XY} = -\frac{P_X}{P_Y} \qquad 식\,(1.5)$$

소비자가 선택하는 재화묶음에서 식(1.4)과 (1.5)은 성립되므로 여기서 다음과 같은 관계를 도출할 수 있다.

$$MRS_{XY} = -\frac{P_X}{P_Y} = \frac{\Delta Y}{\Delta X} \qquad \text{식 (1.6)}$$

3. 공공재와 효율성

앞서 보았듯이 사적재의 경우는 가격을 매개로 한 시장 기능에 의해 효율적인 배분이 이루어진다. 그러나 공공재는 시장에서 거래될 경우, 즉 공공재의 공급·생산을 민간부문에 맡길 경우 비효율성이 발생하게 된다. 이러한 이유로 인해 일반적으로 공공재는 공공부문이 생산·공급하게 된다. 그렇다면 어떤 수준에서 공공재를 생산·공급하는 것이 효율적인가? 여기에서는 이러한 질문에 대한 답을 제시할 것이다. 우선 공공재의 공급·생산을 민간부문에 맡길 경우, 왜 비효율성이 발생하는지에 대해서 살펴보자.

3.1. 공공재의 특성

앞서 보았듯이 청계천과 같은 공원을 공공재라고 하는 이유는 무엇인가? 정부가 조성하고 관리하기 때문에 공공재인가? 그렇다면 민간기업이 공원을 조성하고 관리한다면 공원은 공공재가 아닌, 사적재인가? 이처럼 단순히 공급주체에 따라 공공재인지, 아닌지를 판단하는 것은 오류를 발생시킬 수 있다. 따라서 공공재는 공급주체가 아닌 공공재가 지니고 있는 특성에 따라 규정되어야 한다. 공공재가 지니고 있는 특성은 크게 소비의 비경합성(nonrivalness in consumption)과 소비의 비배제성(nonexcludability in consumption)으로 대표된다.

소비의 비경합성

공공재가 지니고 있는 첫 번째 특성은 소비의 비경합성(nonrivalness in consumption)으로서, 이 특성은 한 사람의 소비증가가 다른 사람의 소비를 감소시키지 않는다는 것을 의미한다. 다시 말해서 재화나 서비스의 편익을 여러 사람이 동시에 같이 얻을 수 있다는 것이다. 국방서비스의 경우, 인구가 한 명 증가한다고 해서 국민이 누리는 국방서비스의 혜택이 감소되지 않으므로 소비가 비경합적이다. 반면에 사적재는 소비가 완전히 경합적이다. 10개의 사과 중 한 사람이 2개를 먹어 버리면, 다른 사람이 먹을 수 있는 사과의 소비량은 8개로 줄어들 수밖에 없다.

소비의 비경합성은 어떤 사람이 추가적으로 공공재를 소비하더라도 이로 인해 혼잡(congestion)이 발생하지 않는다는 것을 의미한다. 앞서 예를 들었던 국방서비스의 경우, 인구가 한 명 증가한다고 해서 사람들이 누리던 국방서비스의 혜택이 전혀 줄어들지 않으므로 소비의 비경합성이 완벽히 충족된다고 할 수 있다. 이렇게 완전한 비경합성의 특성을 지닌 공공재를 순수공공재(pure public goods)라고 한다. 순수공공재의 경우, 이용자가 늘어나도 기존의 사람들이 이용하는 데에 전혀 문제가 없으므로, 추가적인 이용자에 대한 한계비용은 원칙적으로 0이 된다.

그러나 대부분의 공공재는 추가적인 이용자가 얼마간의 비용을 발생시키는 것이 일반적이다. 혼잡한 도로를 예로 들어 보자. 차 한 대가 혼잡한 도로에 진입하면 교통체증이 가중되어 기존의 차들이 도로를 이용하기가 힘들어진다. 즉 혼잡한 도로에서는 차 한 대의 진입으로 인해 혼잡이 가중되므로 한계비용이 발생한다. 이렇게 혼잡 등으로 인해 소비가 불완전하게 경합적이 되는 재화를 비순수공공재(impure public goods)라고 한다.

소비의 비배제성

공공재가 갖는 두 번째 특성은 소비의 비배제성(nonexcludability in consumption)이다. 사적재의 경우에는 대가를 지불하지 않은 사람은 그것을 소비할 수 없다는 배제의 원칙이 철저하게 적용되지만, 공공재는 특정한 사람이 소비를 하지 못하도록 제한하는 것이 불가능하거나 상당한 비용이 들어야만 가능하다.

배제가 불가능한 공공재로서 가장 많이 언급되는 것은 국방서비스이다. 국방서비스를 제공하는 대가로 일정한 금액을 지불하게 할 경우, 국방서비스에 대한 대가를 지불한 사람만 전쟁에서 보호하고, 대가를 지불하지 않은 사람을 배제할 수 있는 방법은 없다. 경찰에 의한 치안서비스도 역시 소비를 배제하는 것이 불가능하다.

소비가 불완전하게 경합적이 되는 공공재가 있듯이 소비의 배제가 불완전한 공공재도 있다. 통행료를 받는 도로가 여기에 해당한다. 요금정산소를 설치하여 요금을 지불한 차량만 도로 진입을 허

용한다면, 요금을 지불하지 않은 차량의 도로 이용은 배제할 수 있
다. 그러나 이를 위해서는 요금정산소 설치 및 운영에 따른 비용이
소요될 것이다.

공공재의 분류

소비의 경합성과 배제성의 정도에 따른 재화의 분류를 시각적으
로 보여 주기 위하여 우리는 <그림 1-14>를 그려 볼 수 있다. 그
림에서 수평축은 소비의 경합성 정도를 0부터 1까지의 크기로서
나타내고 있다. 소비가 완전히 경합적인 사적재는 수평축에서 1의
크기를 가지고 소비가 완전히 비경합적인 순수공공재는 0의 크기
를 갖는다. 그리고 이용자의 수가 증가함에 따라 혼잡이 발생하고
기존의 이용자가 누리는 혜택이 줄어드는 비순수공공재는 혼잡도
의 크기에 따라 수평축 중간에 어떤 위치가 정해진다.

수직축은 소비의 배제성 정도를 0부터 1까지의 크기로 나타낸다.
재화를 구입한 사람만이 소비를 할 수 있는 사적재는 가장 큰 배제
성을 가지므로 수직축에서 1의 크기를 가지고, 배제가 전혀 불가능
한 순수공공재는 0의 크기를 갖게 된다. 어느 정도의 비용을 들이
면 배제가 가능한 재화들은 0과 1 사이에 위치하는데, 배제비용이
클수록 0에 가까이 갈 것이다. 이 그림에서 A점은 시장에서 구입
할 수 있는 사적재를 나타내고, B점은 국방과 같은 순수공공재를
나타내고 있다. 그리고 현재 보급이 확대되고 있는 케이블TV는 C
점으로, 요금을 지불해야만 이용이 가능한 고속도로는 D점과 E점
으로 나타낼 수 있는데 D점은 교통 체증으로 인하여 충분히 속도

를 낼 수 없는 경우이고, E점은 전혀 혼잡이 없는 고속도로를 나타낸다.

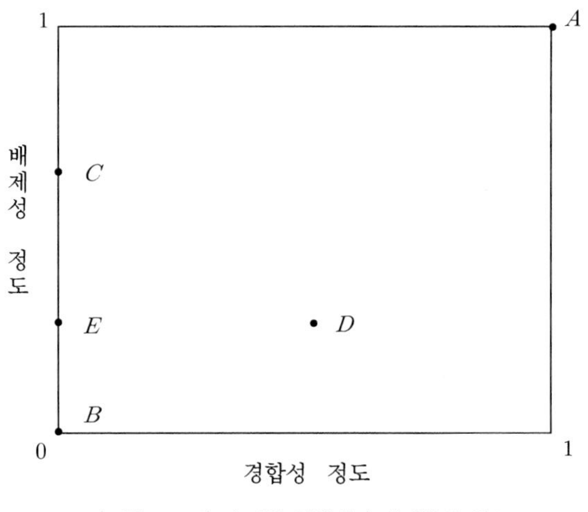

〈그림 1-14〉 소비의 경합성과 배제성의 정도

3.2. 무임승차자와 효율성

도심에 공원을 조성하기 위하여 주민들로부터 기부를 받고자 한다. 기부금이 충분하지 않으면, 공원 조성은 불가능한 상황이다. 주민들은 얼마를 기부할까? 합리적인 사람이라면 다른 주민들이 공원 조성 사업의 비용을 부담하리라 기대하고 자기는 공짜로 그 공원을 이용하려 할 것이기 때문에, 아마 대부분의 주민들은 전혀 기부를 하지 않을 것이다. 이로 인해 결국 공원 조성 사업은 포기해야 할 것이다. 이처럼 공공재 공급을 민간부문에 맡기면, 무임승차자 문제가 발생할 것이고, 이로 인해 효율적인 공공재 공급은 어렵게 된다.

무임승차자 문제

등대라는 순수공공재를 민간기업이 공급하는 경우를 생각해 보자. 암초가 많은 바다를 다니는 배들에게 있어서 등대는 필수적이다. 따라서 배의 선장들은 등대를 이용하기 위해서 상당히 많은 대가를 지불할 용의가 있을 것이다. 한편 선장들은 등대의 불빛을 모든 배들이 볼 수 있고(소비의 비경합성), 특정한 배에 대해서는 그 불빛을 보지 못하도록 통제하는 것이 불가능하다는 것(소비의 비배제성)을 알고 있다. 따라서 합리적인 선장이라면 다른 선주들이 등대의 건설·유지 비용을 부담하리라 기대하고 자기는 공짜로 그 등대를 이용하려 할 것이다. 문제는 모든 선장들이 이렇게 합리적인 행동을 한다는 데에 있다. 모든 선장이 비용을 부담하려 하지 않으면, 등대를 공급하는 기업은 도산해 버리고, 배들은 등대 불빛을 볼 수 없는 상황이 될 것이다. 이렇게 소비의 비경합성과 비배제성의 특성을 가진 재화에 대하여 사람들이 공짜로 소비하려고 하는 것을 우리는 무임승차자(free rider) 문제라고 부른다.

무임승차자 문제의 해결

A와 B가 살고 있는 건물을 생각해 보자. A와 B는 화재 예방을 위해 화재경보기를 건물 내에 설치하려고 한다. 화재경보기는 일단 설치되면 A와 B 모두가 혜택을 볼 수 있으므로 소비가 비경합적이다. 또한 둘 중 한 명만을 화재경보기의 혜택으로부터 배제하는 것도 불가능하다.

A와 B는 화재경보기로부터 받는 편익과 화재경보기를 설치하기

위한 비용을 고려하여 화재경보기 설치 여부를 결정할 것이다. 각자의 입장에서 가장 바람직한 것은 비용을 전혀 부담하지 않고 화재경보기의 혜택을 받는 것이다. 그러나 A와 B 둘 다 비용을 부담하지 않으려고 한다면 화재경보기는 설치될 수 없다. 만약 화재경보기 설치시의 비용 부담 여부에 따른 후생수준이 다음과 같다면 화재경보기는 설치될 수 있을까?

〈표 1-1〉 화재경보기 설치비용 부담 여부에 따른 후생수준 비교

A ＼ B	설치비 부담	설치비 미부담
설치비 부담	가(10:10)	다(4:12)
설치비 미부담	나(12: 4)	라(5: 5)

A와 B 모두 화재경보기 설치비를 부담할 경우(가), 각자의 후생수준은 10이다. 그러나 만약에 B가 화재경보기 설치비용을 모두 부담하면(나), 공짜로 화재경보기의 혜택을 누리게 된 A의 후생수준은 12가 되지만 비용을 부담한 B의 후생수준은 4밖에 안 된다. 반대로 A가 비용을 모두 부담하면(다) A의 후생수준은 4, 그리고 B의 후생수준은 12가 된다. 만약 두 명이 다 화재경보기 설치비용을 부담하지 않는다면(라) 화재경보기는 설치될 수 없고, 화재가 발생하였을 때 적절히 대처하지 못하므로 두 명의 후생수준은 5밖에 안 된다.

이러한 상황에서 A와 B는 과연 어떤 선택을 할 것인가? 먼저 A의 입장에서 볼 때 B가 설치비를 부담하는 경우, 자기가 설치비를 부담했을 때의 후생수준은 10, 부담하지 않았을 때의 후생수준은 12가 된다. 따라서 A의 후생수준은 설치비를 부담하지 않을 때

더 높아진다. 반대로 B가 설치비를 부담하지 않는 경우, A의 후생수준은 자기가 설치비를 부담했을 때 4, 부담하지 않았을 때 5가 된다. 따라서 이 경우에도 A의 후생수준은 설치비를 부담하지 않을 때가 더 높다. 따라서 A는 B의 설치비 부담 여부에 관계없이 설치비를 부담하지 않을 때 더 높은 후생수준을 갖는다.

만약 A와 B가 모두 자신만의 이익을 위하여 독자적으로 행동한다면, 두 명 모두는 설치비를 부담하지 않는 선택을 한다. 그 결과 화재경보기는 설치되지 않고, 각자의 후생수준은 5에 머물게 된다. 그런데 이 상태는 분명 비효율적이다. 왜냐하면 (라)에서 (가), (나), (다)로 이동하면 파레토 개선이 이루어지기 때문이다. 특히 (가)로의 이동, 즉 A와 B 모두가 설치비를 부담하여 화재경보기가 설치되면 A와 B의 총후생수준은 가장 높아질 것이다. 그럼에도 불구하고 A와 B는 공짜로 화재경보기의 혜택을 받으려 할 것이고, 결과적으로 후생수준은 5에 불과하게 된다. 이러한 결과가 초래되는 근본적인 이유는 소비의 비배제성 때문이다.

그렇다면 (라)에서 (가)로의 이동은 불가능한가? 그렇지 않다. 만약 A와 B가 무임승차를 하지 않기로, 즉 설치비를 공동으로 분담하기로 약속하고, 그 약속을 이행한다면 화재경보기는 설치될 수 있다. 이 과정에서 중요한 것은 A와 B가 약속을 이행하는지를 감시하고, 지키지 않았을 때 적절한 처벌을 가하여야 한다는 것이다. 이러한 임무를 담당하는 것이 바로 정부이다. 즉 정부는 세금이라는 강제적 수단을 통해 사람들로 하여금 공공재의 재원을 부담하게 한다. 만약 세금을 내지 않으면 그것은 약속을 위반한 것이 되므로 법적인 처벌을 가하게 된다.

소비가 비경합적인 공공재의 공급

무임승차자 문제를 해결할 수 있다면 민간부문에 의한 공공재 공급은 효율적일까? 이 경우에도 공공재가 가지고 있는 또 다른 특성인 소비의 비경합성으로 인해 비효율성이 발생한다. 소비가 완전히 비경합적이라면 추가적인 소비에 대한 한계비용은 0이 된다. 따라서 효율적인 공공재의 공급을 위해서는 가격은 0으로 책정되어야 한다. 그러나 이윤을 추구하는, 즉 공공재 공급에 대한 비용 이상의 이익을 얻으려고 하는 민간기업 입장에서는 요금을 징수할 수밖에 없다. 따라서 민간기업이 공공재를 공급하기 위해서는 가격이 비효율적인 수준으로 책정되는 수밖에 없다.

예를 들어 민간기업이 도로를 건설하는 경우를 생각해 보자. 도로를 이용하는 차량이 많지 않아서 혼잡이 발생하지 않는다면 도로에 대한 소비는 비경합적이다. 도로에 진입하는 차량이 한 대 늘어난다고 해서 교통체증 같은 혼잡은 발생하지 않는다. 이 경우 도로 이용에 대한 한계비용은 0이다. 그러나 민간기업은 도로 건설비를 회수하기 위하여 0보다 큰 요금을 징수하여야 한다. 따라서 도로는 효율적으로 이용될 수 없는 것이다. 그러나 공공부문은 도로 이용에 대한 요금을 받지 않더라도 조세수입과 같은 재원을 가지고 도로를 건설할 수 있으므로, 도로의 효율적인 이용이 가능해진다.

이와는 반대로 혼잡이 존재하여 소비가 불완전하게 경합적인 경우는 오히려 공짜로 이용하게 하는 것이 비효율적이다. 왜냐하면 혼잡이 존재할 때의 추가적인 이용은 혼잡도를 증가시켜 한계비용은 0보다 커지기 때문이다. 따라서 혼잡이 존재할 때에는, 가격을 부과하여 이용을 감소시킴으로써 혼잡을 줄이는 것이 보다 효율적이다. 예를 들어 교통 혼잡을 줄이기 위해 혼잡통행료를 부과한다면, 효율성이 개선될 수 있다. 물론 이 경우의 혼잡통행료 수준은 한계비용과 일치해야만 파레토 최적 상태에 도달할 수 있다.

3.3. 공공재의 최적 생산량

효율성 조건

민간부문에 의해 순수공공재가 공급되면 무임승차자 문제가 나타나며, 이로 인해 공공재 공급의 비효율성이 발생한다. 따라서 순수공공재의 공급은 공공부문이 담당하여야 한다. 그렇다면 어떤 수준에서 공공재를 생산하는 것이 적절한가? 공공재의 경우에도 사적재와 마찬가지로 시장수요곡선과 시장공급곡선이 교차하는 점에서 적정배분이 이루어진다. 그러나 여기서 유의해야 할 것은 공공재의 수요곡선은 사적재와 달리 개별 소비자의 수요곡선을 수직방향으로 더해야 시장수요곡선이 구해진다는 것이다. 공공재의 경우에는 모든 사람이 동일한 공공재의 양을 소비하게 되는 한편, 이에 대한 가격은 서로 다르게 된다. 이러한 이유로 인해 공공재의 경우에는 개별 소비자의 수요곡선을 수직방향으로 더해야 하는 것이다.[9]

다음 <그림 1-15>에서 보면 E점에서 OL과 OK의 길이를 합한 것과 OJ의 길이는 같게 된다. 즉 E점에서 각 개별 수요곡선의

---

9) 이에 대해서는 NOTE 2를 참고하라.

높이를 더한 값과 공급곡선의 높이가 같게 된다. i번째 소비자와
관련된 개별 수요곡선의 높이가 그의 한계편익(MB_i)을 의미하고,
공급곡선의 높이가 바로 공공재의 한계비용(MC)을 의미하므로, 적
정배분의 조건은 다음과 같이 표현할 수 있다.

$$MB_A + MB_B = MC \qquad\qquad 식\,(1.7)$$

이 조건은 사람들이 공공재의 마지막 단위에서 얻는 한계편익의
합이, 그것을 생산하기 위해 사회가 지불해야 하는 한계비용과 같
아야 공공재의 적정배분이 달성된다는 것을 뜻한다.

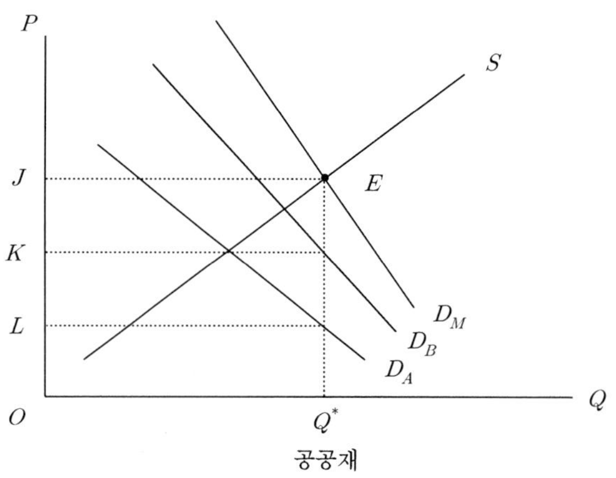

〈그림 1-15〉 시장수요곡선의 도출

공공재는 생산이 되면 많은 사람이 동시에 소비할 수 있고, 혜택
을 누릴 수 있다. 그러므로 공공재 한 단위가 추가적으로 생산될
때, 그것으로 인한 총한계편익(SMB)은 소비하는 사람들의 개인적

한계편익을 합한 것이 된다. 이것을 사회적 한계편익이라고 정의한다. 이러한 정의에 따라 위의 식을 다시 표현하면 다음과 같다.

$$SMB = \sum MB_i = MC \qquad\qquad\text{식}(1.8)$$

다음 사례를 통해 공공재의 최적 생산량이 어떻게 결정되는지 살펴보자. A, B, C 세 사람이 살고 있는, 나무가 전혀 없는 마을을 생각하자. A, B, C는 마을 환경 개선을 위해 마을에 나무를 심으려고 한다. 다음 표는 나무로부터 얻는 A, B, C의 한계편익(MB)을 나타내고 있다. 일단 나무를 심게 되면, 그 혜택은 마을 주민 모두가 누리게 될 것이고, 또 특정한 주민을 그 혜택으로부터 배제하는 것이 불가능하므로, 나무는 순수공공재라고 할 수 있다.

<표 1-2>를 보면 마을에 나무가 전혀 없을 때보다 1그루의 나무가 있을 때, A는 500원, B는 400원, C는 200원의 편익이 증가한다. 그리고 나무가 1그루에서 2그루로 늘어날 때, A는 400원, B는 300원, C는 150원만큼의 편익이 증가한다. 마을에 나무를 심는 비용은 일률적으로 1그루당 600원이라고 가정하자.

〈표 1-2〉 나무에 대한 주민들의 한계편익

(단위: 원)

한계편익 \ 나무의 수	1	2	3	4
MB_A	500	400	300	200
MB_B	400	300	200	100
MB_C	200	150	100	50
$\sum MB_i$	1,100	850	600	350

이 마을에서는 몇 그루의 나무를 심는 것이 가장 효율적일까? 앞서 제시한 효율성 조건에 비추어 봤을 때, 답은 3그루가 될 것이다. 왜 그렇게 되는지에 대해서 구체적으로 설명하면 다음과 같다. 마을에 전혀 나무가 없다가 1그루의 나무를 심으면 주민들의 편익은 1,100원만큼 증가하고 비용은 600원만큼 증가한다. 따라서 500원의 순편익이 생기므로 1그루의 나무를 심는 것이 나무가 없는 것보다 효율적이다. 그렇다면 나무의 수를 1그루에서 2그루로 늘리는 것은 효율적일까? 이 경우 주민들의 편익은 850원만큼 증가하는 데 반해 비용은 600원에 불과하므로 250원의 순편익이 발생한다. 따라서 2그루의 나무를 심는 것은 효율적이다. 그러나 2그루의 나무만을 심는 것은 가장 효율적인 상태는 아니다. 왜냐하면 한계편익이 한계비용보다 높기 때문이다. 일단 3그루의 나무를 심었다면 한 그루의 나무를 더 심는 것은 효율적일까? 이 경우에는 주민들의 편익은 350원만큼 증가하는 반면에 비용은 600원이 증가하므로 순편익은 -250원이 된다. 따라서 마을에 4그루의 나무를 심는 것은 비효율적이다. 결론적으로 마을에 3그루의 나무를 심는 것이 가장 효율적이다. 그리고 이 경우에 사회적 한계편익과 한계비용이 일치하는 효율성 조건이 만족된다.

지금까지의 설명을 정리해 보자. 우선 공공재는 소비의 비경합성과 비배제성이라는 특성을 지니고 있다. 이러한 특성으로 인해 순수공공재를 민간부문에서 공급하게 되면 비효율이 발생하게 된다. 따라서 공공재의 공급은 공공부문이 담당하여야 한다. 그렇다면 공공부문은 어느 정도 수준에서 공공재를 생산 공급하는 것이 효율적인가? 사적재와 마찬가지로 공공재도 시장수요곡선과 공급곡선이 교차하는 점에서 생산·공급되어야 효율적인 배분이 이루어진다.

그런데 여기서 (시장이 존재하지 않기 때문에) 시장을 통해 수요에 대한 정보를 파악할 수 없는 공공재의 수요곡선을 어떻게 도출할 것인가 하는 문제가 발생한다. 즉 <그림 1-15>에 제시되어 있는 D_A, D_B는 어떻게 도출될 수 있는가? 일반적으로 소비자들의 재화에 대한 수요는 시장에서, 재화의 다양한 가격변화에 대한 소비자들의 구매량 변화로부터 드러난다. 그러나 공공재는 시장에서 거래되지 않으므로 이러한 소비자들의 행위로부터 도출되지 않는다. 공공재의 가치를 측정해야 하는 이유가 바로 여기에 있다. 여러 직·간접적인 방법을 통해 공공재의 가치를 측정함으로써 공공재에 대한 수요 정보를 파악하게 되는 것이다. 여기에는 크게 두 가지 방법이 있다.

▶ 공공재에 대해 소비자들이 갖는 가치를 설문하여 공공재의 사회적 가치를 결정하는 방법이다.

▶ 사적재로부터 공공재의 가치를 도출하는 방법이다. 즉 공공재가 어떠한 사적재와 연결되어 있는 경우, 사적재 가격을 통해 공공재의 가치를 도출하는 방법이다.

시장수요의 도출

사적재의 경우에는 각 개인의 수요곡선이 주어졌을 때, 이를 수평방향으로 더함으로써 시장수요곡선을 구할 수 있다. 각 가격에서 개별 소비자가 수요하는 양을 모두 더하면 시장 전체에서의 수요량이 되기 때문에 수평방향으로 더하는 방법을 쓸 수 있는 것이다. 예컨대 <그림 1-16>의 ⓐ에서 보는 것처럼 A, B 두 사람의 수요곡선이 각각 d_A, d_B로 주어졌다면 이를 수평으로 더해 시장수요곡선 d_M을 도출할 수 있다.

반면에 공공재의 경우에는 개별 소비자의 수요곡선을 수직방향으로 더해야 시장수요곡선이 구해진다. 사적재의 경우에는 모든 소비자가 동일한 가격에 직면하고, 각자가 수요하는 양은 서로 다르게 된다. 이와는 대조적으로 공공재의 경우에는 모든 사람이 동일한 공공재의 양을 소비하게 되는 한편, 이에 대한 가격(조세)은 서로 다르게 된다. 바로 이러한 이유 때문에 공공재의 경우에는 개별 소비자의 수요곡선을 수직방향으로 더해야 하는 것이다. <그림 1-16>의 ⓑ에서 보는 것처럼 A, B 두 사람의 공공재에 대한 수요곡선이 각각 D_A, D_B로 주어졌다면, 이를 수직으로 더해 공공재의 시장수요곡선 D_M을 도출할 수 있다.

　이런 과정을 거쳐 구해진 시장수요곡선의 높이는 개별 수요곡선의 높이를 모두 더한 것과 같아진다. 개별 수요곡선의 높이가 각 수준의 공공재에 대해 개인이 낼 용의가 있는 가격을 뜻하므로, 시장수요곡선의 높이는 각 수준에 대해 그 사회의 구성원 모두가 함께 지불할 용의가 있는 가격을 뜻하게 된다.

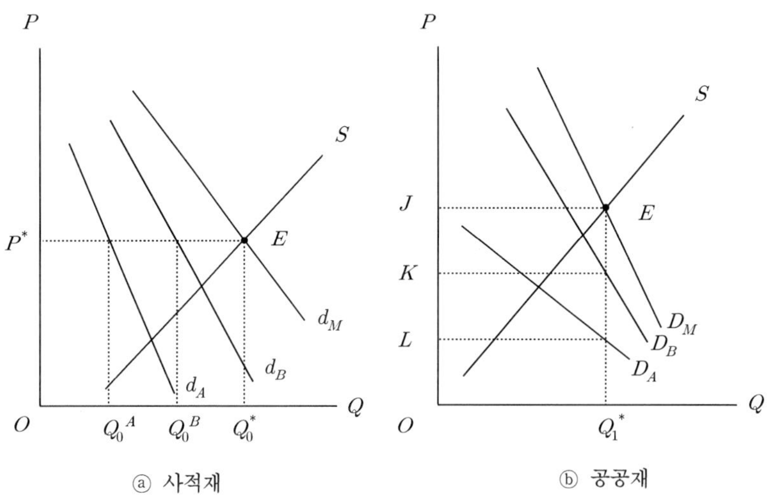

〈그림 1-16〉 시장수요곡선의 도출

　이처럼 공공새에 대한 개별 소비사의 수요곡선이 주어진 상태라면, 이들을 수직방향으로 더해 시장수요곡선을 도출할 수 있다. 그러나 현실에서 개별 소비자들이 공공재에 대한 자신의 수요를 진실하게 표출한다는 보장이 없기 때문에 개별 소비자의 수요곡선을 알아내는 것은 매우 어려운 문제가 된다. 왜냐하면 사람들은 공공재에 대한 수요를 일부러 줄여서 표출하려는 유인을 갖게 된다.

<그림 1-16>에서 보는 D_A나 D_B곡선은 사람들이 진정한 수요를 표출한다는 가정하에서 구한 수요곡선이기 때문에 특별히 가상적 수요곡선(pseudo-demand curve)이라고 부른다.

제2장 공공재의 가치 측정 방법

Q. 어떻게 공공재의 가치를 측정하는가?

▐ 공공재의 가치는 공공재 공급 및 공공서비스의 개선으로 인해 증가한 후생의 크기와 같
　으며, 이는 공공재의 소비를 위해 지불하고자 하는 금액, 즉 지불의사금액을 통해 측정
　할 수 있다. 이러한 지불의사금액을 알기 위해서는 수요곡선을 알아야 하나, 공공재는
　시장수요곡선이 없기 때문에 가상적 수요곡선을 추정하는 형식을 이용한다. 가상적 수
　요곡선을 이용하여 공공재 등의 비시장재화의 가치를 측정하는 방법은 헤도닉 가격기
　법, 여행비용법 등과 같은 간접 방법과 조건부 가치 측정법 등의 직접 방법이 있다. 간
　접 방법은 비사용가치에 대한 편익이 배제되고, 측정 가능한 공공재의 범위도 한정되어
　있다는 문제점이 있다. 이에 반해서 조건부 가치 측정법은 간접 방법이 지니고 있는 문
　제를 해결할 수 있고, 이론적으로도 신뢰성과 유효성이 입증된 바 있다. 다만 조건부
　가치 측정법을 이용한 공공재의 가치 측정 결과가 신뢰성을 얻기 위해서는 편의(bias)
　가 최소화될 수 있도록 설문 설계·조사 및 분석이 이루어져야 하며, 이를 위해서는
　NOAA 보고서의 가이드라인을 수용할 필요가 있다. 특히 지불의사금액 유도 방법으로
　는 미리 설정된 지불의사금액을 응답자에게 제시하고, 이 금액을 지불할 의사가 있는가
　의 여부만을 선택하도록 하는 양분선택형 질문법을 사용하는 것이 바람직하다.

1. 공공재 가치 측정의 기본 개념

국방, 경찰, 소방, 등대, 공원과 같은 공공재의 진정한 가치는 어떻게 측정될 수 있는가? 공공재를 위한 시장이란 존재하지 않으며 따라서 시장가격도 존재할 수 없다. 그럼에도 불구하고 우리는 앞서 공공재의 효율적인 생산 및 공급을 위해서는 가치를 측정할 필요가 있음을 살펴보았다. 그렇다면 공공재의 가치는 어떻게 측정해야 할 것인가?

공공재의 가치 측정을 위해서는 우선 두 가지 가정을 설정해야 한다. 첫째, 사람들은 시장재와 공공재 등의 비시장재로 구성된 재화묶음(bundle of goods)들에 대해 일련의 선호체계(preference relation)를 갖는다. 둘째, 사람들은 자신의 선호체계에 대해 잘 알고 있으며, 재화묶음을 구성하는 시장재와 비시장재 사이에는 대체가능성(substitutability)이 존재한다. 이는 시장재의 소비를 감소시키더라도 공공재 등의 비시장재의 소비를 증가시키면 동일한 효용수준을 유지할 수 있다는 의미이다. 이 때 소비가 감소하는 시장재와 소비가 증가하는 공공재 사이의 교환비율은 가치측정에 있어서 중요한 의미를 가진다. 왜냐하면 시장재의 화폐가치를 알고 있고, 시장재와 공공재의 교환비율을 안다면, 이를 통해 공공재의 화폐가치를 알아

낼 수 있기 때문이다. 이러한 대체가능성에 근거한 가치 개념은 후술될 지불의사금액(Willingness To Pay: *WTP*) 또는 수용의사금액(Willingness To Accept: *WTA*)으로 표현될 수 있다.

이를 하나의 예를 통해 구체적으로 설명하면 다음과 같다. 최근 주거 환경과 관련하여 공원과 같은 녹지의 중요성이 높아지면서 대부분의 사람들은 자신이 거주하는 마을에 공원이 있길 원한다. 만약 거주하는 마을에 공원을 조성하고 관리하기 위해 일종의 기금을 매월 모금한다면 얼마를 내겠는가? A라는 사람은 1개월 기준 '외식 1회'를 줄여 '월 1만 원'을, B라는 사람은 1개월 기준 '의류구입 1회'를 줄여 '월 2만 원'을 공원 조성 및 관리 기금으로 내기로 하였다.

이로부터 우리는 A의 공원에 대한 가치를 '공원 1개월 이용=외식 1회=1만 원'으로, B의 공원에 대한 가치를 '공원 1개월 이용=의류구입 1회=2만 원'으로 표현할 수 있다. 즉 A는 '외식 1회'의 소비를 줄여 '공원 1개월 이용'의 소비를 늘렸으며, '외식 1회'의 화폐가치는 '1만 원'이기 때문에 우리는 A의 공원에 대한 가치를 화폐가치로 알 수 있는 것이다. 그리고 '1만 원'과 '2만 원'은 공원 이용을 위해 기꺼이 지불할 의사가 있는 금액인 공공재에 대한 지불의사금액이 된다.[10]

만약 이 마을의 공원을 정부가 조성·관리하기로 한다고 하자. 정부의 공원 공급으로 인해 A와 B는 기존 재화의 소비감소 없이 공원을 이용할 수 있게 됨으로써, 이들의 후생은 증가된다. 이때 A와 B의 공원 이용에 따른 후생 증가분은 얼마인가? 이는 앞서 살

---

10) 이를 수용의사금액(WTA)으로 바꾸어도 똑같은 논리가 성립된다.

펴본 공원에 대한 화폐가치와 같다. 즉 '공원 이용에 따른 가치=지불의사금액'의 관계가 성립되므로 공원에 대한 가치는 A는 월 1만 원, B는 월 2만 원이 된다. 여기서 공공재의 가치는 공공재 공급 및 공공서비스 개선으로 인해 증가한 후생의 크기와 같은 것을 알 수 있으며, 공공재의 소비를 위해 기꺼이 지불하고자 하는 금액, 즉 지불의사금액을 통해 우리는 공공재의 가치를 측정할 수 있다.

그러나 여기서의 문제는 공공재에 대해 소비자들이 기꺼이 지불하고자 하는 금액을 드러나게 할 방법이 거의 없다는 것이다. 일반적으로 소비자들이 재화에 대해 기꺼이 지불하고자 하는 금액은 시장에서 '재화의 다양한 가격변화에 대해 소비자들이 구매하는 양의 변화: 수요곡선'으로 드러난다. 그러나 공공재는 시장에서 거래되지 않으므로 수요곡선이 도출되지 않는다. 따라서 특별히 개발된 추정 방법을 이용하여 가상적인 수요곡선을 추정해야 한다.

공공재의 가치를 측정한다는 것은 공공재의 공급 및 공공서비스의 개선 등으로 인한, 현실적으로 보이지 않는 후생의 변화분을 알기 위해 가상적 수요곡선을 추정하는 작업의 일부분을 의미한다. 우리는 수요곡선상에서의 후생 변화분이란 무엇을 의미하는지, 이를 어떻게 구체적으로 측정하는지, 또한 어떻게 화폐가치화하는지에 대해서 살펴볼 것이다.

2. 공공재의 가치 측정에 관한 이론적 배경

앞서 설명하였듯이 공공재의 가치는 공공재 공급 및 공공서비스의 개선으로 인해 증가한 후생의 크기와 같으며, 이는 공공재의 소비를 위해 지불하고자하는 금액, 즉 지불의사금액을 통해 측정할 수 있다. 이러한 후생의 변화, 지불의사금액 등의 개념을 구체적으로 설명하기 위한 이론적 도구로 주로 이용되는 것이 소비자 잉여(consumer surplus)와 보상변화(compensating valuation; CV)·동등변화(equivalent valuation; EV), 그리고 보상잉여(compensating surplus; CS)·동등잉여(equivalent surplus; ES)이다.

2.1. 소비자 잉여

통상수요곡선상의 지불의사금액

수요곡선은 재화의 가격과 각 가격에서 소비자가 재화를 구매하려는 양과의 관계를 나타낸다. 다음 <그림 2-1>은 사과의 가격(P)과 가격에 따른 소비자의 사과 구매량(Q)을 그림으로 표현한 것이다.

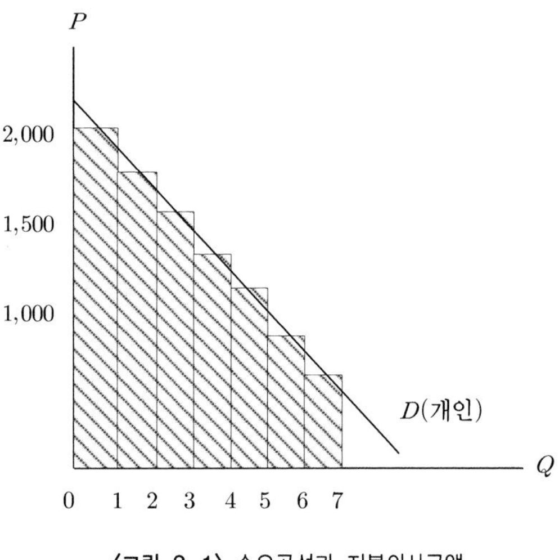

〈그림 2-1〉 수요곡선과 지불의사금액

즉 그림에서 빗금으로 표시된 막대들은 각 단위의 사과에 대해 지불할 의사가 있는 금액을 뜻한다. 따라서 그림에서 사과 1단위를 소비하기 위해 기꺼이 지불하려는 금액인 한계지불의사금액($MWTP$)은 수요곡선의 높이가 된다. 이를 좀 더 구체적으로 살펴보자.

한 개에 1,500원씩인 사과 3개를 구입한 소비자가 있다고 하자. 우리는 여기에서 그가 마지막 3개째의 사과에서 얻는 한계편익, 즉 그가 이에 대해 지불할 의사가 있는 금액은 1,500원이라는 것을 확인할 수 있다. 만약 사과 소비에 따른 효용이 1,500원보다 크다면 소비자는 사과를 더 소비할 것이며, 사과 소비에 따른 효용이 1,500원보다 작다면 더 소비를 하지 않을 것이기 때문이다. 우리는 여기서 하나의 정보를 더 확인할 수 있다. 바로 소비자가 첫 번째 혹은 두 번째 사과에 대해 지불할 의사가 있는 금액은 1,500원보다 훨씬 높다는 것이다. 소비자가 첫 번째 사과와 두 번째 사과를 소비하기 위해 지불할 의사가 있는 금액은 1,500원보다 클 것이기 때문에, 그가 3개의 사과를 구입하기 위해 지불할 의사가 있는 금액은 그가 실제로 지불한 금액 4,500원보다 더 클 것이 분명하다.

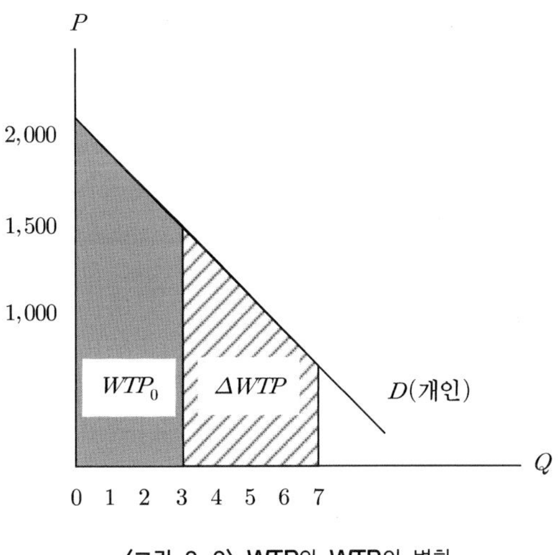

〈그림 2-2〉 WTP와 WTP의 변화

따라서 소비자가 사과 3개를 1개당 1,500원에 소비한다면, 이때 총지불의사금액은 각 단위의 사과에 대해 지불할 의사가 있는 금액을 모두 합친 것이 된다. 이는 <그림 2-2>의 WTP_0의 면적과 같다. 이때 사과 3개에 대한 소비자의 총지불의사금액은 그것의 소비에서 얻는 총편익과 같다. 만약 사과의 소비량이 7개로 증가한다면 이때의 추가적인 4개의 소비에 대한 지불의사금액은 ΔWTP의 면적이 된다.

소비자 잉여

앞서 살펴보았듯이 소비자의 총지불의사금액은 소비자가 실제로 지불한 금액보다 크다. 통상수요곡선에서의 이러한 차이는 '소비자 잉여'라는 개념으로 설명된다. <그림 2-3>을 통해 '소비자 잉여'의 개념을 구체적으로 이해해 보자.

개인의 수요곡선을 사회의 수요곡선으로 확장한 <그림 2-3>에서 사과 Q^*를 구입할 경우, 이를 구입하기 위해 지불할 의사가 있는 금액은 수요곡선 아래로 만들어진 사다리꼴 OP^oBQ^*의 면적과 같다. 그런데 이만큼의 사과를 구입하기 위해 실제로 지불한 금액(비용=가격×구입량($P^* \times Q^*$))은 직사각형 OP^*BQ^*의 면적과 같다. 그렇다면 그 위에 있는 삼각형 P^*P^oB의 면적은 무엇을 의미하는가?

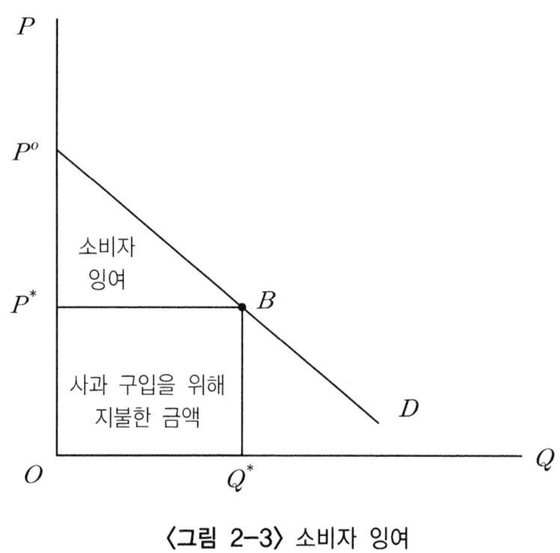

〈그림 2-3〉 소비자 잉여

이는 소비자가 높은 가격을 지불해서라도 소비하고 싶어 하는 재화를, 그보다 낮은 가격에 구입하여 소비할 때 얻는 만족의 가치를 말한다. 소비에 대한 총편익을 화폐단위로 표시하고, 여기서 지불한 금액을 빼면 그 교환에서 소비자가 얻는 이득을 구체적인 수치로 나타낼 수 있다. 즉 소비자가 어떤 상품을 구입하기 위해 지불할 의사가 있는 금액에서 실제로 지불한 금액을 뺀 나머지는 소비자가 교환에서 얻는 잉여로서, 이것이 바로 소비자 잉여(consumer surplus)이다.

소비자 잉여를 직접 계산하여 보자. 주민 1,000명이 거주하고 있는 어느 도시 내 공원의 입장료(P)는 100원이며, 주민들의 연평균 이용 횟수(Q)는 10회이다. 이러한 상황에서 도시 재개발로 공원이 없어진다면 소비자 잉여는 얼마만큼 감소할 것인가? 공원이 없어지는 것은 공원으로부터 주민들이 얻는 소비자 잉여가 없어짐을 의미한다. 이는 다음 <그림 2-4>에서 빗금 친 부분의 면적이 된다. 즉 공원의 소비로 인해 발생하는 개인들의 소비자 잉여는 500원이며, 도시 전체의 소비자 잉여는 500,000원이다. 이는 도시 재개발 정책으로 인해 발생하는 소비자 잉여의 감소분을 의미한다.

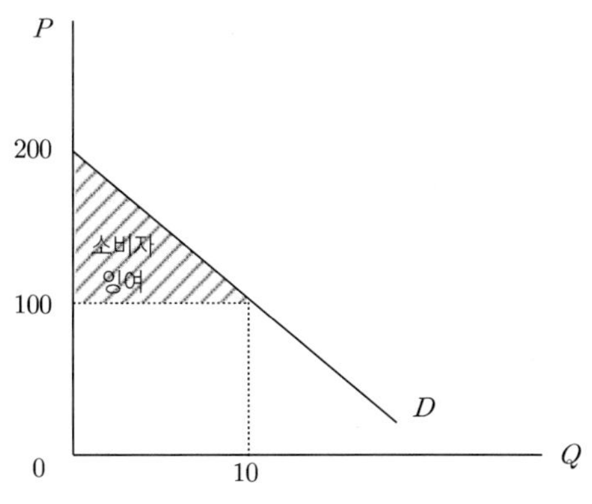

〈그림 2-4〉 공원의 수요곡선과 소비자 잉여

소비자 잉여의 변화

이러한 소비자 잉여는 정부가 시행하는 정책에 따라 변화될 수 있다. 이는 다음 3장에서 다룰 비용 편익 분석에 있어서 중요한 기초 개념이 된다. 정책으로 인한 소비자 잉여의 변화에 대해서 예를 들어 설명하면 다음과 같다. 정부는 대중교통 활성화를 위해 버스요금 인하 정책을 시행하고자 한다. 대중교통 이용에 대한 수요곡선은 다음 <그림 2-5>과 같다. 현재 버스요금(P)은 1,000원이며 시민들의 버스이용 횟수(Q)는 1,000회이다. 만약 버스요금을 800원으로 인하하여 시민들이 버스이용 횟수가 1,100회로 증가한다면, 이때 소비자 잉여의 증가분은 빗금 친 부문이 된다. 이를 화폐가치로 표현한다면 210,000원이 된다. 즉 정책 시행으로 인한 후생 변화분은 이러한 소비자 잉여의 측정을 통해 화폐가치로 표현할 수 있다.

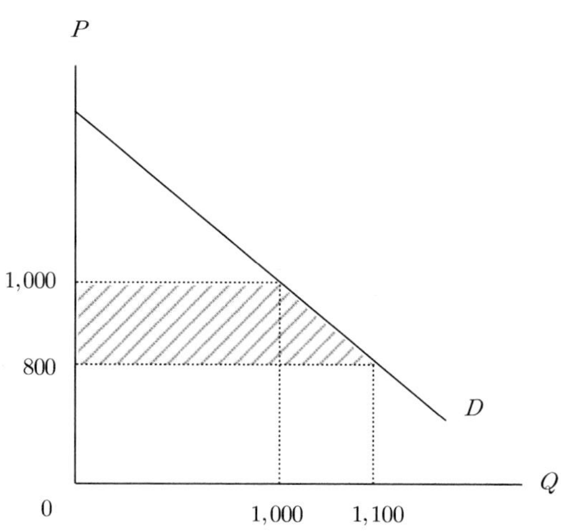

〈그림 2-5〉 정책에 따른 소비자 잉여의 변화

소비자 잉여의 한계

소비자 잉여를 이용하여 후생변화를 측정하는 방법은 크게 두 가지 측면에서 이론적 한계를 가지고 있다.

첫째 정책이 여러 재화의 가격을 변화시키는 경우에는 적용하기 어렵다는 것이다. 현실 세계에서는 산업간 연관관계에 의하여 한 재화의 가격변화는 다른 재화의 가격변화에 영향을 미친다. 다시 말해서 정책은 단 하나의 재화가 아니라 여러 재화의 가격을 동시에 변화시킨다. 이 때 재화의 가격변화 순서가 어떻게 달라지느냐에 따라서 소비자 잉여의 값도 달라질 수 있다. 따라서 소비자 잉여의 개념은 여러 재화의 가격이 변화하는 경우에는 적용할 수 없다.

둘째, 소득의 한계효용이 일정하다는 가정 하에서만 적용이 가능하다는 것이다. 통상수요곡선이 효용이나 만족도를 일정하게 유지하는 것이 아니라 명목소득을 일정수준으로 유지하고 있어, 소비자 잉여의 변화는 효용의 변화에 비례하지 못한다. 따라서 소득의 한계효용이 일정하다는 매우 제한적인 조건하에서만 소비자 잉여의 변화는 효용의 변화에 비례하게 된다. 그러나 소득이 늘어날수록 화폐소득에 대한 한계효용은 체감하는 경향이 나타나는바, 소비자 잉여의 일반적인 적용은 한계가 있다.

2.2. 보상잉여와 동등잉여

소비자 잉여의 한계를 극복하기 위해서 제시된 개념이 보상수요곡선[11]을 이용한 보상변화(CV)와 동등변화(EV), 그리고 보상잉여

(CS)와 동등잉여(ES)이다. 본격적인 설명에 앞서 가격변화와 소비자 선택의 변화에 대해 좀 더 구체적으로 살펴보고자 한다. X재와 Y재에 대한 소비자의 예산선과 무차별곡선을 그림으로 나타내면 다음 <그림 2-6>과 같다.[12]

초기의 소비자 예산선은 $m_0 m_1$이다. 이러한 상황에서 X재의 가격하락으로 X재의 소비가 m_1에서 m_2로 증가하게 되면, 소비자의 선택은 a재화묶음에서 b재화묶음으로 변화한다. 여기서 b재화묶음은 무차별곡선 U_1상에 있으므로 무차별곡선 U_0에 위치한 a재화묶음에 비해 높은 효용수준을 소비자에게 제공한다고 할 수 있다. 따라서 재화의 가격하락은 당연히 소비자의 효용 향상으로 나타나며, 향상된 소비자의 효용은 무차별곡선 U_0과 U_1의 차이로 나타나게 된다.

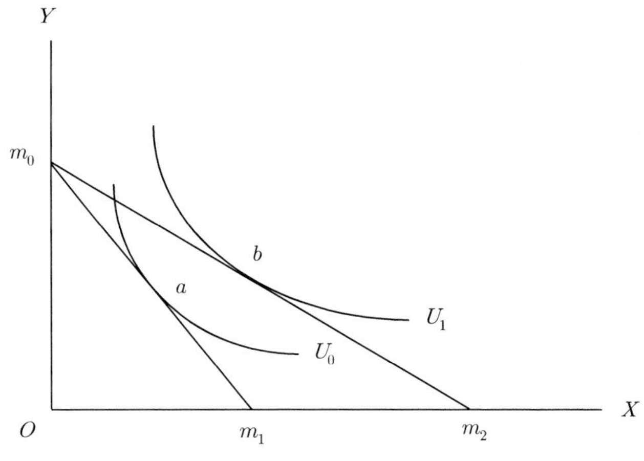

〈그림 2-6〉 가격변화와 소비자 선택의 변화

11) 통상수요곡선은 소비자의 예산(소득)이 일정하게 주어진 상태에서 소비자가 그의 효용을 극대화하기 위해 선택하는 재화의 양으로부터 도출되는 반면, 보상수요곡선은 소비자의 선택이 소비자의 예산(소득)이 아닌 효용수준에 의해 제약되는 것을 가정하여 도출된다. 따라서 소비자의 행위는 제약된 효용수준을 달성하는 데 지출해야 하는 비용의 최소화로 정의된다.

12) 이에 대한 자세한 설명은 1장 NOTE 2의 소비자 선택 이론을 참고하라.

보상변화

앞의 설명에서 X재의 가격하락으로 향상된 소비자 효용은 무차별곡선 U_0과 U_1의 차이로 나타난다고 하였다. 여기서 소비자 효용의 변화분은 어떻게 화폐가치로 측정할 수 있는가? <그림 2-7>은 X재의 가격하락으로 X재의 소비가 m_1에서 m_2로 증가하여 소비자의 선택이 a재화묶음에서 b재화묶음으로 변화한 것을 나타내고 있다. 우선 가격하락으로 변화된 예산선 m_0m_2과 평행하며, U_0와 접하는 예산선 m_3m_4을 그려 보자. 우리는 소득이 증가할 경우 소비자의 예산선이 오른쪽으로 평행 이동하며, 반대로 소득이 감소할 경우 소비자의 예산선이 왼쪽으로 평행 이동한다는 것을 알고 있다. 여기서 소비자 효용의 변화분은 가격하락으로 향상된 효용수준에서 가격변화 전 효용수준으로 돌아가기 위해 공제해야 할 소득으로 나타냄으로써 화폐가치로 표현할 수 있다.

이러한 개념이 보상변화(CV)이다. 보상변화는 소비자의 효용 변화분을 가격하락 이전 소비자의 효용수준 U_0을 기준으로 측정한다. 즉 가격변화로 향상된 효용수준에서 가격변화 전 효용수준으로 돌아가기 위해 공제되어야 할 소득으로 측정되며, 그림에서는 $m_0 - m_3$로 나타난다.

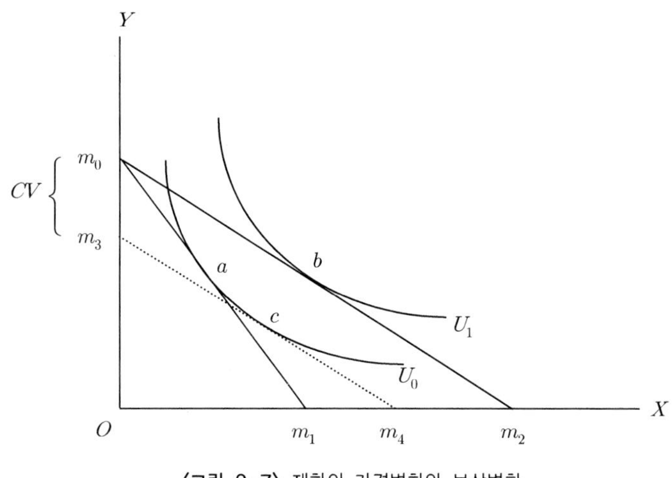

〈그림 2-7〉 재화의 가격변화와 보상변화

동등변화

동등변화(EV)란 보상변화(CV)와는 달리 가격변화로 향상된 효용수준 U_1을 기준으로 소비자의 효용 변화분을 측정한다. 우선 <그림 2-8>과 같이 가격하락으로 변화된 예산선 m_0m_1과 평행하되, U_1과 접하는 예산선 m_5m_6을 그려 보자. 기존 예산선 m_0m_1에서 m_5m_6로 이동하기 위해서는 소득이 증가하여야 한다. 이때 소비자 효용의 변화분은 가격변화 전 효용수준에서 가격하락으로 향상된 효용수준을 얻기 위해 소비자가 지급해야 하는 소득으로 나타냄으로써 화폐가치로 표현할 수 있다. 이러한 개념이 동등변화이며, 그림에서는 $m_5 - m_0$로 나타난다.

따라서 동등변화는 가격변화가 없는 상태의 효용수준에서, 가격변화로 인해 향상된 효용수준에 도달하기 위해 증가되어야 할 소비자의 지출(소득)이라고 할 수 있다.

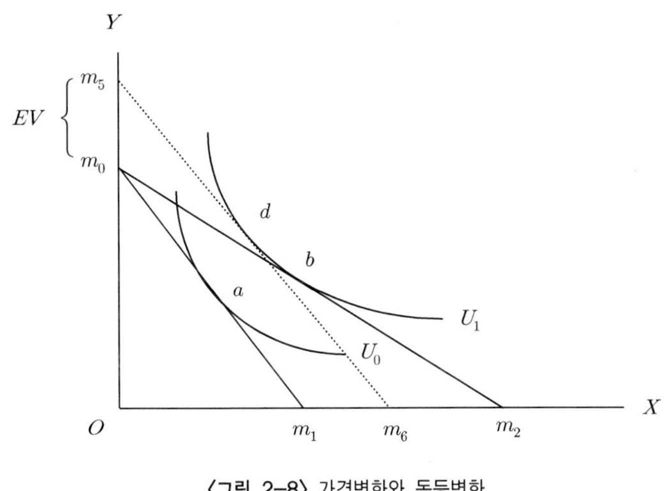

〈그림 2-8〉 가격변화와 동등변화

보상잉여와 동등잉여

보상변화(CV)와 동등변화(EV)는 정책 실시로 인해 재화의 가격이 변할 경우, 이때 발생하는 후생변화를 측정하는 개념이다. 그리고 공공재와 같이 정부에 의해 질이나 양이 직접 통제되어 소비자가 그 질이나 소비량을 자유롭게 선택할 수 없는 비연속적인 변화에 의한 후생변화를 측정하기 위해서는 보상잉여(CS)와 동등잉여(ES)라는 개념을 이용한다.

보상잉여와 동등잉여를 그림으로 설명하면 다음과 같다. 정부의 공공재 공급 정책으로 인하여 <그림 2-9>과 같이 예산선이 m_0m_1에서 m_0m_2로 변하고, 이에 따라 소비자의 선택은 a재화묶음에서 b재화묶음으로 바뀌어졌으며, 소비자의 효용수준은 U_0에서 U_1으로 향상되었다고 하자. 앞에서 언급하였듯이 공공재는 소비자가 자유로이 선택할 수 있는 것이 아니라 주어지는 것이므로, 공공재의 공급은 소비자의 공공재 소비를 X_1에서 X_2로 증가시킨다.

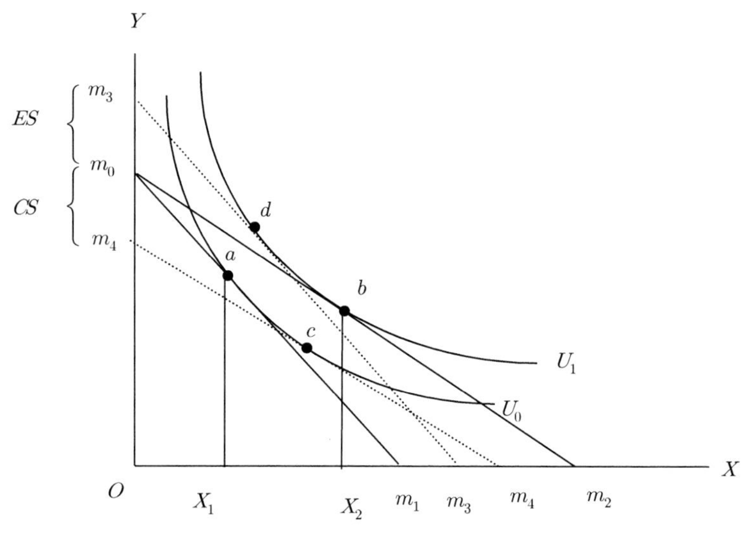

〈그림 2-9〉 보상잉여(CS)와 동등잉여(ES)

앞서 언급하였듯이 보상변화는 가격하락 이전 소비자의 효용수준 U_0가 기준이 되어 효용변화를 측정한다고 하였다. 보상잉여(CS) 또한 정책 후 소비자의 효용수준(U_1)에서, 정책 전 공공재의 양(X_1)을 그대로 유지하는 효용수준(U_0)과 만날 때까지 평행 이동 시킬 때 공제되는 금액이다. 반면 동등잉여(ES)는 정책 전 효용수준(U_0)에서 예산선($m_0 m_1$)을 평행이동 시켜, 정책 후 공공재의 양(X_2)을 소비하는 효용수준(U_1)에 도달하기 위해 필요한 금액을 의미한다.

따라서 보상잉여는 공공재 공급 정책으로 인해 향상되는 효용에 대한 소비자의 지불의사금액을 의미하고, 동등잉여는 공공재 공급이 실시되지 않는 대신 받아들일 수 있는 소비자의 수용의사금액을 의미한다. 즉 공공재 공급 및 공공서비스 개선으로 후생수준이 변화하는 정도를 화폐가치로 측정하기 위해서는 보상잉여와 동등잉여를 계측하면 된다.

▨ 공공재 공급 및 공공서비스 개선으로 후생수준이 변화하는 정도를 화폐가치로 측정하기 위해서는 보상잉여와 동등잉여를 계측하면 된다.

▸ 보상잉여는 가격변화로 향상된 효용수준에서 가격변화 전 효용수준으로 돌아가기 위해 공제되어야 할 소득으로 측정되며, 이는 공공재 공급 정책으로 인해 향상되는 효용에 대한 소비자의 지불의사금액을 의미한다.

▸ 동등잉여는 가격변화가 없는 상태의 효용수준에서 가격변화로 인해 향상된 효용수준에 도달하기 위해 증가되어야 할 소득으로 측정되며, 이는 공공재 공급이 실시되지 않는 대신 받아드릴 수 있는 소비자의 수용의사금액을 의미한다.

3. 비시장재화의 가치 측정 방법

궁극적으로 공공재의 가치는 지불의사금액(WTP)으로 평가되며, 지불의사금액은 공공재의 수요곡선을 통해 알 수 있다. 그러나 공공재는 시장에서 거래되지 않는 비시장재이기 때문에 시장수요곡선이 없다. 따라서 특별히 개발된 방법을 이용하여 가상적 수요곡선을 추정해야 한다.

가상적 수요곡선을 이용하여 비시장재화의 가치를 측정하는 방법은 크게 간접 방법과 직접 방법의 두 가지로 구분할 수 있다. 간접 방법은 소비자들이 이미 시장에서 재화의 구매를 통해 나타낸 어떤 선호행위(현시선호, revealed preference)로부터 특정 재화의 가치를 분리해 내는 방법이다. 즉 소비자들의 선택의 결과인 시장자료를 이용하여 수요곡선을 추정하는 것이다. 간접 방법에는 헤도닉 가격기법(Hedonic Price Method; HPM), 여행비용법(Travel Cost Method; TCM) 등이 있다. 반면에 직접 방법에는 소비자들을 직접 면담하거나 우편조사를 통하여 특정 비시장재화에 대한 가치를 평가하도록 한 다음, 이 자료(명시선호, stated preference)를 이용하여 가치를 추정하는 것이다. 직접 방법에는 조건부 가치 측정법(Contingent Valuation Method; CVM) 등이 있다.

3.1. 헤도닉가격기법

　헤도닉가격기법(Hedonic Price Method; *HPM*)은 시장정보가 없는 비시장재화의 가치를, 타 재화의 사장가격(재산가치) 속에 내재되어 있는 가치를 통해 평가하는 방법의 하나이다. 여기서 '타 재화의 시장가격 속에 내재되어 있는 가치'란 무엇을 의미하는가? 고급식당의 비싼 음식을 생각해 보자. 이 식당에서 비싼 비용을 지불하면서 음식을 먹는 이유는, 이 음식 가격에 그 음식 자체에 대한 가치뿐만 아니라 식당의 분위기, 친절 등에 대한 가치가 포함되어 있기 때문이다. 만약 음식 가격에서 '친절'에 대한 소비자 선호의 크기(가치)를 분리해 낸다면, 친절에 대한 가치를 측정할 수 있다는 것이다. 실례로 공원이 가깝거나 조망권이 좋은 아파트가 그렇지 못한 아파트에 비해 가격이 높게 형성되는 것을 흔히 볼 수 있다. 이 아파트들의 가격 차이에는 공원이나 조망권에 대한 소비자의 가치를 내포하고 있다.

<table>
<tr><td>

아파트 조망권의 가치

　웰빙 열풍과 맞물려 조망권 아파트 몸값이 높아지고 있다. 집 안에서 자연을 감상할 수 있는데다 가까이 있는 산과 공원, 강과 하천변에 조성된 운동 및 휴게시설을 이용할 수 있다는 장점이 부각되고 있기 때문이다.

　조망권을 갖춘 단지는 환금성이 높고, 자연스레 가격이 높게 형성된다. 같은 단지 내에서도 조망이 가능한 세대와 비조망 세대의 가격 차가 수억 원씩 벌어진다. 강동구 암사동 H아파트 112.39㎡형은 한강 조망 가능한 세대의 시세가 6억~6억 5,000만 원인 반면 비조망 세대는 5억 5,000만 원 정도에 형성됐다.

　마포구 신정동 L아파트 역시 단지 내에서도 조망권에 따라 집값이 2억 원 가량의 차이를 보인다. 공급면적 148.76㎡의 한강 조망이 가능한 아파트는 9억~10억 원에 거래되는 반면 비조망 세대의 시세는 7억 5,000만 원선이다.

(매일경제, 2009. 7. 30.)

</td></tr>
</table>

이러한 논리에 근거하여 헤도닉가격기법(*HPM*)은 환경재·공공재 등 비시장재에 대한 시장이 명시적으로 존재하지 않는 경우에, 대체시장으로서 주택시장이나 토지시장을 이용하여 주택이나 토지의 가격에 반영된 환경재·공공재 등 비시장재의 가치를 간접적으로 측정한다. 즉 주택 가격의 차이가 주택의 다양한 속성의 차이에 의해 발생한다는 가정하에, 특히 대기오염과 같은 환경오염 수준이나 교육서비스(학교 등) 수준 등이 주택 가격에 미치는 영향을 분석함으로써, 우회적으로 공공재의 화폐적 가치 측정이 가능하다고 본다. 따라서 헤도닉가격기법을 이용한 대부분의 연구들은 주택시장을 중심으로 수행되었다.

헤도닉가격기법의 적용: 도로 소음 오염 증가의 가치

도로 소음 오염 증가의 가치를 헤도닉가격기법을 이용하여 추정한 Nelson(1982)의 연구를 통해 헤도닉가격기법이 어떻게 현실 문제에 적용되는지 살펴보자. 헤도닉 가격함수는 다음과 같이 표현된다.

$$P_i = f(z_{1i}, z_{2i}, \cdots\cdots, z_{Ni})$$

여기서 P_i는 i번째 재화(서비스)의 가격을 나타내며, $(z_{1i}, z_{2i}, \cdots\cdots, z_{Ni})$는 가격 P_i를 결정하기 위한 N가지 특성들의 벡터를 나타낸다. Nelson(1982)의 연구는 주택 가격에 영향을 미치는 여러 요인(방의 수, 접근거리, 상점까지의 거리 등) 중에서 지역 환경질(또는 환경질의 결여)이 주택 가격을 결정하게 된다고 가정하였기 때문에 헤도닉 가격함수는 다음과 같이 표현할 수 있다.

주택가격 $= f($방의 수, 접근거리, 환경$)$

이 식에 따르면, 주택 가격은 주택의 방의 수, 주택으로부터 지역시설까지의 거리(접근거리), 지역 환경질의 척도(환경)에 의해 결정된다. 다수의 주택에 대하여 주택 가격, 방의 수, 접근거리, 환경 수준을 직접 측정하고, 이를 토대로 수요곡선을 추정하였다.

분석 결과, 방의 수가 적을수록, 지역시설까지의 거리가 멀수록, 교통 소음이 심할수록 주택 가격이 낮은 것으로 분석되었다. 그리고 구체적으로 교통 소음량의 증가에 따른 주택 가격의 하락률을 분석하였으며, 그 결과는 다음 표와 같다.

〈표 2-1〉 교통 소음이 주택 가격에 미치는 영향

미국 내 지역	소음 한 단위 증가에 따른 주택 가격 하락률(%)
North Virginia	0.15
Tidewater	1.14
North Springfield	0.18~0.50
Towson	0.54
Washington DC	0.88
Kingsgate	0.48
North King County	0.40
Spokane	0.08
Chicago	0.65

<표 2-1>의 분석 결과는 미국 내 지역의 교통 소음이 한 단위(데

시벨) 증가할 경우의 주택 가격하락률을 분석한 것으로, 워싱턴 DC의 경우 도로 신설로 인한 교통 소음 한 단위 증가 시 소음 오염 증가로 인한 주택 가격 하락률은 0.88%이다. 따라서 소음 오염 증가의 화폐가치는 해당 지역의 평균 주택 가격에 0.88%를 곱하여 추정할 수 있다.

헤도닉가격기법의 한계

대체시장을 매개로 활용되는 헤도닉가격기법에 대해서는 몇 가지 문제점이 지적되고 있다. 첫째, 변수 선정의 문제이다. 앞서 언급하였듯이 대부분의 헤도닉가격기법은 주택시장을 대상으로 연구가 수행되기 때문에 종속변수는 일반적으로 임대료나 부동산 가격을 사용한다. 이때 충분한 시장자료를 구하기 어려울 뿐만 아니라 단위 당(m^2당) 임대료(또는 단위당 가격)를 사용할 것인지 아니면 총임대료(또는 총가격)를 사용할 것인지 하는 문제가 발생한다. 또한 부동산 가치에 영향을 미치는 독립변수의 경우에도 어떤 변수를 포함시키고, 포함시키지 말아야 할 것인가 하는 문제가 발생한다.

둘째, 헤도닉 가격함수의 구체적인 형태가 알려져 있지 않다. 일반적으로 헤도닉 가격함수는 선형함수, 반로그함수, 이중 로그함수 중 하나를 이용한다. 이 세 가지 함수 형태 중 어떤 함수 형태를 이용하는 것이 분석의 정확도를 높일 수 있는 것인지에 대해 정확히 알려져 있지 않다.

이 외에도 헤도닉가격기법은 비사용가치를 측정할 수 없다는 단점 등이 있다.

3.2. 여행비용법

여행비용법(Travel Cost Method; *TCM*)은 환경재 · 공공재 등 비
시장재화의 가치를, 그 재화를 이용하기 위해 그 지역에 도달하는
데 소요된 시간과 비용에 대한 정보를 이용하여 분석하는 기법이
다. 설악산을 방문하기 위해서는 교통비, 숙박비 등 상당한 수준의
여행비용과 시간을 부담해야 한다. 이 때 방문객의 설악산 방문으
로 얻는 효용과 부담해야 하는 여행비용 및 시간 등을 비교해 보
자. 여기서 우리는 방문객이 방문에 필요한 비용에 비해 효용에 더
큰 가치를 두고 있다는 것을 알 수 있다. 이러한 정보를 이용하여
설악산에 대한 가치의 크기를 측정할 수 있다는 것이다.

이러한 논리에 근거하여 여행비용법은 여행비용을 휴양 지역에
서 제공되는 서비스의 총가치로 간주하고, 입장료의 증가가 수요량
을 감소시키는 것과 같이 여행비용의 증가가 휴양 지역에 대한 방
문율을 감소시킨다는 전제 아래 수요곡선을 도출한다.

구체적인 여행비용법의 적용절차는 다음과 같다. 우선 관심 대상
재화를 이용하는 데 소요되는 여행비용을 이동거리, 여행 시간, 입
장료 등의 함수로 추정한다. 다음으로 각 여행자가 그 재화를 얼마
나 자주 이용(방문)할 것인지를 예측하는 '여행생성함수(trip genera-
ting function)'를, 앞서 측정한 여행비용과 여행자의 사회 · 경제적
변수의 함수로 설정 및 추정한다. 그리고 추정 결과를 이용하여 입
장료가 상승하는 경우에 방문 수가 어떻게 달라지는가를 계산하여
수요함수를 도출한 후, 각 개인의 방문당 소비자 잉여를 계산해 냄
으로써 휴양시설 · 자연자산 등의 비시장재화의 가치를 추정하게 된다.

이러한 여행비용법은 등산, 낚시, 사냥, 숲의 이용 등 자연자산, 여가활동과 관련된 휴양(recreation) 시설 및 관광자원의 가치 측정에 유용하게 이용되고 있다.

여행비용법의 적용: 산림의 위락가치

산림의 위락가치를 여행비용법을 이용하여 추정한 Benson and Willis(1990)의 연구를 통해 여행비용법이 어떻게 현실 문제에 적용되는지 살펴보자. 산림의 위락가치란 우리가 소풍·야유회 등을 위해 산림을 방문하면서 얻는 만족감 등을 의미한다.

앞서 언급하였듯이 여행비용법은 연구대상 비시장재화의 설정 → 이동거리, 여행 시간, 입장료 등을 통해 여행비용 추정 → 여행비용과 여행자의 사회·경제적 변수를 토대로 여행생성함수 추정 → 입장료 등 여행비용 상승시의 방문수요함수 도출 → 각 개인의 방문당 소비자 잉여 계산 → 총편익 추정의 적용절차를 거친다.

따라서 Benson and Willis(1990)는 산림의 출입구나 주차장 등 현장에서의 면담을 토대로 방문 횟수, 여행경비, 소득 등을 조사한 후, 여행생성함수를 추정하였다. 이를 토대로 수요함수를 도출하였으며, 이는 <그림 2-10>과 같다.

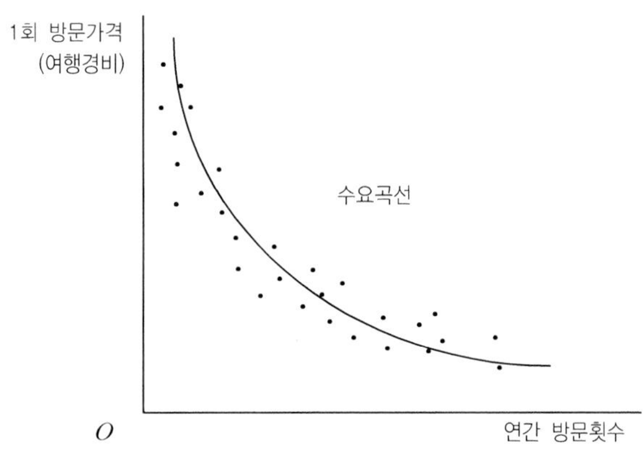

〈그림 2-10〉 방문횟수와 1회 방문가격의 상관관계

수요함수를 토대로 1회 방문 시의 평균 위락가치를 추정하였으며, 1회 방문 시의 평균 위락가치에 총방문 횟수를 곱하면 산림의 연간 총위락가치가 된다. 여행비용법을 이용하여 영국의 산림에 대한 위락가치를 추정한 결과는 다음과 같다.

〈표 2-2〉 여행비용법으로 추산한 산림의 위락가치

(단위: 파운드)

위치	1회 방문의 평균 위락가치	연간 방문 횟수	해당 산림의 연간 총위락가치
Cheshire(Delamere)	1.91	225,000	429,750
Ruthin(Clwyd)	2.52	48,000	120,960
Brecon(Coed Taf)	2.60	41,000	106,600
New Forest(Bolderwood)	1.43	68,000	97,240
Loch Awe(Inverliever)	3.31	3,000	9,930
Lome(Barcaldine)	1.44	10,000	14,400
Newton Sterwart(Glen Trool)	1.61	70,000	112,700
Buchan(Bennachie)	2.26	84,000	189,840
Aberfoyle*(Queen Elizabeth)	2.57	145,000	372,650

주) 1988년 가격. *는 1987년 가격

여행비용법의 한계

여행비용법은 다음과 같은 문제점들을 가지고 있다. 첫째, 여행목적이 여러 개라면 각 목적들 간에 시간 및 화폐의 기회비용이 적절하게 배분되어야 하는데, 그것은 대단히 자의적일 수밖에 없다는 것이다. 예를 들어 설악산 국립공원 관광뿐만 아니라 주변의 온천을 이용하기 위해 설악산을 방문하는 사람이 사용한 비용을 설악산 방문의 용도로만 분리하는 것은 대단히 어렵다.

둘째, 여행비용을 산정하는 데 있어서 시간(time)의 문제가 있다. 예를 들어 설악산 방문을 위해 출발하기 며칠 전에 자동차를 정비하였다면 정비에 들어간 비용을 여행비용에 포함시킬 것인지, 말아야 할 것인지를 결정하는 문제이다.

이 외에도 공공재의 사용가치만 측정하게 되고 비사용가치에 대한 편익은 배제되는 점, 관심대상 재화를 실제로 방문한 사람들에 대해서만 편익이 측정되므로 그렇지 않은 사람들은 배제하는 표본선택편의(sample selection bias)의 문제가 존재한다.

3.3. 조건부 가치 측정법

조건부 가치 측정법(Contingent Valuation Method; CVM)은 사람들이 어떤 공공재나 환경재에 부여하고 있는 가치를 직접적으로 이끌어 내는 방법이다. 즉 평가하고자 하는 비시장재화와 직·간접적으로 관련이 있는 사람들에게 직접 면접 방식을 통해 '가상적' 상황을 생동감 있게 제시한 후, 이러한 가상적 상황이 변화하지 않는 대가로 얼마만큼의 비용 부담을 할 수 있는가를 설문하여 그의 지불의사금액을 파악하고, 이를 비시장재화의 가치로 평가하는 방법이다.

헤도닉가격기법이나 여행비용법이 사용가치만을 추정할 수 있는 데 반해, 조건부 가치 측정법은 사용가치와 비사용가치[13]를 모두 추정할 수 있는 장점이 있다. 즉 공공재의 사용을 통해 얻는 가치뿐만 아니라, 직접 보고 만지고 소비하는 등의 구체적인 사용행위 없이, 특정 자원이 존재하는 것만으로도 얻는 만족 또는 가치를 추정할 수 있다는 것이다.

조건부 가치 측정법은 가상의 시장 시나리오 설계, 설문지 설계, 표본 설계 및 조사, 지불의사금액 함수 설정 및 추정 등의 과정을 통해 비시장재화의 가치를 추정한다. 시장이 존재하고 있지 않은 비시장재화의 가치를 측정하기 위해서는 가상의 시장을 구축하고, 지불의사금액을 이끌어 내기 위한 질문법과 이에 따른 추정 모형을 설정해야 한다. 특히 조건부 가치 측정법은 공공재·환경재 등 비시장재화에 대한 응답자의 진실한 선호를 파악하는 데 있어 응답자의 의사와 능력에 크게 의존하고 있다. 따라서 가치 추정 과정이 성공적으로 수행되려면 설문지 작성, 설문 조사 등의 적용 과정에서 특별한 주의가 필요하다. 이러한 내용은 다음 절에서 자세하게 설명할 예정이다.

---

13) 비사용가치는 크게 선택가치(option value), 존재가치(existence value), 유산가치(bequest value)로 세분할 수 있다. 선택가치는 현재 소비하지 않으나 미래에 소비할 가능성이 있기 때문에 미래의 선택을 위해 지불할 용의가 있는 일종의 기대 가치를 의미한다. 존재가치는 현재 소비하지도 않고, 미래에 소비할 가능성도 없지만 존재한다는 자체만으로도 얻는 가치를 말한다. 유산가치는 현재 소비하지도 않고 있으며 미래에도 이용할 가능성은 없으나 후손들이 소비할 수 있도록 환경재·공공재의 보존을 위해 지불할 용의가 있는 가치를 말한다.

조건부 가치 측정법의 적용: 하천 수질 개선의 가치

하천 수질 개선에 대한 가치를 조건부 가치 측정법을 이용하여 추정한 Desvuosges et al.(1987)의 연구를 통해 조건부 가치 측정법이 어떻게 현실 문제에 적용되는지 살펴보자.

하천 수질이 개선되어 수영·낚시 등을 즐길 수 있다면 상당한 편익을 가져다줄 것이다. Desvuosges et al.(1987)은 미국 펜실베니아주의 Monongahela 강을 대상으로 이러한 편익을 누리기 위해 하천 수질 개선에 필요한 재원인 세금을 지불할 의사가 있는지를 분석하였다. 대상 지역 내에 거주하는 가구주를 대상으로 다음의 세 가지 수질 개선 시나리오를 제시하고 이에 대한 지불의사금액을 측정하였다. 이때 가구주는 위락용으로 강을 이용하는 사람과, 이용하지 않는 사람으로 분류하여 측정하였다.

하천 수질 개선 시나리오

· 시나리오 1: 수질이 더 이상 악화되는 것을 방지하여 최소한 보트놀이에 적절한 기준 수질을 유지한다.
· 시나리오 2: 보트놀이 정도 이상으로 수질을 개선하여 낚시를 할 수 있도록 한다.
· 시나리오 3: 수질을 더욱 개선하여 낚시는 물론 수영까지 할 수 있도록 한다.

하천 수질 개선 시나리오에 대한 지불의사금액을 분석한 결과는 다음 <표 2-3>와 같다.

(단위: $)

수질 시나리오	표본 전체의 평균 WTP	사용자군의 평균 WTP	비사용자군의 평균WTP
보트놀이 가능 수준으로 유지	24.50	45.30	14.20
낚시 가능 수준으로 개선	17.60	31.30	10.80
수영 가능 수준으로 개선	12.40	20.20	8.5

표본 전체의 지불의사금액 합계를 이용하여 수요곡선 <그림 2-11>을 도출하였다. 이는 사람들이 수질수준이 낮은 상황에서는 비교적 많은 금액을 지불할 의사가 있지만, 수질수준이 높아질수록 지불의사금액이 감소하고 있음을 나타내고 있다.

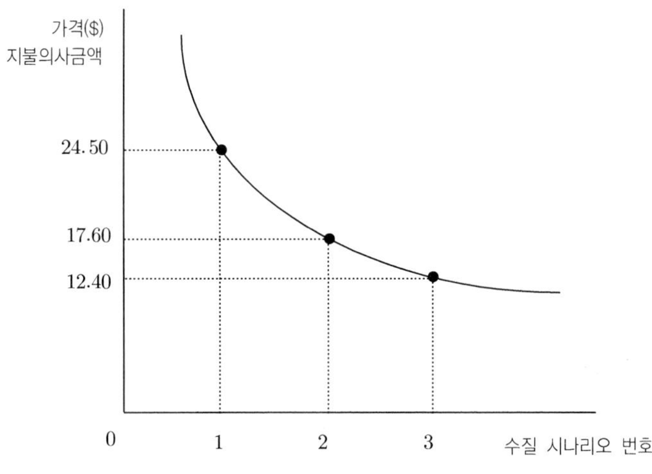

〈그림 2-11〉 수질의 수요곡선

이 수요곡선을 이용하여 하천 수질 개선의 가치를 측정할 수 있다. 각 시나리오에 따른 평균 지불의사금액을 주택 소유주의 수에 곱하면 수질 개선 수준별 하천 수질 개선의 가치가 분석된다.

조건부 가치 측정법의 한계

조건부 가치 측정법은 설문을 통해 소비자들의 지불의사금액을 직접 물어보기 때문에 진실한 선호에서 벗어난 대답을 얻을 수 있다는 문제점을 가지고 있다. 진실한 선호와의 오차를 편의(bias)라고 하는데, 조건부 가치 측정법 적용 시 발생할 수 있는 대표적인 편의는 다음과 같다.

첫째, 응답자들은 조사 내용이 자기에게 불리하게 작용할 정책이라고 판단되면 지불의사금액을 줄여서 대답하고, 유리하게 작용할 정책이라고 판단하면 과대 응답하려는 경향이 있다. 즉 전략적 편의(strategic bias)가 발생한다.

둘째, 조사자가 자기의 의견과 맞도록 피조사자의 응답을 유도할 수 있고, 응답자는 조사자가 제공하는 정보의 양과 질에 크게 영향을 받는 정보 편의(information bias)가 발생한다.

셋째, 설문지가 가상시장에 대해 충분한 정보를 전달할 수 없도록 잘못 만들어지거나 상황을 충분히 이해시키지 못한 채 조사할 경우에는 디자인 편의(design bias)가 발생한다.

〉〉〉 공공재와 같은 비시장재화의 가치를 측정하는 방법은 헤도닉가격기법, 여행비용법 등의 간접 방법과 조건부 가치 측정법 등의 직접 방법이 있다.

〉〉〉 헤도닉가격기법과 여행비용법 등의 간접 방법은 비사용가치에 대한 편익이 배제되고, 측정 가능한 공공재의 범위가 한정되어 있다는 문제점이 있다.

〉〉〉 조건부 가치 측정법은 간접 방법과는 달리 사용가치와 비사용가치 모두 측정할 수 있다는 장점이 있다. 편의를 최소화할 수 있도록 설문이 제대로 시행되고, 결과를 잘 해석한다면 이론적으로도 신뢰할 만한 방법으로 볼 수 있다. 이러한 내용은 다음 '4. 조건부 가치 측정법을 이용한 공공재의 가치 측정 방법'에서 자세하게 설명될 것이다.

4. 조건부 가치 측정법을 이용한 공공재의 가치 측정 방법

공공재·환경재 등 비시장재화의 가치를 측정하는 대표적인 방법론으로 헤도닉가격기법(HPM), 여행비용법(TCM), 조건부 가치 측정법(CVM) 등을 살펴보았다. 본 장에서는 비시장재에 대한 지불의사금액을 측정하기 위해 개발된 여러 방법 중에서, 최근에 가장 널리 사용되고 있는 조건부 가치 측정법을 좀 더 구체적으로 고찰해 보고자 한다.

조건부 가치 측정법은 1979년부터 미국의 WRC(Water Resources Council)의 수자원 프로젝트 평가기법에 여행비용법과 함께 포함되어 이용되기 시작했다. 이후 ACE(U.S. Army Crops of Engineers)도 조건부 가치 측정법을 채택하여 20여 개의 관련 연구 결과를 발표하였으며, 미국의 미래자원연구소(Resources for the Future)는 1979년부터 1989년까지 10년 동안 모든 조건부 가치 측정법 관련 문헌을 조사하여, 조건부 가치 측정법이 이론적으로, 방법론적으로 유용한 결과를 얻을 수 있다는 결론을 발표하였다.

이후 노벨 경제학상 수상자인 Kenneth Arrow와 Robert Solow를 의장으로 하는 22명의 전문가로 구성된 패널은 NOAA(National Oceanic and Atmospheric Administration) 보고서를 통해 "조건부 가

치 측정법은 비사용가치를 포함하여 환경 피해를 법적으로 평가하는 출발점이 되기에 충분히 믿을 만한 추정치를 제공할 수 있다.”는 결론을 내렸다. 이렇듯 조건부 가치 측정법은 그 유효성과 신뢰성이 입증되어 환경 정책, 자원 정책, 도시 정책, 수자원 정책 등의 문헌에서 빠지지 않고 등장하고 있다. 특히 조건부 가치 측정법은 주로 학문적 범위 내에서 연구되어 오다가 1990년대에 이르러 소송과 관련된 가치 측정에 이용되기 시작하면서 주요 정부관서, 국제기구, 연구소 등에서 많이 사용되고 있다.

4.1. 조건부 가치 측정법을 이용한 공공재의 가치 측정 과정

일반적으로 조건부 가치 측정법을 이용한 공공재의 가치 측정은 아래 <그림 2-12>과 같이 크게 조건부 가치 측정법의 설계, 모형 설정 및 분석의 2단계로 나누어진다. 조건부 가치 측정법의 설계 단계에서는 가상의 시장 시나리오 설계, 설문지 설계, 표본 설계 및 조사가 이루어지며, 모형 설정 및 분석 단계에서는 지불의사금액 함수를 설정 및 추정하고, 추정된 지불의사금액을 총화폐가치로 나타낸다.

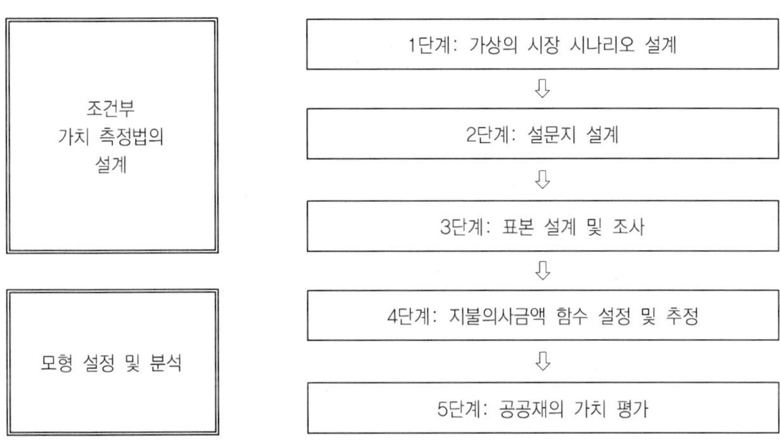

〈그림 2-12〉 조건부 가치 측정법을 이용한 공공재의 가치 측정 과정

각 단계에 대한 보다 구체적인 설명은 다음과 같다.

1단계: 가상의 시장 시나리오 설계

시장이 존재하고 있지 않은 공공재의 가치를 측정하기 위해서는 우선 가상의 시장을 구축하여야 한다. 가상의 시장에서는 공공재 공급 및 공공서비스 개선 전의 현황 등을 상세히 묘사하여 응답자로 하여금 자신이 평가하는 재화에 대해 분명하게 알 수 있게 해주어야 한다.

그리고 여기서 공공재의 공급 또는 공공서비스의 개선을 위한 재원을 어떠한 방식으로 확보할 것인가 하는 지불수단을 선택해야 한다. 이를 위해서는 지불수단이 평가하고자 하는 재화와 연관성이 있어야 하고, 그 재화에 대해서 중립적이어야 한다는 조건이 필요하다. 예컨대 재화에 대해 친숙성이 크고 명백한 관계가 있어도,

휴양지의 가치 측정을 위한 지불수단으로서 입장료를 사용하는 것은, 응답자가 그들의 지불의사금액을 정상적인 또는 통상적인 입장료와 연관된 범위에 한정시킬 가능성이 있으므로 좋지 않은 선택이다. 마찬가지로 재산세가 사용된다면 그 세금에 대한 반감이 지불의사금액에 강한 영향을 줄 수 있다는 점을 주의해야만 한다.

이와 함께 응답자들로부터 보다 정확한 지불의사금액을 이끌어내기 위한 방법을 결정해야 한다. 이를 위한 방안으로는 대표적으로 경매법, 직접 질문법, 지불카드법, 그리고 양분선택형 질문법이 있다. 각각에 대한 설명은 다음과 같다.

○ 경매법(bidding game)

경매법은 우선 일정 금액을 응답자에게 제시하면서 이 금액을 지불할 의사가 있는지를 묻는다. 응답자가 '예'라고 대답하면 좀 더 높은 금액을 제시하고, 반대로 '아니요'라고 대답하면 좀 더 낮은 금액을 제시하면서 다시 지불의사금액을 묻는다. 이런 과정을 반복하다가 마치 경매에서처럼 제시된 금액에 응답자가 합의할 때에 이 금액을 응답자의 지불의사금액으로 확정한다. 이 방법은 반복과정을 통해 응답자들이 주어진 공공재의 가치를 좀 더 신중히 생각해 볼 수 있어, 표본 수가 적어도 신뢰성이 있다는 장점이 있으나, 응답자가 처음에 제시된 가격에 크게 영향을 받는 시작점 편의(starting point bias)가 발생할 가능성이 높다는 단점이 있다.

○ 직접질문법(direct question)

직접질문법은 경매법과는 달리 응답자에게 자신의 최대 지불의사금액을 직접적으로 묻는 방식이다. 그러므로 직접질문법에서는 경매법이 갖는 시작점 편의는 해소할 수 있지만, 응답자들이 과거에 시장에서 거래해 본 경험이 없는 공공재에 대한 화폐가치를 제시하는 데 어려움을 느끼는 것이 일반적이다. 이 경우 응답자들이 터무니없이 큰 액수나 적은 액수, 혹은 응답을 회피하는 경향이 적지 않게 나타난다.

　○ 지불카드법(payment card)

　지불카드법은 작은 액수에서 큰 액수에 이르기까지 일련의 가격이 적힌 카드를 응답자에게 제시하고, 그 중에서 하나의 금액을 지불의사금액으로 선택하도록 하는 방법이다. 이 때 응답의 편의를 위해 가구당 평균적인 지출 목록 등을 참고로 제시하면서, 연구대상인 비시장재에 대한 지출액을 답하도록 유도한다. 이 방법은 직접 질문했을 때 응답자가 화폐로 환산하여 대답하기 곤란한 점과 경매법의 시작점 편의를 동시에 해결해 주는 장점이 있지만, 고정점 편의(anchoring point bias)가 발생하는 한계를 안고 있다. 고정점 편의는 지불의사 설문시 참고로 제시되는 지출 목록의 정보에 비추어, 응답자가 그와 비슷한 수준의 값으로 지불의사금액을 응답하는 것을 말한다.

　○ 양분선택형 질문법(dichotomous choice question)

　양분선택형 질문법은 응답자에게 미리 설정된 지불의사금액을 제시하고 이 금액을 지불할 의사가 있는지의 여부만을 선택하도록 하는 방법이다. 그러므로 이 방법에서 응답자들은 일반적인 시장재화를 주어진 가격에 살 것인지, 아닌지를 판단하는 구매행위와 같은 상황에 놓이게 된다. 따라서 이 방법은 응답자 측면에서 볼 때,

자신의 지불의사금액을 제시하는 것이 아니라 단순히 자신의 지불의사금액이 주어진 금액보다 높은지 또는 낮은지에 대한 판단만 요구하기 때문에 응답의 부담을 줄일 수 있다.

이로 인해 응답자는 자신의 실제 지불의사금액을 나타낼 확률이 높아지고 분석자는 보다 정확하게 지불의사금액을 추정할 수 있다는 장점이 있다. 그러나 응답자에게 제시되는 지불의사금액이 응답자의 실제 지불의사금액에서 크게 벗어나 있는 경우에도 응답자는 그중에서 하나만을 선택하게 되므로 효율성이 떨어지고, 이로 인해 많은 관측치가 요구된다는 단점이 있다. 또한 응답자가 난해하거나 모호한 질문에 대해서는 긍정적으로 대답하는 경향이 있으므로 지불의사금액이 과다하게 추정될 수 있다는 단점이 존재한다.

이러한 단점을 극복하기 위해 제안된 것이 이중경계 양분선택형 질문법이다. 이 방법은 첫 번째 제시금액에 대한 양분선택적 응답을 기초로 하여 다시 한 번 미리 설계된 특정금액을 제시하는 방법이다.

NOAA 보고서에서는 조건부 가치 측정법의 신뢰성을 확보하기 위해서는 양분선택형 질문법을 선택하는 것이 바람직하다고 권고하고 있다.

2단계: 설문지 설계

설문지는 응답의 신뢰성을 높이고 예상되는 편의(bias)를 최소화할 수 있도록 작성되어야 한다. 이를 위해서는 응답자들이 쉽게 이해할 수 있도록 가상의 시장 시나리오를 작성해야 한다. 설문에 사용되는 용어는 가능한 전문적인 용어를 피하고 모든 사람이 쉽게 이해할 수 있어야 한다. 그리고 여러 차례의 사전조사를 실시하여 응답자들의 질문에 대한 이해 정도를 검토하고, 설문지를 수정, 보완하는 것이 필요하다. 뿐만 아니라 연구주제에 대한 전문적 지식을 가지고 있는 전문가를 대상으로 한 사전조사를 병행하여 일반인들이 파악하지 못하는 문제점을 보완하는 과정이 필요하다.

3단계: 표본 설계 및 조사

모집단의 특성을 도출하기 위한 조사 방법은 크게 전수 조사(census survey)와 표본 조사(sample survey)로 구분된다. 전수 조사는 전체 모집단으로부터 직접적으로 정보를 입수하는 방법이며, 표본 조사는 표본의 특징을 기반으로 모집단의 특성을 추정하는 방법이다. 일반적으로 표본 조사는 전수 조사에 비해 시간과 비용이 절약되며, 어떤 상황에서는 조사 과정을 보다 엄격히 통제하여 비표본 오차(non-sampling error)를 줄임으로써, 정확도가 높은 자료를 얻을 수 있다는 장점이 있다. 이러한 표본 조사에서 전제가 되는 가정은 특정 표본이 모집단을 적절히 대표한다는 것이다. 표본 조사를 위해서는 먼저 모집단과 표본 추출 방법, 그리고 조사 방법이 결정되어야 한다. 이에 대한 설명은 아래와 같다.

○ 모집단의 확정

모집단이란 연구의 대상이 되는 집단으로서, 연구자가 통계적 추정에 의해 정보를 얻어 내려는 대상 집단이라고 정의할 수 있으며, 이는 바로 재화 공급에 따라 영향을 받는 집단이라고 할 수 있다.

만일 모집단이 잘못 선정되면 모집단 선택 편의가 발생한다. 그러므로 모집단을 정확히 규정하기 위해서는 연구 대상, 표본 단위, 범위, 그리고 시간의 네 가지 요소를 명확하게 확정 지어야 한다. 여기서 표본 단위는 표본 추출 단계에서 표본으로 추출될 수 있는 요소들을 말하는 것으로, 개인 또는 가구 등이 될 수 있다.

○ 표본 추출 방법과 표본 조사 방법

표본 추출 방법은 크게 확률 표본 추출법과 비확률 표본 추출법으로 구분된다. 확률 표본 추출법은 연구대상들이 표본으로 추출될 확률이 알려져 있고, 무작위적(random)으로 추출되는 경우이며, 여기에는 단순무작위 표본 추출법(simple random sampling), 층화 표본 추출법(stratified random sampling), 군집 표본 추출법(cluster sampling) 등이 있다. 비확률 표본 추출법은 연구대상이 표본으로 추출될 확률이 일정하지 않고, 조사자의 독단이나 의도에 의해 연구대상이 표본에 포함되거나 제외되는 주관적 방법이다. 여기에는 임의 표본 추출법(convenience sampling), 판단 표본 추출법(judgement sampling), 할당 표본 추출법(quota sampling) 등이 있다.

표본 조사 방법은 일대일 면접조사, 전화조사, 그리고 우편조사 등이 있다. 전화조사 방법은 짧은 시간에 가상적 시장상황을 충분히 전달하기 힘들기 때문에 정확한 지불의사금액을 얻기가 어려우므로, 이 중에서 가장 좋지 않은 방법이다. 우편조사 방법은 종종 사용되나 회신율이 낮고 무응답의 경우가 많은 단점이 있다. 일대일 면접조사는 자세한 문답을 통해 응답자들에게 가상적 시장상황을 잘 전달할 수 있다는 장점이 있으나, 조사원에 대한 충분한 훈

련이 필요하고 조사비용이 비싸다는 단점이 있다. 그러나 조건부 가치 측정법의 질문들은 주의 깊은 설명이 필요하고, 때때로 시각적 보조물의 사용이 필요하며, 특히 지불의사금액과 관련된 질문은 일반적인 설문조사의 노력보다 더 큰 노력을 요구하기 때문에 일대일 면접조사 방법이 바람직하다. NOAA 보고서에서도 일대일 면접조사 방법을 권고하고 있다.

4단계: 지불의사금액 함수 설정 및 추정

연구자는 지불의사금액 함수를 추정하기 위하여 설명변수와 함수의 형태를 결정하여야 한다. 이 단계에서는 최소자승법(Ordinary Least Square; *OLS*), 최대우도추정법(Maximum Likelihood Estimation; *MLE*) 등의 통계적 기법을 이용하여 함수를 추정한다. 지불의사금액이 양분선택형으로 유도되는 경우가 아니라면 최소자승법을 통하여 계수를 추정하는 것이 일반적이고, 양분선택형 질문법이라면 최대우도추정법을 이용하여 추정하게 된다.

5단계: 공공재의 가치 평가

앞 단계에서 추정된 지불의사금액 함수에 설문조사 자료를 적용하여 공공재에 대한 개인들의 지불의사금액을 결정한다. 그리고 이는 공공재의 영향을 받는 대상을 고려하여 지역 전체의 총가치로 확장할 수 있다.

4.2. 양분선택형 질문법의 추정 모형

양분선택형 질문법

조건부 가치 측정법과 관련한 초기의 연구에서는 지불의사를 유도하는 방법으로 경매법, 직접질문법, 지불카드법 등이 사용되었다. 이러한 방법을 사용한 경우, 지불의사금액 함수 추정은 일반적으로 최소자승법이 사용된다.

그러나 최근 대부분의 연구들은 Hanemann(1984)에 의해 알려진 후, 널리 사용되어 온 양분선택형(Dichotomous Choice; DC) 질문법을 주로 사용한다. 양분선택형 질문법은 모집단에서 무작위로 추출된 표본의 응답자에게 미리 정해진 특정 금액을 기꺼이 낼 의사가 있는지, 없는지를 물어보는 형태를 취한다.

이러한 양분선택형 질문법은 크게 한 번만 질문하는 단일경계 양분선택형(Single-Bounded Dichotomous Choice; $SBDC$) 질문법과 두 번을 질문하는 이중경계 양분선택형(Double-Bounded Dichotomous Choice; $DBDC$) 질문법으로 구분된다. 구체적으로 단일경계 양분선택형 질문법은 단 1회에 걸쳐서 미리 설정된 금액을 '지불할 의사가 있는가'라고 물어보면, 응답자가 '예/아니요'로 한 번만 대답하는 방식이다. 이중경계 양분선택형 질문법은 첫 번째 제시금액에 대한 응답이 '예'이면 이보다 큰 금액을 제시하고, '아니요'이면 이보다 작은 금액을 제시하여 한 번 더 응답을 요하는 방식이다.

최근에는 통계적 효율성을 높일 수 있다는 측면에서 단일경계 양분선택형 질문법보다는 이중경계 양분선택형 질문법이 널리 사용되고 있다. 그러나 이중경계 양분선택형 질문법과 관련해서는 크게 두 가지 측면에 대해서 논의할 필요가 있다.

첫 번째 측면은 삼중경계(triple-bounded) 양분선택형 모형과 같은 다중경계 모형을 왜 사용하지 않느냐에 관한 것이다. 추가적인 질문은 응답자의 *WTP*에 대해 보다 많은 정보를 제공하여 *WTP*의 범위를 좁히므로, 다중경계 모형이 이중경계 양분선택형 모형에 비해 효율적인 결과를 가져다주는 것은 당연하다. 그러나 Cooper and Hanemann(1995)의 연구 결과에 따르면, 이중경계 양분선택형 모형과 비교할 때 세 번째 질문을 추가함으로 인해 발생하는 효율성의 개선은 상대적으로 크지 않은 것으로 분석되고 있다. 또한 Hanemann and Kaninnen(1999)은 삼중경계 양분선택형 모형의 사용으로 내적 일관성을 해치는 반응효과(response effects)가 발생할 가능성은 매우 커지는 반면에 통계적 효율성은 크게 증진되지 않는다는 연구 결과를 제시하였다.

두 번째 측면은 단일경계 양분선택형 모형 대신에 이중경계 양분선택형 모형을 사용할 때, 상당한 정도의 통계적 효율성 증진이 있다 하더라도 어느 정도의 편의를 초래할 가능성도 커진다는 것이다. 이와 관련해서는 많은 연구가 이루어지고 있다. 예를 들어 Cameron and Quiggin(1994)은 이중경계 모형의 비일관성과 관련하여 두 가지 가능성을 제기하였다. 첫째, 본인의 진실한 지불의사금액으로 볼 때 두 번째 질문에 대해 '아니요'라고 응답해야 함에도 불구하고, 설문조사원이 한 번 더 질문을 하는 것에 대해 응답자가 미안하게 느껴 '예'라고 거짓으로 응답할 가능성이 있다는 것이다. 둘째, 본인의 진실한 지불의사금액으로 볼 때, 두 번째 질문에 '예'

라고 응답해야 함에도 불구하고, 설문조사원이 한 번 더 질문을 하는 것에 대해 응답자가 귀찮게 여겨 '아니요'라고 거짓으로 응답할 가능성이 있다고 보고 있다. 이러한 이유 등으로 Bateman et al.(2000)은 *WTP* 추정치의 계산에 있어서 두 번째 질문에 대한 응답을 사용하지 말 것, 즉 단일경계 양분선택형 모형만 사용할 것을 제안하였다.

양분선택형 질문법의 추정모형

양분선택형 질문법을 활용하여 지불의사금액 함수를 추정하는 경우는 일반적인 최소자승법이 아닌 최대우도추정법을 이용하여야 한다. 양분선택형 질문법은 종속변수가 이항형 변수이기 때문에 최소자승법을 사용할 경우, 최소자승법의 기본 전제 조건 중 오차항의 정규분포 및 동분산 가정을 위배하기 때문이다.

▶ 최소자승법의 기본 가정은 오차항 e는 정규분포를 갖고 평균은 0이며, 분산은 일정한 값을 갖는다는 것이다. ($e \sim N(0, \sigma^2)$)

▶ 양분선택형 질문법의 종속 변수는 예/아니요, 즉 1과 0이기 때문에 회귀식 $Y = \alpha + X\beta + \epsilon$에서 오차항의 값을 다음과 같이 얻을 수 있다.

　－ 종속변수가 1인 경우 $\epsilon_i = 1 - \alpha - \beta x_i$

　－ 종속변수가 0인 경우 $\epsilon_i = -\alpha - \beta x_i$

▶ 즉 종속변수는 단 두 가지밖에 없으므로 오차항의 정규분포 및 동분산 가정을 위배하게 된다.

최대우도추정법은 관찰 자료의 가능성을 최대화하는 값으로 미지수의 추정치를 구하는 분석 방법이다. 즉 최대우도추정법에서는 알고 있거나 가정한 확률함수하에서 표본으로부터 얻은 정보를 언을 수 있는 가장 큰 확률을 제공해 주는 추정치를 구하는 것이 목표가 된다.

최대우도추정법을 적용하기 위해서는 먼저 우도함수(likelihood function; L)를 설정하고, 이 우도함수를 최대화하는 값으로 미지수를 추정한다. 여기서 우도함수란 미지수에 따른 관찰 자료의 가능성을 함수로 표현한 것을 말한다. 우도함수 L값은 0에서 1 사이에 있게 되며, 사례 수가 많은 경우에는 대단히 작은 값이 되므로 계산이 용이하도록 우도함수에 자연로그를 취한 로그우도함수(Log Likelihood Function)를 계산하여 사용한다.

단일경계 양분선택형 모형을 이용하는 경우, 제시액에 따른 응답자의 반응형태는 2가지 경우(yes, no)이다. 따라서 다음과 같은 형태의 로그우도함수를 설정할 수 있다.

$$\ln L(\theta) = \sum_1^N \left[D_1 \ln \pi^y + (1 - D_1) \ln \pi^n \right] \qquad 식 (2.1)$$

θ : 모수벡터

N : 관측치 수, D_i : 지시변수(indicator variables),

$D_i = 1$: i 번째 제시액에 대해 수락,

$D_i = 0$: i 번째 제시액에 대해 거부,

π^y : 제시액에 yes로 응답한 경우의 확률,

π^n : 제시액에 no로 응답한 경우의 확률.

응답자 i가 제시금액(B_i)에 대해 수락 또는 거부할 경우의 확률은 다음과 같이 표현할 수 있다.

$$\pi^y(B_i) = \Pr\left[B_i \leq WTP_i\right] = 1 - F(B_i; \theta) \qquad \text{(식2.2)}$$

$$\pi^n(B_i) = \Pr\left[B_i > WTP_i\right] = F(B_i; \theta) \qquad \text{(식2.3)}$$

WTP_i : 응답자 i의 내재된 잠재 지불의사금액,

$F(\,\cdot\,)$: 임의의 누적확률분포함수.

이중경계 양분선택형 모형을 이용하는 경우, 제시액에 따른 응답자의 반응형태는 4가지 경우(yes/yes, yes/no, no/yes, no/no)이다. 따라서 다음과 같은 형태의 로그우도함수를 설정할 수 있다.

$$\ln L(\theta) = \sum_1^N \Big[D_1 \times D_2 \ln \pi^{yy} + D_1 \times (1 - D_2) \ln \pi^{yn} \qquad \text{식 (2.4)}$$
$$+ (1 - D_1) \times D_2 \ln \pi^{ny} + (1 - D_1) \times (1 - D_2) \ln \pi^{nn} \Big]$$

이중경계 양분선택형 모형에서는 응답자 i가 제시금액(B_i)에 대해 수락하게 되면 더 높은 금액(B_i^u)을 제시하게 되며, 거부하게 되면 더 낮은 금액(B_i^d)을 제시하게 된다. 응답자 i가 초기 제시액 B_i에 대해 'yes'로 응답하고 더 높은 제시액 B_i^u에 대해서도 'yes'로 응답한 경우(yes/yes)의 확률($\pi^{yy}(B_i, B_i^u)$), B_i에 대해 'yes'로 응답하고 B_i^u에 대해 'no'로 응답한 경우(yes/no)의 확률($\pi^{yn}(B_i, B_i^u)$), B_i에 대해 'no'로 응답하고 더 낮은 제시액 B_i^d에 대해서는 'yes'로 응답한 경우(no/yes)의 확률($\pi^{ny}(B_i, B_i^d)$), 그리고 B_i와 B_i^d에 대해 모두 'no'로 응답한 경우(no/no)의 확률($\pi^{nn}(B_i, B_i^d)$)은 다음과 같이 표현할 수 있다.

$$\pi^{yy}(B_i, B_i^u) = \Pr\left[B_i^u \leq WTP_i\right] = 1 - F(B_i^u; \theta) \qquad \text{식}\,(2.5)$$

$$\pi^{ym}(B_i, B_i^u) = \Pr\left[B_i \leq WTP_i < B_i^u\right] = F(B_i^u; \theta) - F(B_i; \theta) \qquad \text{식}\,(2.6)$$

$$\pi^{ny}(B_i, B_i^d) = \Pr\left[B_i^d \leq WTP_i < B_i\right] = F(B_i; \theta) - F(B_i^d; \theta) \qquad \text{식}\,(2.7)$$

$$\pi^{nn}(B_i, B_i^d) = \Pr\left[WTP_i < B_i^d\right] = F(B_i^d; \theta) \qquad \text{식}\,(2.8)$$

여기서 $F(B; \theta)$는 로지스틱 누적분포함수 또는 정규누적분포함수 등 임의의 누적확률분포함수이다. 로지스틱 누적분포를 가정할 경우를 로짓(logit)모형, 정규누적분포를 가정할 경우를 프로빗(probit)모형이라고 한다. $F(B, \theta)$는 일반적으로 다음과 같이 설정된다.[14]

$$F(B; \theta) = F(\alpha + \beta x' + \beta_{bid}B) \; or \; F(\alpha + \beta x' + \beta_{bid}lnB) \qquad \text{식}\,(2.9)$$

α: 상수항, β: x의 계수 벡터,
x': 응답자의 특성을 나타내는 특성변수의 벡터,
β_{bid}: B 또는 $\ln B$의 계수, B: 제시금액.

지불의사금액의 도출

로짓모형이나 프로빗모형을 이용하여 $F(B, \theta)$의 모수들을 추정할 수 있고, 추정된 모수와 각 속성의 평균치를 이용하면 평균적 응답자의 제시금액 B에 대한 수락확률을 구할 수 있다. 이러한 수락확률을 적분하면 WTP 평균값을 구할 수 있다.

---

14) 일반적으로 프로빗모형보다는 상대적으로 계산이 용이한 로짓모형을 많이 이용한다. 로짓모형과 관련해서는 NOTE 4를 참고하라.

$$WTP_{mean} = \int_0^\infty F(B;\theta)\,dB \qquad\qquad 식\,(2.10)$$

그러나 이 함수가 '0'에 수렴할 경우에는 WTP 분포가 오른쪽으로 무제한적으로 편향되게 됨으로써 평균값이 발산할 수 있다. 이러한 이유로 인해 제안된 것이 절단 평균값(truncated mean)이다. 절단 평균값을 도출하는 식은 다음과 같다.

$$WTP_{truncated\ mean} = \int_0^{WTP_{max}} F(B;\theta)\,dB \qquad\qquad 식\,(2.11)$$

또한 중앙값(median)이 이용되기도 하는데, 이를 도출하는 식은 다음과 같다.

$$WTP_{median} = -\frac{\alpha}{\beta} \qquad\qquad 식\,(2.12)$$

단, 중앙값은 중위투표자 정리에 따른 문제점을 가지고 있다.

중위투표자 정리

- 중위투표자: 어떤 투표자의 선호하는 결과보다 더 높은 수준의 결과를 선호하는 투표자의 수와 더 낮은 수준의 결과를 선호하는 투표자의 수가 같을 때, 그 투표자를 '중위투표자'라 한다.
- 중위투표자 정리: 다수결투표제도의 균형이 존재한다면, 그것은 중위투표자의 선호와 일치한다.
- 시사점: 중위투표자를 제외한 다른 투표자의 선호가 변할지라도 중위투표자의 선호가 그대로 있다면 투표 결과는 전혀 영향을 받지 않을 수 있다.

4.3. NOAA 보고서의 가이드라인

NOAA 보고서(1994)는 조건부 가치 측정법의 유효성과 신뢰성에 대해서 언급하고 있는 보고서로서, 노벨 경제학상 수상자인 Kenneth Arrow와 Robert Solow를 의장으로 포함한 22명의 전문가로 구성된 패널이 발표하였다. 보고서는 조사 방법에 있어서의 일대일 개별 면접 방법의 이용, 사전조사의 실시, 수용의사금액(WTA)보다는 지불의사금액(WTP)의 이용, 질문에 대한 응답을 설명할 수 있는 다양한 질문들의 포함과 같은 가이드라인을 명시하고 있다.

비시장재의 가치 측정에 있어 조건부 가치 측정법의 유효성에 대해 많은 논란이 있어 왔으나 NOAA 보고서에서는 조건부 가치 측정법의 신뢰성을 확인시켜 주었다. 여기에 더하여 이전의 조건부 가치 측정법 연구들이 만족스럽지 못했음을 지적하며, 피해 평가와 규제에 사용될 존재가치의 믿을 만한 추정을 위해서 지켜야 할 지침(가이드라인)을 제공하였다. NOAA 보고서에 제시된 주요 가이드라인을 정리하면 다음과 같다.

ㅇ 표본의 크기

단일 양분선택 질문일 경우, 1,000명의 응답자로 된 전체 표본크기는 표본오차를 약 ±3%로 제한시킬 수 있다.[15]

ㅇ 조사 방법

우편조사로는 신뢰할 만한 가치추정을 할 수 없다. 또한 전화조

---

15) NOAA의 가이드라인에서는 표본의 크기에 대해서 명확한 기준을 제공하고 있지는 않다.

사가 비용 측면에서는 이점이 있으나, 응답자들의 이해도를 높이기 위해서는 일대일 개별 면접조사가 보다 적절하다.

○ 사전조사

사전조사는 응답자들의 이해도를 높이기 위해서, 그리고 양분선택형 질문법일 경우 제시금액의 범위를 결정하기 위해서, 반드시 필요한 작업이다.

○ 질문방식

응답자들은 수용의사금액 방식의 질문에는 과대 응답하는 경향이 있다. 따라서 수용의사금액보다는 좀 더 신중한 선택을 요하는 지불의사금액 방식을 사용하는 것이 적절하다.

○ 투표형식

지불의사금액 유도 방법으로는 투표방식이 적절하다. 개방형 질문으로 응답자들에게 화폐적 가치 평가를 요구하는 것은, 응답자들에게 극도로 어려운 일을 제시하는 것이기 때문이다. 동시에 응답자들에게 그들이 선택할 수 있도록 상이한 화폐량의 집합을 제시하는 것 역시 고정점 편의나 다른 형태의 편의를 일으킬 수 있다. 따라서 가장 바람직한 조건부 가치 측정법의 가치 평가 방법은 양분선택형 질문법을 사용하는 것이 바람직하다. 양분선택형 질문법은 실제 투표에서처럼 응답자들에게 특별한 금액 수준에 호응해서 또는 반대해서 투표하도록 요구하는 것이다.

○ 피해 입지 않은 대체상품을 떠올리게 하기

응답자들이 다른 비교할 만한 자연자원이나 또는 해당 자연자원의 미래 상태와 같은 대체상품을 떠올리게끔 하여야 한다. 따라서 이와 관련된 내용은 주요 가치평가 질문에 앞서 소개해야만 한다.

○ 캐어묻기

예/아니요 응답 이후에는 '왜 당신은 예/아니요에 투표했습니까?'라는 질문이 뒤따라야 한다. 그리고 이 질문에 대한 답변들을 적절하게 코드화해서 보기로 제시해야 한다.

○ 질문내용

지불의사금액 함수의 설명변수들을 추정하기 위한 다양한 질문들이 포함되어야 한다. 소득, 그 지역에 대한 사전 지식, 그 지역에서의 주된 관심(방문비율 등), 환경에 대한 태도, 대규모 사업에 대한 태도, 그 지역과의 거리, 사업에 대한 이해 등의 질문이 여기에 해당한다.

▧ 조건부 가치 측정법의 유효성과 신뢰성에 대해서는 많은 논란이 있었다. 그러나 NOAA 보고서가 발표되면서 조건부 가치 측정법의 유효성과 신뢰성이 입증되었고, 이후 많은 분야에서 조건부 가치 측정법이 사용되고 있다.

▧ 조건부 가치 측정법을 이용한 공공재의 가치 측정 과정은 다음과 같다.

- ▶ 1단계: 가상의 시장 시나리오 설계
- ▶ 2단계: 설문지 설계
- ▶ 3단계: 표본 설계 및 조사
- ▶ 4단계: 지불의사금액 함수 설정 및 추정
- ▶ 5단계: 공공재의 가치 평가

▧ 조건부 가치 측정법을 이용한 공공재의 가치 추정 과정이 신뢰성을 얻기 위해서는 일대일 개별 면접 조사 실시, 사전조사 실시, 양분선택형 질문법 이용 등과 같은 NOAA 보고서의 가이드라인을 수용할 필요가 있다.

엑손 발데즈 호 사건으로 인해 훼손된 자연자원의 가치

1989년 3월 24일 원유수송선 엑손 발데즈(Exxon Valdez) 호가 알라스카 해안에 좌초되면서 프린스월리엄 만 1,600마일의 해안선은 온통 원유로 뒤덮였다. 이 사고로 엄청난 숫자의 해양생물과 바다새가 죽는 등 이 지역의 해안생태계가 파괴되었다. 원유 유출 사고가 일어난 프린스월리엄 만 지역은 어업 및 관광산업과 관련된 자연환경의 사용가치에 막대한 손실을 입었을 뿐만 아니라 프린스월리엄 만 해안에 대한 존재가치, 선택가치, 유산가치 등 비사용적 가치도 잃어버렸다.

이에 따라 알래스카 주정부는 엑손(Exxon)사에 대한 피해보상 소송을 목적으로 원유사고로 인한 비사용가치의 손실을 평가하기 위한 조사를 환경경제 전문가들에게 의뢰하였다. 이 조사 연구는 조건부 가치 측정법을 이용하여 이루어졌으며, 조사 결과, 추정된 비사용가치는 28억 달러로 나타났다. 이 보고서는 비사용가치 추정에 조건부 가치 측정법이 광범위하게 사용되는 계기가 되었다.

엑손 발데즈 호 사건으로 인해 훼손된 자연자원의 가치를 측정한 Carson et al(2003)의 주요 내용을 살펴보면 다음과 같다.

○ 연구 목적

이 연구의 주요 목적은 엑손 발데즈 호 사건으로 인해 훼손된 자연자원의 가치 중, 특히 비사용가치를 측정하기 위한 설문방법을 개발하는 것이다. 이 연구에서는 조건부 가치 측정법에서 발생할 수 있는 편의를 줄이기 위한 설문방법을 개발하여 제시하고 있다.

○ 설문 과정

설문은 1989년 7월부터 1991년 1월까지, 약 18개월에 걸쳐 개발되었다. 첫 번째 단계에서는 엑손 발데즈 호 사건과 관련한 조사가 이루어졌다. 두 번째 단계에서는 조사 결과를 바탕으로 설문 초안을 작성 및 수정하였다. 세 번째 단계에서는 4번의 사전조사가 이루어졌으며, 마지막 단계에서는 설문조사가 공식적으로 이루어졌다. 설문조사 방법은 일대일 면접을 시행하였다.

○ 설문지 설계상의 주요 이슈

설문을 설계함에 있어서의 주요 이슈로는 지불의사금액 유도 방법, 지불수단, 지불기간 등이다. 이 연구에서는 지불의사금액 유도 방법으로 제시금액을 지불할 것인지, 아닌지만 대답하도록 하는 양분선택형 질문을 사용하였다. 양분선택형 질문법이 다른 방법에 비해 응답자의 노력을 덜어주고, 전략적 편의를 줄일 수 있는 장점이 있다고 제시하고 있다. 지불수단으로 세금과 오일가격을 고려하였으나 최종적으로 세금을 사용하였다. 오일가격은 경제학적 가치와 관계가 없는 이라크전 등에 의해 지불의사금액이 왜곡될 수 있다는 우려가 있기 때문이다. 지불기간에 대해서는 해마다 재계약을 해야 하는 문제를 피하고 할인율의 문제를 고려하지 않아도 된다는 이점이 있기 때문에 일시불(lump-sum) 방식을 선택하고 있다.

○ 설문지 구성 체계

설문의 중간 부분에는 엑손 발데즈 호 사건으로 인해 발생한 피해를 기술하고 사고를 예방할 수 있는 가상 시장을 설정하고 있다. 그리고 이러한 시나리오 앞, 뒤에는 응답자의 의견, 오염사고에 대한 인지 정도, 시나리오에 대한 이해 여부, 개인적인 특성과 관련된 내용을 제시하고 있다. 그리고 응답자의 이해를 돕기 위하여 사진, 지도 등을 응답자에게 보여 주었다. 구체적인 가상 시나리오는 호위함(escort ship) 계획으로, 호위함이 유조선의 기름 유출 사고를 방지해 줄 것이라는 내용이다.

○ 분석 결과

총표본 수는 1,043개였으나 유효 표본은 772개로, 이를 통해 지불의사금액을 추정한 결과 중앙값은 $30.30, 평균값은 $97.18로 나타났다. 엑손 발데즈 호 기름 유출 사건으로 인한 프린스윌리엄 만의 피해를 추정한 이 연구의 내용을 정리하면 다음과 같다.

〈표 2-4〉 Carson et al(2003)의 연구 내용 요약

설문형태	표본크기	질문형태	지불수단	지불의사금액
일대일 면접	− 총표본: 1,043 − 유효표본: 772	이중경계 양분 선택형 질문	연방 세금	− 중앙값: $30.30 　($26.18~$35.08)* − 평균값: $97.18 　($85.82~$108.54)* *: 95% 신뢰구간

로짓모형

1. 로짓모형의 개요

어떤 사회관계를 설명하는 함수 설정·추정 과정에서 환경단체 가입 여부, 노트북 사용 여부, 특정 정당 지지 여부 등 이항형 (dichotomous) 종속변수를 사용해야 되는 경우가 있다.[16] 이처럼 종속변수가 연속변수가 아니고, 비연속 변수 또는 범주형 변수인 경우에는 일반적인 선형(linear) 회귀분석을 사용할 수 없게 된다.

선형 회귀분석 모형은 다음과 같이 표현된다.

$$Y = b_0 + b_1X_1 + b_2X_2 + \ldots + b_kX_k \qquad \text{식 (2.13)}$$

독립변수 X의 값에 따라 종속변수 Y는 어떠한 값이라도 취할 수 있으므로, Y의 범위는 $-\infty$에서 ∞가 된다. 그러나 종속변수가 이항형 변수인 경우, 종속변수 값은 0과 1로 코딩된 값을 지니게 되므로 예측된 종속변수 값은 확률의 개념을 가지게 된다.

---

16) 양분선택형 질문법은 미리 정해진 특정 금액을 제시하고 이에 대해서 응답자가 기꺼이 낼 의사가 있는지, 없는지를 물어보는 형태를 취한다. 따라서 지불의사금액 함수의 종속변수는 이항(예/아니요)이 된다.

종속변수가 이항형 자료일 경우의 산포도 모형은 다음과 같이 표현된다.

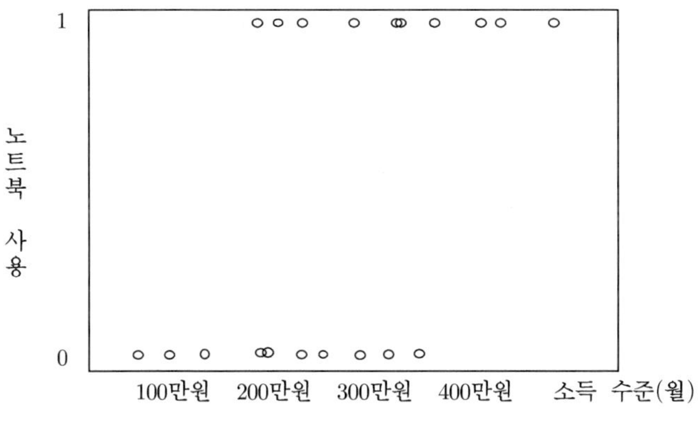

〈그림 2-13〉 종속변수가 이항형인 경우의 산포도

<그림 2-13>에서 알 수 있듯이 종속변수가 이항형일 경우에는 독립변수 값의 변화에 따라 종속변수 값이 자유롭게 변할 수 있는 것이 아니라 0 또는 1로 나누어짐을 알 수 있다. 이 경우에 선형 회귀분석을 적용하면 독립변수와 종속변수의 관계를 제대로 설명하지 못할 것이다.

예를 들어 소득수준이 낮을수록 노트북을 사용하지 않을(0으로 코딩) 가능성이 높고, 소득수준이 높을수록 노트북을 사용할(1로 코딩) 가능성이 높다는 관계를 설명하기 위해서는 다음 <그림 2-14>과 같이 S자 곡선으로 사용하는 것이 좋을 것이다.

독립변수와 종속변수의 관계를 설명하는 이 함수를 로지스틱(logistic) 함수라고 한다. 이 함수를 사용함으로써 확률의 개념을 지니고 있는 종속변수 값이 0과 1 사이를 벗어나지 않도록 할 수 있다. 즉 독립변수의 값이 아무리 커도 예측된 확률값은 1에 근접하지만 1을 넘어서지는 않는다. 반대로 독립변수의 값이 아무리 작아도 예측된 확률값은 0에 근접하지만 그 이하로 내려가서 음수가 되지는 않는다.

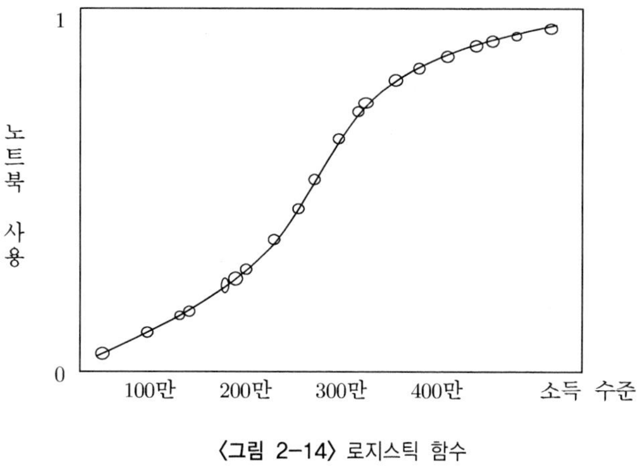

〈그림 2-14〉 로지스틱 함수

로지스틱 함수를 수식으로 표현하면 다음과 같다.

$$Y = p(X) = \frac{exp(b_0 + b_1 X_1 + b_2 X_2 + \ldots + b_k X_k)}{1 + exp(b_0 + b_1 X_1 + b_2 X_2 + \ldots + b_k X_k)} \qquad 식\,(2.14)$$

여기서 확률은 상한계가 1이고 하한계는 0이 된다. 그러나 확률을 로짓(logit)으로 변환하면 확률의 상·하한계가 없어지며 독립변수와 로짓의 관계를 선형함수로 표현이 가능해진다. 확률을 로짓으로 변환시키기 위해서는 다음의 2단계를 따른다.

(1) $\dfrac{p}{1-p}$를 구한다. $\dfrac{p}{1-p}$는 사건이 발생할 확률인 p와 발생하지 않을 확률인 $1-p$의 비율이며 이를 승산($odds$)이라고 한다.

(2) $\dfrac{p}{1-p}$에 자연로그를 취하여 $\ln\left(\dfrac{p}{1-p}\right)$을 구한다. $\ln\left(\dfrac{p}{1-p}\right)$는 log와 $odds$이므로 이를 줄여서 로짓(logit)이라고 부른다.

확률을 로짓으로 변환하게 되면, 로짓과 독립변수의 관계는 다음과 같이 선형이 된다.

$$\ln\left(\dfrac{p}{1-p}\right) = b_0 + b_1 X_1 + b_2 X_2 + \cdots\cdots + b_k X_k \qquad \text{식} (2.15)$$
$$= b_0 + \sum b_j X_j$$

2. 최대우도추정법(Maximum Likelihood Estimation: MLE)

종속변수가 연속변수가 아닌 이항형 변수인 경우에는 최소자승법이 아닌 최대우도추정법을 이용하여 분석하게 된다. 최대우도추정법에서는 관찰 자료의 가능성을 최대화하는 값으로 미지수의 추정치를 구하는 것이 목표가 된다. 다시 말해서 알고 있거나 가정한 확률함수하에서 표본으로부터 얻은 정보로 얻을 수 있는 가장 큰 확률을 제공해 주는 추정치를 구하는 것이다. 이때의 확률은 표본으로부터의 확률(Probability)과 구분하여 우도(Likelihood)라고 부른다.

최대우도추정법의 추정 방법에 대해서 구체적으로 살펴보자. 표본의 크기가 n이고 설명변수 벡터가 $X = \left[1, x_{i1}, \cdots\cdots, x_{ik}\right]'$이고, 종속변수 y_i는 1 또는 0의 값을 가지는 이항변수인 경우를 생각해 보자. 확률이 로지스틱 분포를 따른다고 하면, 다음과 같은 식을 쓸 수 있게 된다.

$$p_i(y_i = 1) = \frac{1}{1 + e^{-XB}} \Leftrightarrow \frac{p_i}{1 - p_i} = X\beta \qquad \text{식}\,(2.16)$$

각 사건이 서로 독립임을 전제하면 우도함수(Likelihood Function)는 다음과 같다.

$$L = P_r(y_1, y_2, \cdots\cdots, y_n) = P_r(y_1)P_r(y_2)\cdots\cdots P_r(y_n) \qquad \text{식}\,(2.17)$$
$$= \prod_{i=1}^{n} P_r(y_i)$$

y_i라는 사건 자체는 베르누이 분포(Bernoulli Distribution)를 따른다. 따라서 우도함수는 다음과 같이 쓸 수 있다.

$$L = \prod_{i=1}^{n} p_i^{y_i}(1 - p_i)^{1-y_i} = \prod_{i=1}^{n} p_i^{y_i}(1 - p_i)\frac{1}{(1 - p_i)^{y_i}} \qquad \text{식}\,(2.18)$$
$$= \prod_{i=1}^{n} \left(\frac{p_i}{1 - p_i}\right)^{y_i}(1 - p_i)$$

그러나 때에 따라서는 우도함수가 거듭제곱으로 표현되어, 그 형

태로는 미분이 어려울 경우가 있다. 이러한 때에는 식의 양변에 로
그를 취한 뒤, 풀어 주게 된다.

$$\log L = \sum_i y_i \log\left(\frac{p_i}{1-p_i}\right) + \sum_i \log(1-p_i) \qquad \text{식 (2.19)}$$

$p_i(y_i=1) = \dfrac{1}{1+e^{-XB}} \Leftrightarrow \dfrac{p_i}{1-p_i} = X\beta$ 이므로, 이는 다음과 같이
표현할 수 있다.

$$\log L = \sum_i \beta x_i y_i - \sum_i \log(1+e^{X\beta}) \qquad \text{식 (2.20)}$$

이를 추정계수에 대해 미분을 하고, 계산의 결과로 남게 되는 값
이 바로 계수의 추정치가 된다.

$$
\begin{aligned}
\frac{\partial \log L}{\partial \beta} &= \sum_i x_i y_i - \sum_i x_i (1+e^{-X\beta})^{-1} \qquad \text{식 (2.21)}\\
&= \sum_i x_i y_i - \sum_i x_i \hat{y} = 0
\end{aligned}
$$
$$단, \ \hat{y_i} = \frac{1}{1+e^{-\beta x}}$$

이 수식을 풀어 계산을 하게 되면, $\hat{\beta}$을 구할 수 있게 된다. 물론
계산과정은 최소자승법에 비해 매우 복잡하다. 그러나 이러한 계산
은 많은 통계패키지를 통해 쉽게 도출할 수 있기 때문에 크게 염려
할 필요는 없다.

5. 대중교통서비스 개선의 가치 측정

5.1. 일반 배경

도로 등의 교통시설 공급 확대는 많은 금전적 비용이 소모될 뿐만 아니라 한정된 토지자원의 소모라는 비용을 발생시킨다. 따라서 증가하는 교통수요에 따른 무조건적인 교통시설 공급보다는 교통수요 자체를 조절·관리하는 정책이 필요하다고 할 수 있다. 대표적인 교통수요관리 정책 중 하나는 승용차 이용 수요의 대중교통으로의 흡수·전환이다.

이러한 교통수요의 관리를 위해서는 개인의 통행행위에 대해서 살펴볼 필요가 있다. 합리적인 소비를 하는 개인은 통행 시에도 효용(utility)을 극대화하는 통행수단 및 통행경로를 선택하는바, 비록 통행비용(금전적 비용)이 높다 해도 통행 시간의 절감효과 및 편리성이 크면 대중교통보다는 승용차를 이용하는 것이 오히려 합리적 통행행위가 된다. 이러한 개인의 합리적 통행행위가 대중교통 이용으로 이어지기 위해서는 단순히 대중교통 이용 장려, 교통체증 감소 및 환경오염 개선 효과 등에 대한 감정적인 호소만으로는 불가능하다. 즉 대중교통 이용시의 통행 시간 절감, 편리성 증진 등의 대중교통서비스 개선 정책을 수립해야 한다.

그러나 여기서 유의해야 할 것은 아무리 대중교통서비스 개선 정책이 중요하다고 하더라도 적정 수준을 넘어선 정책은 자원 배분의 비효율성을 발생시킨다는 것이다. 즉 대중교통서비스 개선 정책은 효율성을 고려하여 집행되어야 한다. 그렇다면 대중교통서비스 개선 정책의 효율성은 어떻게 평가되어야 하는가? 이는 대중교통서비스 개선 정책이 집행되었을 때, 그 정책으로 인해 비용은 얼마만큼 지출되고 편익은 얼마만큼 얻을 수 있는지의 분석을 통해 가능하다.

여기서 대중교통서비스 개선으로 인한 편익을 어떻게 금전적 가치로 측정해야 하는지에 대한 문제가 발생한다. 즉 대중교통서비스 개선의 편익을 금전적인 가치로 평가할 필요가 존재하지만, 만족수준 등의 개인의 주관적인 평가는 금전적 가치로 평가하기가 쉽지 않다. 이에 본 연구는 조건부 가치 측정법을 통해 대중교통서비스 개선의 경제적 가치를 측정하고자 한다. 사례 분석 대상 정책은 제주특별자치도(2007)의 지방대중교통계획상의 대중교통 서비스 개선 사업이다.

5.2. 분석 과정

본 연구에서 선정한 대중교통서비스 개선의 편익을 측정하기 위한 분석 과정을 요약하면 다음과 같다. 지불의사금액을 추정하기 위한 설문지를 작성하고 표본을 설계한다. 이는 대상재화의 선정,

지불수단 선택, 지불의사 유도 방법 선택, 제시금액 설계, 설문방법 선택, 표본 설계, 함수 설정, 분석의 과정을 거치게 된다.

설문지 작성 및 표본 설계

조건부 가치 측정법에 의한 설문조사는 크게 조사기획단계, 실사단계로 구분된다. 조사기획단계에서는 비교적 적은 수의 표본을 선택하여 사전조사(pretest)를 실시한 후, 수정을 거쳐 설문지의 내용을 최종 확정하게 된다. 실사단계는 확정된 설문지를 바탕으로 설문을 실시하는 과정으로, 설문을 하기 위해 필요한 여러 단계가 포함된다. 예컨대 설문지 작성, 설문조사원 교육, 설문 실시, 자료 입력, 확인 및 수정단계를 거쳐 필요한 정보를 도출하는 분석단계로 넘어간다.

조건부 가치 측정법 설계 절차는 <그림 2-15>에 도식화되어 있으며, 각각의 절차에 대해 본 연구에서 행한 내용을 설명하면 다음과 같다.

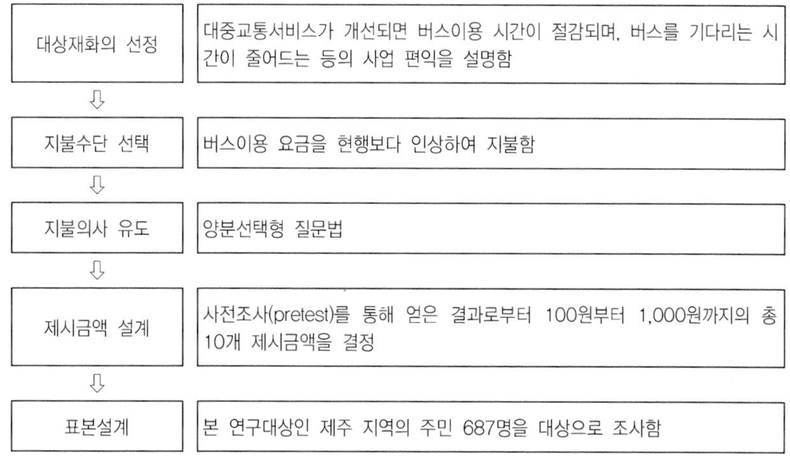

〈그림 2-15〉 조건부 가치 측정법 설계 절차도

○ 대상재화 선정

본격적인 설문조사를 하기 위한 첫 단계로서 대상재화와 이에 대한 가상의 시장을 설정해야 한다. 지불의사에 관한 핵심질문을 하기 전에 설문지는 가상의 시장에 대한 일반적인 상황부터 만들어 갔다. 먼저 응답자로부터 대중교통문제에 대한 일반적인 견해를 이끌어 낸 후, 그 다음 대중교통서비스가 개선되었을 경우의 서비스 변화를 제시하였다.

○ 지불수단 선택

가상의 시장 설정에 있어서 중요한 역할을 하는 것은 응답자가 밝히고자 하는 지불의사를 쉽게 표현할 수 있도록 지불수단을 제시하는 것이다. 현실성 있는 지불수단이 되도록 가상적인 시장을 설정하는 것은 응답자가 진정한 가치를 밝힐 수 있도록 유도한다는 것과, 가상적 상황을 좀 더 현실화시킨다는 것, 또한 의도와 행동 간의 관계를 밀접하게 할 수 있다는 점에서 중요하다. 특정한 지불수단을 결정할 때는 평가하고자 하는 재화와의 관련 정도, 응답자의 결정을 단순화할 수 있는 정도, 여러 가지 편의를 제거할 수 있는 정도를 기준으로 삼게 된다. 즉 평가하려는 대상과 관련하여 현실성이 있으면서, 사실과 부합하는 수단을 선택해야 한다는 것이다. 본 연구에서는 버스이용 요금을 지불수단으로 제시하였다. 물론 지불의사금액이 여타 소비의 제약을 수반한다는 것도 명시하였다.

○ 지불의사 유도 방법 선택

조건부 가치 측정법의 실증연구에서 주로 사용되는 지불의사 유

도 방법으로는 직접질문법, 경매법, 지불카드법, 양분선택형 질문법
등이 있다. 본 연구에서는 응답자가 대답하기 용이하여 응답률이
높고, 시작점 편의나 설문조사원 편의에 의한 영향이 적으며, 응답
자의 전략적 행위를 줄일 수 있는 양분선택형 질문법으로 지불의
사를 유도했다.

○ 제시금액 설계

제시금액은 최종적으로 얻고자 하는 지불의사금액의 평균값에
민감한 영향을 미칠 수 있으므로, 세심한 주의를 기울여 결정해야
한다. 본 연구에서는 실제 설문조사에 들어가기 전, 30명을 대상으
로 사전조사를 시행한 후, 100원부터 1,000원까지 총 10개의 초기
제시금액을 결정하였다. 이렇게 결정된 금액을 각각 전체 응답자를
무작위로 분류한 10개 그룹에 할당하였다.

○ 설문방법 선택

설문방법으로는 일대일 면접조사, 전화조사 그리고 우편조사 등
이 있다. 본 연구에서는 비용이 많이 소요된다는 단점이 있지만 충
분한 예산을 확보한 후, 응답자가 쉽게 이해할 수 있도록 하기 위
하여 일대일 개별면접 설문을 실시하였다.

○ 표본설계 및 조사

본 연구에서는 공간분포를 고려하여 제주특별자치도의 행정구역
개편 이전의 제주시, 서귀포시, 북제주군(동), 북제주군(서), 남제주
군(동), 남제주군(서)으로 구분하여 표본 수를 할당하였다. 무작위
추출된 총 687명의 설문결과를 얻을 수 있었다.

그중 대중교통 이용 여부를 중심으로 버스이용자 529명, 버스비이용자 158명과 주요 버스이용자인 학생 308명의 설문 결과를 통해 분석 결과를 세분화하였다.

○ 지불의사금액 함수의 설정

일반적으로 지불의사금액은 응답자들이 처한 환경과 경제적 상황에 의해서 영향을 받을 뿐만 아니라 개인적 특성이나 선호에 의해 달라진다. 본 연구에서는 대중교통서비스 개선에 대한 지불의사금액은 응답자들의 버스이용 횟수($USEBUS$), 버스이용 만족도($GOBUS$)와 응답자 개인의 성별(SEX), 교육기간(EDU), 소득($INCOME$)의 사회경제적 특징에 의해서 결정되는 것으로 가정한다.

이에 따라 추정 모형식은 다음과 같이 설정할 수 있다.

$$Y = \alpha + \beta_1 USEBUS + \beta_2 GOBUS + \beta_3 SEX + \beta_4 EDU \qquad \text{식 (2.22)}$$
$$+ \beta_5 INCOME + \beta_{bid} \ln B$$
$$Y = 1, 0$$

모형의 계수를 추정하기 위해서는 우도함수를 설정해야 한다. 본 연구에서는 이중경계 양분선택형 모형을 가정한 우도함수를 설정하였으며, 지불의사금액 함수의 모수는 로짓모형과 프로빗모형을 이용하여 추정하였다.

5.3. 분석 결과

제주 지역의 대중교통서비스 개선의 경제적 가치를 측정하기 위해 세부 분석 대상은 네 집단(전체, 버스이용자, 버스비이용자, 학생이용자)으로 분류하였다. 분석 대상을 분류한 이유는 버스이용 여부에 따른 응답자의 전략적 행위를 고려하기 위함이다. 예를 들어 버스이용자는 대중교통서비스가 개선되길 원하나 요금 상승은 원하지 않을 것이며, 버스 비이용자는 대중교통서비스 개선에 따른 요금 상승을 고려하지 않을 것이다.

○ 지불의사금액 함수의 추정

지불의사금액 추정을 위한 모형에 포함된 변수는 개별 응답자의 지불의사금액(BID), 성별(SEX), 교육수준(EDU), 소득(INC), 버스이용 횟수($USEBUS$), 버스이용 만족도($GOBUS$)이다. 총 687명의 표본을 사용하였으며, 이 변수에 대한 기술통계량은 다음 <표 2-5>에 제시되어 있다.

〈표 2-5〉 독립변수의 기술통계량

구분	Mean	std. Dev	Min	Max	Case
지불의사금액(BID)	297.08	140.56	100	500	687
하향제시금액(BIDLOW)	148.54	70.28	50	250	687
상향제시금액(BIDHIGH)	594.468	281.44	200	1,000	687
성별(SEX)	1.51	0.50	1	2	687
교육수준(EDU)	12.85	2.93	0	20	687
소득(INCOME)	5.44	1.65	1	8	687
버스 이용 횟수(USEBUS)	20.59	24.63	0	120	687
버스 이용 만족도(GOBUS)	2.74	0.80	1	5	687

주) 지불의사금액 단위: 원, 남자일 경우 1, 여성일 경우 2
만족도(1: 매우불만족, 2: 불만족, 3: 보통, 4: 만족, 5: 매우 만족)

최대우도추정법을 이용하여 이중경계 양분선택형 모형을 추정한 결과는 <표 2-6>와 같다. 전체 응답자를 대상으로 한 추정 결과를 살펴보면 LBD(제시금액의 LOG치)와 버스이용 횟수($USEBUS$) 변수가 유의수준 1%에서 유의하고, 교육수준(EDU) 변수는 유의수준 5%에서 통계적으로 유의한 것으로 나타났다. 또한 소득($INCOME$)과 버스이용 만족도($GOBUS$) 변수는 통계적 유의성은 약간 떨어지나(유의수준 약 30%) 모형을 설명하는 주요변수이므로 이를 포함하여 함께 살펴보도록 하겠다.

추정계수의 부호를 살펴보면 높은 금액을 제시할수록, 버스이용 횟수가 많을수록, 버스이용 만족도가 높을수록 지불의사가 없는 것으로 분석된 반면에 교육수준과 소득은 높을수록 지불의사가 있는 것으로 분석되었다. 대중교통서비스 개선에 대한 지불의사금액 분석결과, 로짓모형에서는 244.3원, 프로빗모형에서는 313.1원으로 나타났다.

<표 2-6> 이중경계 양분선택형 모형 종합 추정 결과

구분	로짓모형		프로빗모형	
	추정계수	t-ratio	추정계수	t-ratio
CONSTANT	7.449	13.85***	4.380	12.83***
LBD	−1.568	22.7***	−0.924	−25.2***
EDU	0.047	2.07**	0.029	2.14**
INCOME	0.049	1.06	0.027	0.98
USEBUS	−0.009	−2.92***	−0.006	−3.13***
GOBUS	−0.09	−1.09	−0.060	−1.16
Loglikelihood	−856.72		−855.736	
평균 WTP	244.3		313.1	

주) LBD는 초기제시액의 LOG치임
***, **, *은 각각 1%, 5%, 10%에서 통계적으로 유의미함을 의미함

<표 2-6>의 결과는 버스이용자와 비이용자를 모두 포함한 분석 결과로, 실제 버스이용자와 주된 버스이용자인 학생의 경우에 느끼는 대중교통서비스 개선의 경제적 가치는 상이할 것으로 보인다. 이에 따라 버스이용자만을 대상으로 지불의사금액을 추정한 결과를 <표 2-7>에 제시하였다.

버스이용자를 대상으로 한 추정 결과, LBD와 버스이용 횟수($USEBUS$) 변수는 유의수준 1%에서, 교육수준(EDU) 변수는 유의수준 10%에서 통계적으로 유의한 것으로 나타났다. 추정계수의 부호를 살펴보면 높은 금액을 제시할수록, 버스이용 횟수가 많을수록 지불의사가 없는 것으로 분석된 반면에 교육수준은 높을수록 지불의사가 있는 것으로 분석되었다. 대중교통서비스 개선에 대한 지불의사금액을 분석한 결과, 로짓모형에서는 232.8원, 프로빗모형에서는 301.1원으로 나타났다. 종합 추정 결과에 비해 버스이용자의 지불의사금액이 낮은 이유는 버스 이용에 대한 직접적인 경제적 부담 때문인 것으로 보인다.

〈표 2-7〉 버스이용자의 추정 결과

구분	로짓모형		프로빗모형	
	추정계수	t-ratio	추정계수	t-ratio
CONSTANT	8.035	13.44***	4.698	14.04***
LBD	−1.679	−18.73***	−0.981	−21.3***
EDU	0.049	1.70*	0.026	1.59
USEBUS	−0.009	−2.78***	−0.006	−2.93***
Loglikelihood	−659.53		−659.42	
평균 WTP	232.8		301.1	

주) LBD는 초기제시액의 LOG치임
***, **, *은 각각 1%, 5%, 10%에서 통계적으로 유의미함을 의미함

대중교통서비스의 주요 이용자인 학생이용자를 대상으로 한 추정 결과는 <표 2-8>와 같다. *LBD* 변수는 유의수준 1%에서, 버스이용 횟수(*USEBUS*) 변수는 유의수준 5%에서, 소득(*INCOME*) 변수는 유의수준 10%에서 통계적으로 유의한 것으로 나타났다. 추정계수의 부호를 살펴보면 높은 금액을 제시할수록, 버스이용 횟수가 많을수록 지불의사는 없는 것으로 분석된 반면에 소득이 높을수록 지불의사가 있는 것으로 분석되었다. 대중교통서비스 개선에 대한 지불의사금액을 분석한 결과, 로짓모형에서는 218.6원, 프로빗모형에서는 285.2원으로 추정되어, 학생이용자의 지불의사금액이 가장 낮은 것으로 분석되었다.

〈표 2-8〉 학생이용자의 추정 결과

구분	로짓모형		프로빗모형	
	추정계수	t-ratio	추정계수	t-ratio
CONSTANT	8.916	11.5***	5.176	12.138***
LBD	−1.863	−14.16***	−1.083	−16.6***
INCOME	0.132	1.91*	−0.075	1.83*
USEBUS	−0.009	−2.09**	−0.005	−2.23**
Loglikelihood	−370.551		−370.315	
평균 WTP	218.6		285.2	

주) LBD는 초기제시액의 LOG치임
***, **, *은 각각 1%, 5%, 10%에서 통계적으로 유의미함을 의미함

주요 이용 교통수단이 대중교통이 아닌 사람들을 대상으로 한 추정 결과는 <표 2-9>와 같다. *LBD* 변수는 유의수준 1%에서, 성별(*SEX*) 변수는 유의수준 5%에서 통계적으로 유의한 것으로 나

타났다. 그리고 교육수준(EDU), 소득($INCOME$) 변수는 유의수준 약 20%에서 통계적으로 유의한 것으로 나타났다. 추정계수의 부호를 살펴보면 여성인 경우, 교육수준이 높을수록, 소득이 높을수록 지불의사가 있는 것으로 분석되었다. 대중교통서비스 개선에 대한 지불의사금액을 분석한 결과, 로짓모형에서는 280.7원, 프로빗모형에서는 349.0원으로 나타났다.

<표 2-9> 버스비이용자의 추정 결과

구분	로짓모형		프로빗모형	
	추정계수	t-ratio	추정계수	t-ratio
CONSTANT	3.51	3.95***	1.978	3.67***
LBD	−1.262	−9.80***	−0.761	−10.3***
SEX	0.804	2.16**	0.493	2.18**
EDU	0.055	1.01	0.042	1.37
INCOME	0.197	1.71	0.119	1.72
Loglikelihood	−188.28		−187.48	
평균 WTP	280.7		349.0	

주) LBD는 초기제시액의 LOG치임
***, **, *은 각각 1%, 5%, 10%에서 통계적으로 유의미함을 의미함

    분석 결과를 요약하자면 다음과 같다. 버스이용자, 학생이용자, 버스비이용자 등 분석 대상에 따른 평균 지불의사금액은 큰 차이는 없는 것으로 분석되었다. 버스이용자의 평균 지불의사금액은 로짓모형에서는 232.8원, 프로빗모형에서는 301.1원으로 분석되었다. 학생이용자의 평균지불의사금액은 로짓모형에서는 218.6원, 프로빗모형에서는 285.2원으로 분석되었다. 버스비이용자의 평균 지불의

사금액은 로짓모형에서는 280.7원, 프로빗모형에서는 349.0원으로 나타났다. 분석대상을 종합하여 분석한 결과, 평균 지불의사금액은 로짓모형에서는 244.3원, 프로빗모형에서는 313.1원으로 분석되었다. 추정된 평균 지불의사금액은 최저 218.6원에서 최고 349.0원으로 분석되었다.

6. 특허청의 청구항별 심사제도의 가치

6.1. 일반 배경

특허청의 청구항별 심사제도는 특허출원 고객의 권리 획득 기회를 충분히 보장한다는 취지에서 도입된 제도이다. 특허 심사와 관련하여 의견제출통지서 및 거절결정서 작성 시 모든 청구항에 대해 거절이유가 있는 청구항(거절 가능한 청구항)과 등록 가능한 청구항을 구분하여 명시하고, 아울러 거절이유를 명확히 기재함으로써 출원인에게 청구항별로 권리 포기, 보완 등 향후 대응 전략 수립을 용이하게 하도록 하기 위해 도입되었다. 이 새로운 서비스는 무형의 서비스로, 그 공급에는 심사관의 추가적인 시간과 노력 등 비용이 발생하지만, 그 편익 내지 가치에 대해서는, 다른 유형의 공공서비스와 마찬가지로, 명확하지 않은 상태이다. 따라서 이러한 시장에서의 가격이 존재하지 않는 전형적인 공공서비스에 대한 경제적 가치 측정은 공공서비스 제공의 정당성과 합리성을 제고하는 데 크게 이바지할 것으로 기대된다. 이러한 배경 하에 조건부 가치 측정법을 이용하여 청구항별 심사제도의 경제적 가치를 측정하고자 한다.

6.2. 분석 과정

청구항별 심사제도의 경제적 가치를 측정하기 위해서, 본 연구에서는 첫째, 청구항별 심사제도의 수요를 추정하였고, 둘째, 조건부 가치 측정법을 이용하여 청구항별 심사제도의 편익을 추정하였다.

청구항별 심사제도의 수요추정

청구항별 심사제도의 수요를 추정하기 위해서 우선 다음 <표 2-10>와 같이 연도별 출원건수를 조사하였다.

<표 2-10> 연도별 출원건수

구분	특허	실용신안	디자인	상표	계
1991	28,132	25,895	20,097	46,612	120,736
1992	31,073	28,665	22,948	45,124	127,810
1993	36,491	32,218	27,568	59,593	155,870
1994	45,712	39,806	29,033	72,581	187,132
1995	78,499	59,866	29,978	71,852	240,195
1996	90,326	68,822	29,859	85,062	274,069
1997	92,734	45,809	28,491	87,065	254,099
1998	75,188	28,896	23,732	57,393	185,209
1999	80,642	30,650	32,404	87,332	231,028
2000	102,010	37,163	33,841	110,073	283,087
2001	104,612	40,804	36,867	107,137	289,420
2002	106,136	39,193	37,587	107,876	290,792
2003	118,652	40,825	37,607	108,917	306,001
2004	140,115	37,753	41,184	108,464	327,516
2005	160,921	37,175	45,222	115,889	359,207
2006	166,189	32,908	51,039	122,384	372,520
계	1,457,432	626,448	527,457	1,393,354	4,004,69

출처: 특허청 홈페이지 자료실, 지식재산권통계(http://www.kipo.go.kr).

<표 2-10>를 보면, 우리나라의 출원건수는 지속적인 증가추세에 있음을 알 수 있다. 이 중 청구항별 심사제도의 대상이 되는 특허출원건수를 살펴보면, 1991년 약 28,000건이 신청된 이래 지속적으로 증가하여, 2006년 약 166,000건이 신청되어 1991년에서 2006년까지 연평균 13.9%의 증가율을 보이고 있다.

이를 기반으로 향후 20년간의 특허출원 예상건수를 예측하면 다음 <표 2-11>와 같다. 한 개의 출원이 포함하는 청구항은 1개에서 100여 개에 이르기까지 그 편차가 상당히 크나, 평균적으로 10개에서 20개의 청구항을 포함한다고 가정할 수 있다. 따라서 향후 20년간 청구항별 심사제도의 대상이 되는 청구항 수는 최소 약 1억 7,166만 개에서 최대 약 3억 4,333만 개 정도가 될 것으로 예상된다.

〈표 2-11〉 향후 20년간 특허출원 예상건수

구분	특허	청구항 수	
평균증가율	13.9%	최소	최대
2007	189,396	1,893,960	3,787,920
2008	215,843	2,158,430	4,316,860
2009	245,983	2,459,830	4,919,660
2010	280,332	2,803,320	5,606,640
2011	319,477	3,194,770	6,389,540
2012	364,089	3,640,890	7,281,780
2013	414,931	4,149,310	8,298,620
2014	472,871	4,728,710	9,457,420
2015	538,903	5,389,030	10,778,060
2016	614,155	6,141,550	12,283,100
2017	699,916	6,999,160	13,998,320
2018	797,652	7,976,520	15,953,040
2019	909,036	9,090,360	18,180,720
2020	1,035,973	10,359,730	20,719,460
2021	1,180,636	11,806,360	23,612,720

구분	특허	청구항 수	
2022	1,345,500	13,455,000	26,910,000
2023	1,533,386	15,333,860	30,667,720
2024	1,747,507	17,475,070	34,950,140
2025	1,991,529	19,915,290	39,830,580
2026	2,269,625	22,696,250	45,392,500
계	17,166,740	171,667,400	343,334,810

조건부 가치 측정법 적용 절차

청구항별 심사제도 도입에 따른 편익은 대상재화의 선정, 지불수단 선택, 지불의사 유도 방법 선택, 제시금액 설계, 설문방법 선택, 표본 설계, 함수 설정, 분석의 과정을 통해 측정된다. 본 연구의 대상재화는 청구항별 심사제도로, 설문조사시 도입에 따른 서비스의 변화를 구체적으로 제시하였다. 지불수단은 심사청구료를, 지불의사 유도 방법으로는 양분선택형 질문법을 이용하였다. 설문조사는 전화조사 및 일대일 면접조사를 실시하였다. 2007년 9월 1일부터 9월 30일까지 전국의 특허출원인, 대리인 등을 대상으로 조사를 실시하였으며, 이를 토대로 청구항별 심사제도의 편익을 추정하였다. 조건부 가치 측정법을 이용한 청구항별 심사제도의 편익 측정 과정은 다음 <그림 2-16>과 같다.

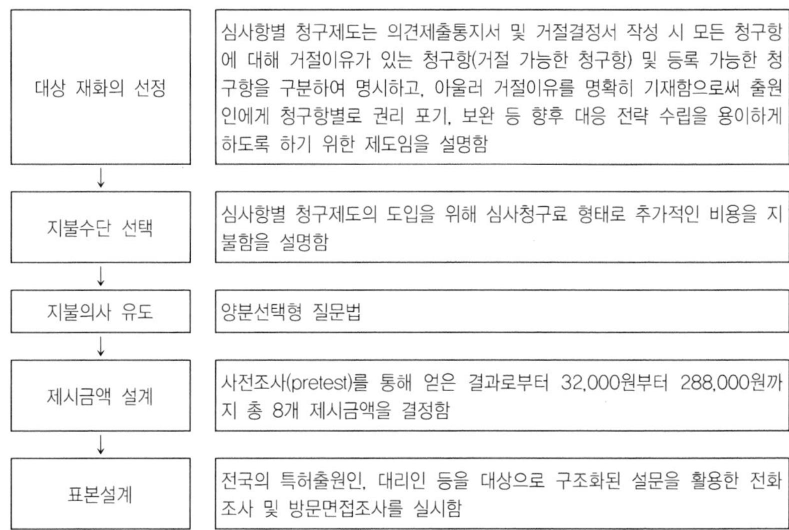

〈그림 2-16〉 조건부 가치 측정법의 설계 절차도

청구항별 심사제도의 내용을 구체적으로 설명하였으며, 청구항별 심사제도로부터 오는 편익 등을 제시하였고, 마지막으로 이러한 제도의 도입을 위해 지불할 의사가 있는 액수를 추가적인 심사청구료 형태로 질문하였다. 답변의 편의를 위해 사전조사(pretest)를 통해 얻은 32,000원부터 288,000원까지 총 8개 제시금액을 결정하여, 양분선택형 질문법으로 설문조사를 실시하였다.

청구항별 심사제도의 지불의사금액 함수의 설정

양분선택형 질문법을 사용하여 지불의사를 유도하였다. 이중경계 양분선택형 질문법은 모집단에서 무작위로 추출된 표본의 응답자에게 미리 정해진 특정금액을 기꺼이 낼 의사가 있는지 없는지를 물어

보는 형태를 취한다. 특히 이중경계 양분선택형 질문법은 첫 번째 제시금액에 대한 응답이 '예'이면 이보다 큰 금액을 제시하고, '아니요'이면 이보다 작은 금액을 제시하여 한번 더 응답을 요하는 방식이다.

6.3. 분석 결과

지불의사금액 추정 결과

지불의사금액 함수를 설정하고, 설문조사를 통해 응답자들로부터 구한 자료를 이용하여 실제 지불의사금액을 추정한 결과는 다음 <표 2-12>와 같다.

<표 2-12> 추정 결과

구분	Coeff.	Std.Err.	t-ratio
CONSTANT	29.324	5.5635	5.27078***
USE	1.07763	0.466477	2.31014***
LBD	−2.54174	0.463341	−5.48567***
loglikelihood			107.7274
평균 WTP			151,930.12672

LBD는 초기제시액의 LOG치임
*** 1%에서 통계저으로 유의미함을 의미함.

분석 결과, *LBD*와 특허서비스 이용 현황(*USE*) 변수가 유의수준 1%에서 유의한 것으로 나타났다. 추정계수의 부호를 살펴보면 높은 금액을 제시할 수록, 특허서비스 이용 횟수가 적을수록 지불의사가 있는 것으로 나타났다. 청구항별 심사제도 도입에 대한 지불의사금액은 약 151,930원으로 추정되었다.

총편익 및 순편익 추정

기본적으로 편익의 추정은 청구항별 심사제도의 잠재적 수요에 평균 지불의사액을 곱한 금액으로 추정될 수 있다. 앞서 제시된 바와 같이, 지난 16년간의 현황자료를 바탕으로 향후 청구항별 심사제도의 잠재적 수요는 최소, 최대 2가지 대안으로 구분하여 산출하였다. 이러한 수요에 1인당 지불의사금액 약 151,930원을 적용하여 2026년까지의 편익을 추정하였다. 추정 결과는 다음과 같다.

〈표 2-13〉 연도별 청구항별 심사제도의 편익

(단위: 백만 원)

연도	총편익	
	최소	최대
2007	287,749	575,499
2008	327,930	655,861
2009	373,722	747,444
2010	425,908	851,817
2011	485,381	970,763
2012	553,160	1,106,321
2013	630,405	1,260,809
2014	718,433	1,436,866
2015	818,755	1,637,511
2016	933,086	1,866,171
2017	1,063,382	2,126,765
2018	1,211,873	2,423,745
2019	1,381,098	2,762,197
2020	1,573,954	3,147,908
2021	1,793,740	3,587,481

연도	총편익	
	최소	최대
2022	2,044,218	4,088,436
2023	2,329,673	4,659,347
2024	2,654,987	5,309,975
2025	3,025,730	6,051,460
2026	3,448,242	6,896,483

7. 사회복지서비스의 가치 측정: 장애인 콜택시의 적정요금 도출

7.1. 일반 배경

사회복지서비스는 정부가 공급하는 대표적인 공공재의 하나이다. 공공재는 소비의 비경합성과 비배제성이라는 특성으로 인해 민간부문에서 공급하게 되면 비효율이 발생하게 된다. 이에 따라 사회복지서비스의 공급 또한 정부가 담당하고 있다. 그러나 정부가 사회복지서비스를 어떤 수준으로 공급하는 것이 효율적인가에 대해서는 여전히 논란의 여지가 남아 있다. 특히 최근 사회복지서비스 공급이 최저한의 삶을 보장하는 수준에서 다양한 복지 욕구를 충족시키는 수준으로 확대되면서, 제한된 복지 재원하의 효율적인 공급 수준과 함께 이용자 부담 적정 요금에 대한 논의가 계속되고 있다.

일반적으로 사적재는 시장수요곡선과 공급곡선이 교차하는 선에서 그 가격과 생산량이 결정되고, 그 수준에서 재화가 생산·공급되어야 효율적인 배분이 이루어진다. 이러한 조건은 공공재의 경우에도 마찬가지이다. 따라서 사회복지서비스의 효율적인 공급 수준을 파악하기 위해서는 사회복지서비스와 관련된 수요곡선과 공급곡선을 우선적으로 도출하여야 한다. 그러나 주지하다시피 사회복지서비스 등 공공재를 위한 시장은 존재하지 않기 때문에 시장가격도 없으며, 이로 인해 사회복지서비스의 시장수요곡선은 도출하기 어렵다.

이로 인해 특별히 고안된 방법을 통해 사회복지서비스의 수요정보를 파악하여야 한다. 이를 위한 대표적인 방법론인 조건부 가치 측정법은 공공재 등 비시장재화에 대한 가상의 시장을 설정하고 비시장재화의 가상적인 변화, 공급의 확대 혹은 공급의 축소 등에 대한 지불의사금액의 도출을 통해 그 수요를 추정하는 방법이다.

본 연구는 조건부 가치 측정법을 통해 사회복지서비스의 적정 요금을 도출하고자 한다. 사례 분석 대상 정책으로는 장애인 이동권 확대 정책의 일환으로 추진 중인 장애인 콜택시 도입 정책을 선정하고자 한다.

7.2. 분석 과정

장애인 콜택시 제도의 개요

장애인 콜택시 제도는 교통약자의 이동편의를 보장하기 위한 특별교통수단의 하나이다. 여기서 특별교통수단이란 장애인 등 교통약자들이 교통수단을 쉽게 이용할 수 있도록 휠체어리프트 · 슬러브가 설치된 장애인 전용 교통수단을 말한다. 이러한 특별교통수단에는 복지관을 중심으로 운영되는 셔틀버스 및 장애인 콜택시 등이 있다.

〈그림 2-17〉 휠체어리프트 및 휠체어승강설비가 설치된 특별운송수단

장애인 콜택시는 휠체어리프트 등이 장착된 택시로, 장애인이 원하는 장소와 시간에 이용할 수 있다. 물론 이를 이용하기 위해서는 이용 요금을 지불해야 한다. 이용 요금은 장애인 콜택시 제도를 도입하고 있는 지방자치단체마다 상이하나, 대체로 일반 택시 요금의 35~40% 수준에서 책정되고 있다. 서울특별시와 부산광역시에서 운영하고 있는 장애인 콜택시의 운영 개요는 다음과 같다.

〈표 2-14〉 장애인 콜택시 운영 개요

구분	서울특별시	부산광역시
이용 대상	·1·2급 지체 및 뇌병변 장애인 및 기타 휠체어를 이용하는 중증 장애인	·1·2급 지체 및 뇌병변 장애인 및 기타 휠체어를 이용하는 중증 장애인
이용 요금	·기본요금 5km 1,500원 ·추가요금 5km부터 10km까지 km당 300원, 10km 이상 km당 350원 ·일반 택시 요금의 35% 수준	·기본요금 5km 1,800원 ·추가요금 422m, 102초 당 100원
운영 현황	·리프트/휠체어승강설비 장착 9인승 승합차 220대	·리프트/휠체어승강설비 장착 9인승 승합차 80대

본 연구에서 선정한 장애인 콜택시 서비스(특별수송서비스)에 대한 적정 요금을 도출하기 위한 분석 과정을 간략하게 요약하면 다

음과 같다. 지불의사금액을 추정하기 위한 설문지를 작성하고 표본을 설계한다. 이는 대상재화의 선정, 지불수단 선택, 지불의사 유도방법 선택, 제시금액 설계, 설문방법 선택, 표본설계, 함수설정, 분석의 과정을 거치게 된다.

설문지 작성 및 표본 설계

조건부 가치 측정법의 설계 절차는 <그림 2-18>에 도시되어 있으며, 각각의 절차에 대해 본 연구에서 행한 내용을 설명하면 다음과 같다.

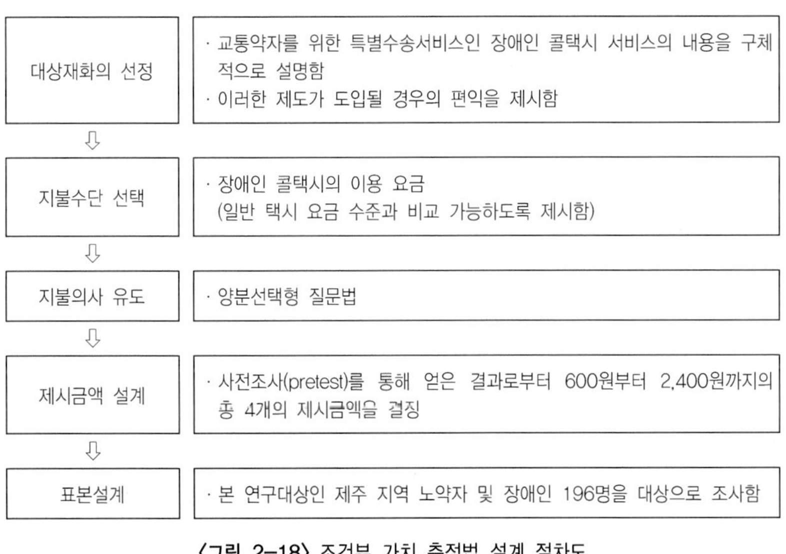

〈그림 2-18〉 조건부 가치 측정법 설계 절차도

○ 대상재화 선정

교통약자 특별수송서비스인 장애인 콜택시 서비스의 내용을 구체적으로 설명하였다. 특히 일반 택시가 아닌 콜택시가 가지는 편리성에 대해서 고려하도록 하였으며, 장애인 콜택시 서비스가 현재 제공되는 서비스가 아니므로 택시 요금이 너무 낮을 경우 제도 도입이 불가능하다는 점을 제시하여 응답자의 전략적 행동을 방지하였다.

○ 지불수단 선택

본 연구의 지불의사 수단은 장애인 콜택시 이용 요금인 택시 요금으로 선정하였으며, 지불의사금액이 여타 소비의 제약을 수반한다는 것도 명시하였다.

○ 지불의사 유도방법 선택 및 제시금액의 설계

지불의사금액 유도방법으로는 이중경계 양분선택형 질문법을 설정하였다. 본 연구에서는 사전조사(pretest)를 시행한 후, 600원부터 2,400원까지 총 4개의 초기 제시금액을 결정하였다.

○ 설문방법 선택

설문방법으로는 일대일 면접조사, 전화조사 그리고 우편조사 등이 있다. 본 연구에서는 비용이 많이 소요된다는 단점이 있지만 충분한 예산을 확보한 후, 응답자가 쉽게 이해할 수 있도록 하기 위하여 일대일 면접조사를 실시하였다.

○ 표본설계 및 조사

연구대상 지역은 제주특별자치도로, 제주시 동지역, 서귀포시 동지역, 읍·면 지역을 구분하고, 각 지역별 인구분포를 고려하여 설문을 실시하였다. 노약자 84명, 시각·청각·지체 장애인 112명의 설문결과를 통해 분석결과를 세분화하였다.

　○ 지불의사금액 함수의 설정

일반적으로 지불의사금액은 응답자들이 처한 환경과 경제적 상황에 의해서 영향을 받을 뿐만 아니라, 개인적 특성이나 선호에 의해 달라진다. 본 연구에서는 장애인 콜택시 도입에 대한 지불의사금액은 응답자들의 교통편에 대한 만족도(SAT), 장애등급(GRD), 외출 시간(TIM), 버스이용 만족도(BUS), 일반 택시 이용 만족도(TAI), 특별교통수단 이용 만족도(SPE)에 의해서 결정되는 것으로 가정한다. 이에 따라 추정 모형식은 다음과 같이 설정할 수 있다.

$$Y = \alpha + \beta_1 SAT + \beta_2 GRD + \beta_3 TIM + \beta_4 BUS \qquad \text{식 (2.23)}$$

$$+ \beta_5 TAI + \beta_6 SPE + \beta_{bid} \ln B$$

$$Y = 1,0$$

모형의 계수를 추정하기 위해서는 우선 우도함수를 설정해야 한다. 본 연구에서는 이중경계 양분선택형 모형을 가정한 우도함수를 설정하였으며, 지불의사금액 함수의 모수는 로짓모형과 프로빗모형을 이용하여 추정하였다.

7.3. 분석 결과

제주 지역 장애인 콜택시 도입의 편익에 근거한 적정 요금 산정을 위해 세부 분석 대상은 노약자와 장애인으로 구분하여 분석결과를 제시하였다. 총 196명의 표본을 사용하였으며, 이들 변수에 대한 기술통계량은 다음 <표 2-15>에 제시되어 있다.

<표 2-15> 독립변수의 기술통계량

구분	Mean	std.Dev	Min	Max	Case
지불의사금액(BID)	1,386.735	708.648	600	2,400	196
상향제시금액(BIDHIGH)	2,773.469	1,417.296	1,200	4,800	196
하향제시금액(BIDLOW)	693.367	354.324	300	1,200	196
장애등급(GRD)	1.546	1.717	0	6	196
외출 시간(TIM)	1.403	0.845	1	5	196
버스 이용 만족도(BUS)	2.357	0.856	1	4	196
일반 택시 이용 만족도(TAI)	2.934	0.778	1	5	196
특별교통수단 이용 만족도(SPE)	2.383	0.940	1	5	196

주) 지불의사금액 단위: 원
장애등급(0: 없음, 1: 1등급, 2: 2등급, 3: 3등급~6: 6등급)
외출 시간(1: 30분 이하, 2: 30분 이상 1시간 미만, 3: 1시간 이상 1시간 30분 미만, 4: 1시간 30분 이상 2시간
　　　미만, 5: 2시간 이상)
만족도(1: 매우 불만족, 2: 불만족, 3: 보통, 4: 만족, 5: 매우만족)

최대우도추정법을 이용하여 이중경계 양분선택형 모형을 추정한 결과는 다음 <표 2-16>와 같다. 전체 응답자를 대상으로 한 추정결과를 살펴보면 LBD(제시금액의 LOG치)와 외출 시간(TIM), 특별교통수단 이용만족도(SPE) 변수는 유의수준 1%에서, 택시 이용 만족도(TAI) 변수는 유의수준 10%에서 통계적으로 유의한 것으로 나타났다.

추정계수의 부호를 살펴보면 높은 금액을 제시할수록 지불의사가 없는 것으로 분석된 반면, 외출 시간이 길수록, 일반 택시와 특

별교통수단에 대한 만족도가 높을수록 지불의사가 있는 것으로 분석되었다. 일반 택시와 특별교통수단에 대한 만족도가 높을수록 지불의사가 높은 것은 일반 택시와 특별교통수단이 제공하는 door to door 서비스에 대한 만족도가 높기 때문인 것으로 판단된다. 평균 지불의사금액은 로짓모형보다 프로빗모형의 경우가 약간 높은 것으로 분석되었는데, 로짓모형은 1,608.26원, 프로빗모형은 1,860.82원으로 나타났다.

<표 2-16> 종합 분석 결과

구분	로짓모형		프로빗 모형	
	추정계수	t-ratio	추정계수	t-ratio
CONSTANT	13.956	10.010***	7.934	11.126***
LBD	−2.428	−11.668***	−1.394	−13.919***
TIM	0.702	4.457***	0.389	4.529***
TAI	0.354	1.821*	0.234	1.950*
SPE	0.598	3.852***	0.344	3.841***
loglikelihood	−99.956		−99.781	
평균 WTP	1,608.26		1,860.82	

주: LBD는 초기 제시액의 LOG치임
***, * 는 1%, 10%에서 통계적으로 유의미함을 의미함

도출된 지불의사금액 함수를 그래프로 표현하면 다음 <그림 2-19>과 같다.

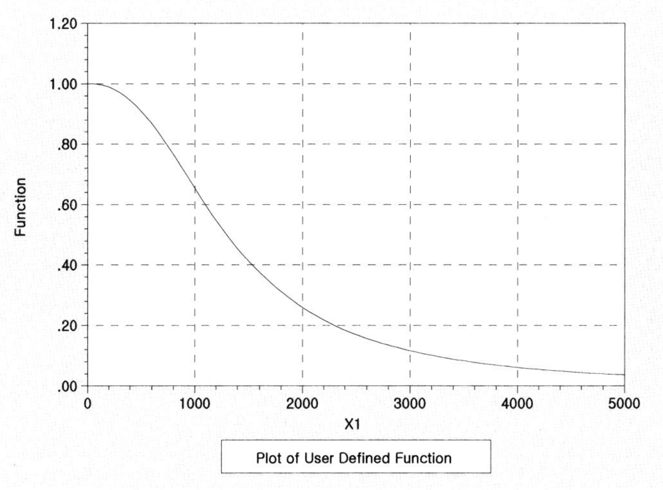

a: 종합분석 결과(로짓모형)

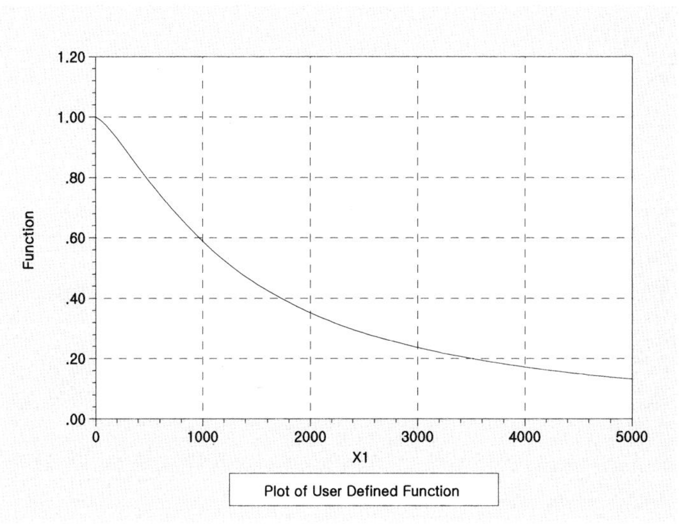

b: 종합분석 결과(프로빗모형)

〈그림 2-19〉 종합 분석 결과

노약자를 대상으로 한 추정 결과를 살펴보면 LBD(제시금액의 LOG치)와 특별교통수단 만족도(SPE) 변수가 유의수준 1%에서, 택시 이용 만족도(TAI) 변수는 유의수준 5%에서 통계적으로 유의한 것으로 나타났다. 외출 시간(TIM) 변수는 로짓모형의 경우 유의수준 10%에서, 프로빗모형의 경우 유의수준 15%에서 통계적으로 유의한 것으로 나타났다.

추정계수의 부호를 살펴보면 높은 금액을 제시할수록 지불의사가 없는 것으로 분석된 반면, 외출 시간이 길수록, 일반 택시와 특별교통수단에 대한 만족도가 높을수록 지불의사가 있는 것으로 분석되었다. 평균 지불의사금액은 로짓모형보다 프로빗모형의 경우가 약간 높은 것으로 분석되었는데, 로짓모형에서는 1,480.69원, 프로빗모형에서는 1,727.14원으로 나타났다.

<표 2-17> 노약자 추정결과

구분	로짓모형		프로빗 모형	
	추정계수	t-ratio	추정계수	t-ratio
CONSTANT	16.191	5.760****	8.930	6.604****
LBD	−3.101	−7.036****	−1.751	−8.461****
TIM	0.707	1.804**	0.364	1.623*
TAI	0.767	2.252***	0.471	2.437***
SPE	1.123	3.172****	0.690	3.107****
loglikelihood	−33.301		−32.973	
평균 WTP	1,480.69		1,727.14	

주: LBD는 초기 제시액의 LOG치임
****, ***, **, *는 1%, 5%, 10%, 15%에서 통계적으로 유의미함을 의미함

도출된 지불의사금액 함수를 그래프로 표현하면 다음 <그림

2-20>과 같다.

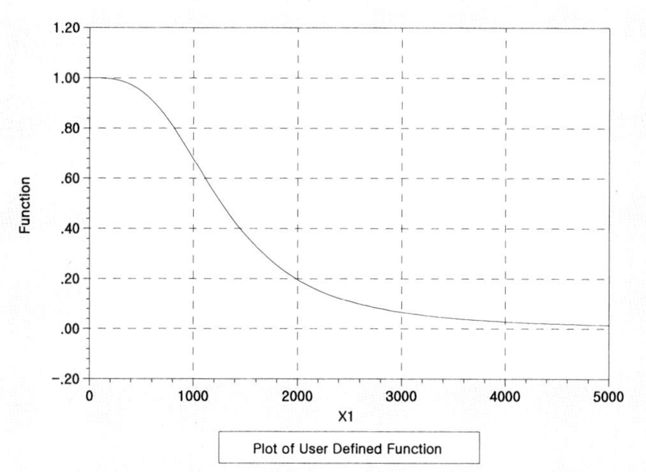

a: 노인 분석 결과(로짓모형)

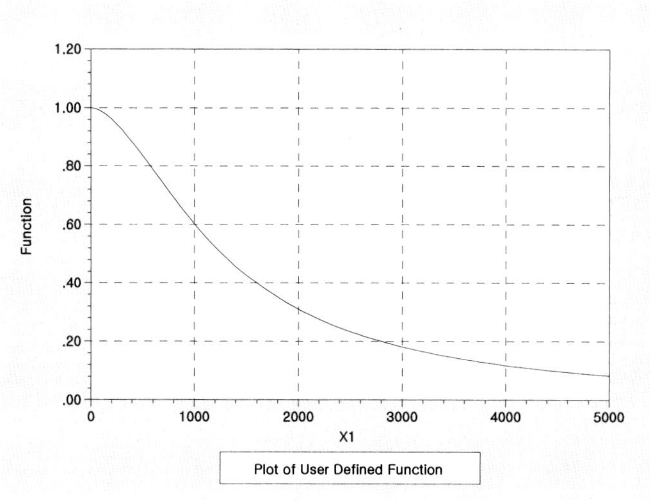

b: 노인 분석 결과(프로빗모형)

〈그림 2-20〉 노인 분석 결과

장애인을 대상으로 한 추정 결과를 살펴보면, LBD(제시금액의 LOG치)와 장애등급(GRD), 외출 시간(TIM) 변수는 유의수준 1%에서 통계적으로 유의한 것으로 나타났다. 특별교통수단 만족도(SPE) 변수는 로짓모형의 경우 유의수준 15%에서, 프로빗모형의 경우 유의수준 10%에서 통계적으로 유의한 것으로 나타났다.

추정계수의 부호를 살펴보면 높은 금액을 제시할수록 지불의사가 없는 것으로 분석된 반면, 외출 시간이 길수록, 장애등급 수준이 높을수록, 특별교통수단에 대한 만족도가 높을수록 지불의사가 있는 것으로 분석되었다. 평균 지불의사금액은 로짓모형보다 프로빗모형의 경우가 약간 높은 것으로 분석되었는데, 로짓모형에서는 1,615.55원, 프로빗모형에서는 1,859.10원으로 나타났다.

〈표 2-18〉 장애인 추정결과

구분	로짓모형		프로빗 모형	
	추정계수	t-ratio	추정계수	t-ratio
CONSTANT	15.843	8.149[***]	9.285	9.357[***]
LBD	−2.254	−8.818[***]	−1.314	−10.172[***]
GRD	−0.480	−2.960[***]	−0.297	−3.187[***]
TIM	0.565	3.011[***]	0.303	2.798[***]
SPE	0.284	1.578[*]	0.175	1.656[**]
loglikelihood	−61.919		−61.714	
평균 WTP	1,615.55		1,859.10	

주: LBD는 초기 제시액의 LOG치임
[***], [**], [*] 는 1%, 10%, 15%에서 통계적으로 유의미함을 의미함

도출된 지불의사금액 함수를 그래프로 표현하면 다음 <그림 2-21>과 같다.

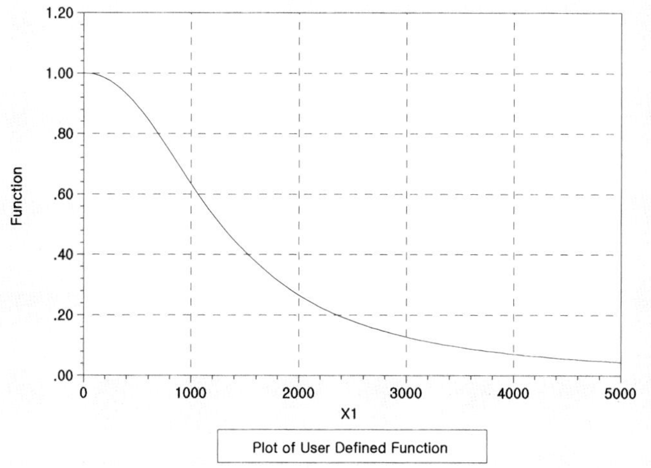

a: 장애인 분석 결과(로짓모형)

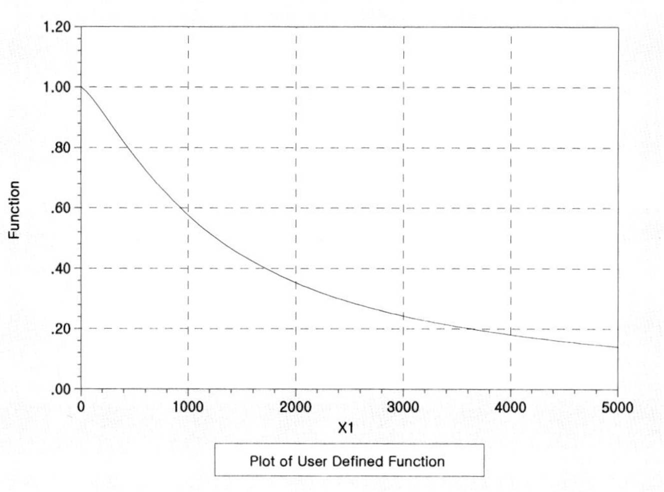

b: 장애인 분석 결과(프로빗모형)

〈그림 2-21〉 장애인 분석 결과

분석된 평균 지불의사금액을 종합하여 제시하면 다음 <표 2-19>
와 같다. 대체로 노약자가 장애인에 비해 평균 지불의사금액이 상
대적으로 낮은 것으로 분석되었다. 로짓모형의 경우 일반 택시 요
금(2km당 1,800원 기준)의 약 82.3∼89.8% 수준인 1,480원∼1,615
원이 평균 지불의사금액으로 분석되었다. 프로빗모형의 경우 일반
택시 요금의 96.0%∼103.4% 수준인 1,727원∼1,860원이 평균 지
불의사금액으로 분석되었다.

<표 2-19> 평균 지불의사금액 산출내역

(단위: 원, 2km당)

구분	로짓모형	프로빗모형
일반 택시 요금	1,800	1,800
노약자의 평균 WTP	1,480	1,727
장애인의 평균 WTP	1,615	1,859
종합 분석 결과 평균 WTP	1,608	1,860

장애인 콜택시 제도의 적정 요금을 산정하기 위해서는 분석된
지불의사금액과 제도 운영을 위한 초기 투자비용 및 운영비용 등
이 종합적으로 고려되어야 한다. 정책 시행에 필요한 비용 규모의
고려 없이 이용 요금이 산정된나면 정책 시행 자체가 불투명하기
때문이다. 따라서 장애인·노약자 콜택시의 사업비 규모가 도출된
이후 구체적인 적정 요금을 산정할 필요가 있다. 한편 분석된 평균
지불의사금액인 1,608원∼1,860원(종합분석 기준)은 약 30%∼40%
의 이용 수준을 의미한다. 이용 요금이 낮아질수록 이용 확률은 높
아지는 반면, 이용 요금이 높아질수록 이용 확률은 낮아진다. 따라

서 적정요금은 정책적으로 장애인 콜택시 이용 확률을 어느 정도로 설정할 것인가를 고려하여 산정할 필요가 있다. 이를 위해 추정된 지불의사금액 함수를 토대로 장애인 콜택시 목표 이용 확률별 지불의사금액을 추정하였다. 이용 목표를 50%로 설정할 경우 지불의사금액은 1,298원, 80%로 설정할 경우 734원으로 분석되었다. 즉 정책적으로 장애인 및 노약자의 이동편의 제공 범위에 따라 이용 요금 수준을 조정할 수 있다.

<표 2-20> 목표 이용 확률별 평균지불의사금액(로짓모형)

(단위: 원)

구분	평균	30%	50%	80%
평균 WTP	1,608	1,841	1,298	734

제3장 정책의 비용 편익 분석

Q 1. 정책의 효율성은 어떻게 판단하는가?

▌ 비용 편익 분석을 통해서. 정책은 집행되는 과정에서 많은 자원을 사회계층 간 그리고 공간적으로 이동시킨다. 이에 따라 정책은 사회 내 어느 구성원에게는 편익을 제공하여 그들의 후생 수준을 향상시키는 반면, 다른 구성원에게는 비용을 발생시켜 그들의 후생 수준을 감소시킨다. 이때 정책의 시행으로 인해 편익을 얻게 되는 자의 후생 증가분이 비용을 부담하게 되는 자의 후생 감소분보다 크다면 이 정책은 효율적이라고 할 수 있다. 이처럼 정책의 효율성은 얻은 자의 얻은 가치와 잃은 자의 잃은 가치를 측정하여 비교함으로써 평가할 수 있다. 이와 같이 정책으로 인해 얻은 자의 얻은 가치와 잃은 자의 잃은 가치를 일련의 합리적 과정을 통해 측정하고, 이를 사전에 비교·분석하는 것이 정책의 비용 편익 분석이다.

Q 2. 정책의 효율성 분석 과정에서 공공재의 가치를 측정해야 하는 이유는 무엇인가?

▌ 일반적으로 정책의 비용은 건설비, 토지비, 인건비, 자재비 등과 같이 금전적 가치로 나타나나, 편익인 공공재 또는 공공서비스의 가치는 '환경이 좋아졌다', '쾌적해졌다' 등과 같이 개인의 주관적인 평가로 나타난다. 따라서 정책의 비용과 편익을 비교·분석하기 위해서는 공공재에 대한 개인의 주관적인 평가를 금전적인 가치로 평가하여야 한다.

1. 비용 편익 분석의 이해

1.1. 정책의 효율성

정책(policy)의 사전적 의미는 '정치적 목적을 실현하기 위한 방책'이며, 일반적으로 '정부의 의사결정과 그의 결과적인 사업이나 산물'로 정의된다. 우리의 생활은 이러한 정책과 밀접하게 연관되어 있다. 일례로 우리는 정부의 조세정책에 의해 결정된 세금을 납부하며, 정부의 사회복지정책에 의해 의료보험 등의 공공의료서비스를 제공받는다. 즉 정책은 집행되는 과정에서 많은 자원을 사회계층 간 그리고 공간적으로 이동시킨다. 이러한 기능에 의해 정책은 자원을 재배분하는 수단이라고 일컬어진다.

정책에 의해 기존의 자원배분이 변화될 때 사회 내에서는 어떤 일이 발생하는가? 예를 들어 정부가 각 마을마다 공원을 건설하는 정책의 소요비용을 충당하기 위해 취득세의 세율 인상을 추진한다고 하자. 이 경우 정책의 시행으로 부동산·자동차 등을 취득하는 사람은 세금을 더 많이 납부해야 하기 때문에 후생이 감소하게 되고, 건설된 공원을 이용하는 사람은 무료로 휴양 등을 즐길 기회가 확대되기 때문에 후생이 증가하게 된다. 즉 정책은 사회 내 어느 구성원에게는 편익을 제공하여 그들의 후생 수준을 향상시키는 반면, 다른 구성원에게는 비용을 발생시켜 그들의 후생 수준을 감소시킨다.

이때 정책의 시행으로 인해 편익을 얻게 되는 자의 후생 증가분보다 비용을 부담하게 되는 자의 후생 감소분이 크다면 이 정책은 바람직한 정책이라고 할 수 있는가? 사회 전체적으로 볼 때 정책 시행으로 인해 후생 감소분이 크다면 그 정책은 바람직한 정책이라고 할 수 없을 것이다. 이는 앞서 살펴본 '파레토 개선(pareto-improvement)' 개념으로 설명할 수 있다.

파레토 개선이란 자원의 재배분으로 인해 후생 감소를 경험하는 사람 없이 적어도 한 사람의 후생이 증가되어 사회 전체의 후생이 향상되는 것을 의미한다. 다음 사례를 통해 정책의 효율성에 대해서 구체적으로 이해해 보자. A, B, C 세 사람이 살고 있는 마을이 있다. A, B, C는 마을에 공원을 조성하고자 한다. 다음 <표 3-1>은 공원으로부터 얻는 A, B, C의 편익과 비용을 나타내고 있다.

〈표 3-1〉 공원에 대한 주민들의 편익

구분	비용	편익		
		'가' 지점	'나' 지점	'다' 지점
A	200	400	600	0
B	200	300	400	100
C	200	200	0	400

각자가 얻는 공원에 대한 편익은 조성되는 공원의 입지 등에 따

라서 달라진다. 예를 들어 '가'지점에 공원을 조성하게 되면 A는 400원, B는 300원, C는 200원의 편익이 발생한다.

어느 지점에 공원을 조성하면 파레토 개선, 즉 후생 감소를 경험하는 사람 없이 적어도 한 사람의 후생 수준이 증가되어 사회 전체의 후생이 향상될 것인가? '나' 지점의 경우는 C가, 그리고 '다' 지점의 경우는 A와 B가 각자 부담한 비용보다 편익이 적기 때문에, 즉 후생 감소가 발생하기 때문에 파레토 개선이 이루어지지 않는다. 후생 감소를 경험하는 사람이 없는 경우는 '가' 지점뿐이다.

그러나 현실에서는 정책으로 인해 파레토 개선이 일어나는 경우, 다시 말해서 한 사람도 후생 감소가 발생하지 않는 경우는 거의 발생하지 않는다. 일반적으로는 계획이나 정책으로 인한 자원 재배분 과정에서 잃는 자가 발생하기 마련이다. 따라서 이러한 일반적인 현상에 대해서는 파레토 개선의 개념은 적용할 수 없고, 새로운 개념이 필요하다. 잠재적 파레토 개선(potential pareto improvement)이 바로 그것이다. 잠재적 파레토 개선은 정책으로 인한 자원 재배분의 결과, 얻는 자의 후생 향상이 잃는 자의 후생 감소를 상쇄하고도 남음이 있는 경우를 의미한다. 위의 사례에서 '나' 지점에 공원을 조성하는 경우를 생각해 보자. 얻는 자인 A와 B의 후생 향상분 600원(A: 400원, B: 200원)은 잃은 자인 C의 후생 감소분 200원을 상쇄하고도 400원이 남는다. 따라서 '나' 지점에 공원을 조성하면 잠재적 파레토 개선이 이루어진다.

'나' 지점에 공원을 조성하는 계획은 바람직한가? 정책은 사회후생 수준을 향상시킬 때만이 진정한 공공정책으로써 가치를 갖는다고 할 수 있다. 잠재적 파레토 개선이 이루어졌다면 이는 전체적으로 사회후생 수준이 향상되었다고 할 수 있고, 이러한 정책은 사회적으로 의미가 있으며 바람직하다고 평가할 수 있다. 반대로 '다' 지점에 공원을 조성하는 경우처럼, 얻은 자의 후생 증가가 잃은 자의 후생 감소를 상쇄시키지 못한다면, 이는 계획이나 정책으로 인해 자원이 오히려 비효율적으로 활용되었다는 의미이며, 그 결과 사회 전체의 후생 수준은 떨어졌다고 할 수 있다.

정리하자면 정책의 효율성은 얻은 자의 얻은 가치와 잃은 자의 잃은 가치를 측정하여 비교함으로써 평가할 수 있다. 이와 같이 정책으로 인해 얻은 자의 얻은 가치와 잃은 자의 잃은 가치를 일련의 합리적 과정을 통해 측정하고, 사전에 그 정책을 평가하는 것이 바로 정책의 비용 편익 분석이다.

1.2. 비용 편익 분석의 개념

앞서 언급하였듯이 정책은 자원을 재분배함으로써 사회후생에 변화를 발생시킨다. 또한 사회후생이 증가하는, 즉 정책으로 인한 사회후생 증가분이 사회후생 감소분보다 많은 상태를 만드는 것이 바람직한 정책이다. 그렇다면 정책은 그 시행에 앞서 사회후생이 어떻게 변화될 것인지에 대해서 분석하고 평가되어야 한다. 이것이 바로 비용 편익 분석이다.

비용 편익 분석은 용어 자체가 나타내는 것처럼 어떤 사업을 시행함으로써 발생하는 편익과 비용을 비교·분석하여 그 사업에 대한 평가를 내리는 분석기법이다. 일반적으로 비용 편익 분석은 민간부문과 공공부문에서 모두 이용되고 있다. 민간부문의 경우 이윤 창출을 목표로 사업으로부터 창출되는 수입(편익)과 사업을 수행하는 데 드는 경비(비용)의 차이를 분석하여 사업 수행 여부를 결정한다. 민간부문의 거래는 대부분 시장에서 이루어지기 때문에 민간부문에서의 비용 편익 분석은 비교적 간단하게 이루어진다. 예를 들어 새로운 상품 A의 생산에 투자되는 경비(비용)는 A를 생산하기 위한 기계설비의 시장가격과 시장이자율에 의해서 계산되고, 수입(편익)은 상품 A가 시장에서 판매될 때의 수입으로 계산된다. 그리고 기업은 이러한 경비(비용)와 수입(편익)을 비교하여 투자 여부를 결정하게 된다.

정부가 수행하는 정책에 대한 비용 편익 분석 또한 민간부문의 비용 편익 분석과 원리적인 측면에서는 크게 다르지 않다. 정책으로 인해 발생하는 편익과 비용을 비교·분석하면 된다. 그러나 정책의 비용 편익 분석은 정책이 지니고 있는 특성으로 인해 민간부분의 비용 편익 분석에 비해 훨씬 복잡하다. 그 이유는 공공사업의 편익과 비용의 기준이 되는 사회후생 측정상의 문제, 사회적 할인율 선택상의 문제 등과 관련이 있다.

첫째, 특정한 사업이 사회후생에 미치는 효과는 그 사업의 사회적 편익과 사회적 비용에 의하여 결정되는바, 이를 찾아내어 수치화하는 것이 그리 간단하지 않다. 다시 말해서 사회적 편익과 사회적 비용의 차이인 사회적 순편익이 클수록 사회후생은 증가하나, 이를 비교 가능한 화폐가치로 환산하는 것은 쉽지 않은 일이다.

예를 들어 도로 건설에 대한 비용 편익 분석을 살펴보자. 도로 건설이 주는 편익은 교통 체증 감소로 인한 시간의 절약, 교통사고의 감소 등이 있을 것이다. 도로 건설로 인한 비용에는 건설비용, 토지 수용에 따른 주민의 피해, 생태계의 파괴 등이 있을 것이다. 편익과 비용의 비교를 위해서는 이들 편익, 비용 항목을 구체적인 화폐가치로 나타내야 하는바 건설비용 등 시장가격을 이용할 수 있는 항목도 있으나 생태계의 가치 등과 같이 시장가격이 존재하지 않는 항목도 있다. 물론 앞 장에서 살펴본 바와 같이 비시장재의 가치 측정 방법론을 이용하여 이러한 항목의 화폐가치를 도출하기도 하나, 그 과정이 복잡하며 모든 항목에 대해서 그 가치를 측정할 수 있는 것은 아니다.

또한 시장가격이 사회적 편익이나 비용을 정확히 반영하는지도 검토해야 한다. 예를 들어 어떤 사업의 수행에 필요로 하는 중간재를 독점시장에서 구입하였다면, 시장가격을 토대로 도출된 비용은 사회적 비용보다 높게 산출된다. 왜냐하면 독점시장에서의 균형가격은 한계비용보다 높기 때문이다. 이러한 경우에 우리는 시장가격 대신에 사회적 편익이나 비용을 올바르게 반영하는 가격을 도출할 필요가 있다. 이에 관해서는 본 장 제3절에서 자세하게 다룰 예정이다.

둘째, 대부분의 공공부문의 사업은 장기간에 걸쳐 편익과 비용을 발생시키며 그 발생시점이 대체로 서로 일치하지 않는바, 미래의 편익과 비용을 현재가치화하기 위한 사회적 할인율을 적용하기가 쉽지 않다. 미래에 예상되는 비용과 편익은 적절한 비율로 할인되어 현재가치로 바뀌어야 일관성 있는 평가가 가능하게 된다. 이와 같은 할인의 과정에 적용되는 비율을 할인율(discount rate)이라고 하는데, 이는 투자계획에 사용되는 자금의 기간당 기회비용과 일치하도록 선택된다. 일반적으로 민간부문에서는 사업에 필요한 자금을 빌려다 쓸 때 지불해야 하는 이자율을 기회비용으로 보아 사용한다. 그러나 공공부문 사업에서는 사회적인 관점에서 평가된 기간 당 기회비용이 할인율 산출의 기준이 되어야 하므로 사회적 할인율을 따로 도출해 내야 한다. 이에 대해서는 본 장 제4절에서 자세하게 다룰 예정이다.

즉 효율적인 정책의 집행을 위해서는 사전에 비용 편익 분석이 필수적으로 이루어져야 하며, 보다 정교한 비용 편익 분석을 위해서는 분석에 필요한 다양한 기법들을 구체적으로 살펴볼 필요가 있다. 본 장은 비용 편익 분석의 기본 과정을 토대로 분석 기법을 구체적으로 살펴보고자 한다.

▧ 정책의 효율성은 얻은 자의 얻은 가치와 잃은 자의 잃은 가치를 측정하여 비교함으로써 평가할 수 있으며, 이러한 과정을 정책의 비용 편익 분석이라 한다.

▧ 정책은 자원을 재분배하여 사회후생의 변화를 발생시키므로 효율적인 정책 집행을 위해서는 사전에 비용 편익 분석이 필수적으로 이루어져야 한다.

▧ 비용 편익 분석은 정책의 편익과 비용의 기준이 되는 사회후생 측정상의 문제, 사회적 할인율 선택상의 문제 등을 고려하여 신중하게 수행되어야 한다.

2. 비용 편익 분석 과정

　정책의 비용 편익 분석 과정은 분석의 대상이 되는 정책을 정의하는 단계, 세부적인 분석 체계를 수립하는 단계, 분석에 필요한 자료를 수집하는 단계, 수집된 자료를 토대로 분석을 실시하는 단계, 그리고 마지막으로 분석 결과를 바탕으로 최종 대안을 결정하는 단계로 이루어진다. 대부분의 비용 편익 분석은 이러한 과정을 거치게 된다. 비용 편익 분석의 주요과정과 각 과정에서 다루어지는 주요내용을 제시하면 다음 <그림 3-1>과 같다.

　여기에서는 비용 편익 분석 과정을 구체적으로 설명하고자 한다. 아울러 비용 편익 분석 과정에 대한 구체적인 이해를 위해 「청계천 복원 사업」의 비용 편익 분석 과정을 각 단계별로 구분하여 제시하고자 한다.

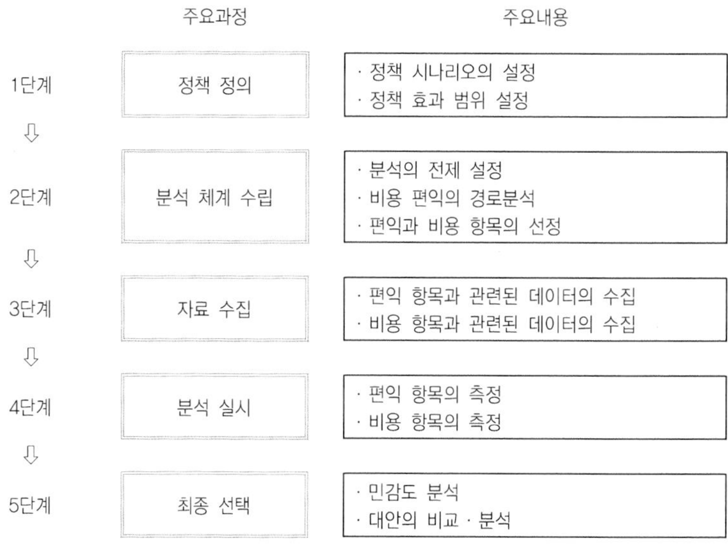

〈그림 3-1〉 비용 편익 분석 과정

1단계: 정책 정의 단계

제1단계는 정책을 정의하는 단계로 공공사업에 대한 기본적인 내용과 분석방향이 제시된다. 공공사업의 진행 과정에 대한 정책 시나리오를 작성하는바, 공공사업에 투입되는 자원과 이러한 자원의 이용으로 나타나는 성과는 무엇인지를 구체적으로 제시한다. 「청계천 복원 사업」의 정책 시나리오를 예를 들어 설명하면 다음과 같다.[17]

「청계천 복원 사업」의 정책 시나리오는 사업에 필요한 자원(투입)과 사업에 따른 효과(산출)를 사업 집행 전에 구체적으로 제시하는 것을 의미한다. '투입' 부문은 복원 사업에 투입되는 자원인 기

---

17) 「청계천 복원 사업」의 비용 편익 분석은 이영성 · 황기연(2004)의 연구 및 서울특별시(2006)의 분석결과를 이용한다.

존 청계고가 및 복개도로의 철거비용, 철거 이후 하천 조성에 필요
한 자재비용, 노동 및 청계천 건설과 관련된 보상비용 등이 제시된
다. '산출' 부문은 복원된 청계천으로 인한 환경 개선 효과, 청계
고가도로 철거로 발생하는 교통 혼잡, 주변 상권의 변화, 복원 후
청계천 유지·보수에 필요한 비용, 그리고 공사 기간 중에 발생하
는 소음·진동 등이 제시된다. 여기서 유의할 것은 정책 집행으로
발생하는 부산물, 즉 공사에 따른 소음·진동 등도 함께 제시된다
는 것이다. 실제 정책의 부산물 자체가 비용과 편익에 더 큰 영향
을 미치는 경우도 있다.

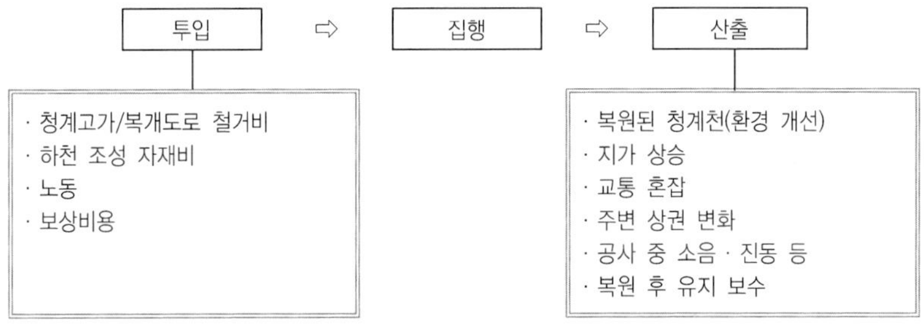

〈그림 3-2〉「청계천 복원 사업」의 정책 시나리오

　정책 정의 단계에서는 정책 효과의 공간적·시간적 범위를 설정
해야 한다. 즉 공공사업의 효과가 어떤 사회 구성원들에게 어떤 영
향을 줄 것인지, 또한 이러한 효과가 언제까지 발생할 것인지를 결
정해야 한다. 구체적으로 공간적 범위란 「청계천 복원 사업」이 서
울 시민들에게만 영향을 미치는 사업인지, 국민 전체에 영향을 미
치는 사업인지를 판단하는 것을 의미한다. 시간적 범위란 청계천
복원으로 인한 환경 개선의 효과가 10년간 지속된다고 볼 것인지,

20년간 지속된다고 볼 것인지를 판단하는 것을 의미한다. 「청계천 복원 사업」의 경우 공간적 범위는 서울특별시로, 시간적 범위는 25년으로 설정하였다. 이러한 정책 효과의 공간적·시간적 범위 설정은 편익 규모를 과소 혹은 과대 추정할 수 있는 여지가 있기 때문에 정책의 성격과 내용을 종합하여 신중히 결정해야 한다.

2단계: 분석 체계 수립 단계

제2단계는 정책의 효과를 측정하기 위한 분석의 체계를 구체적으로 수립하는 단계이다. 분석 체계 수립 단계에서는 먼저 객관적인 분석이 진행될 수 있도록 분석의 기본방향을 설정하는 작업이 선행되어야 한다. 일반적으로 분석의 기본방향에 따라 결과가 상이하게 나타나는 경우가 있으며, 이는 결과적으로 비용 편익 분석 결과에 대한 객관성을 실추시키기 때문에 분석에 앞서 그 전제를 합리적으로 설정하는 것이 중요하다.

청계천 복원 사업의 비용 편익 분석에 있어서 연구자들이 설정한 기본 방향을 살펴보면 다음과 같다. 첫째, 「청계천 복원 사업」의 공사비 등 사업에 필요한 생산요소들은 낭비 없이 효율적으로 투입되는 것으로 가정한다. 즉 공사비에는 시멘트, 모래 등 자재비용, 하천 설계비용, 고용비용 등이 포함되는바, 이러한 생산요소들은 청계천을 가장 효율적으로 복원할 수 있도록 투입된 것으로 가정한다.

둘째, 일반적으로 비용 편익 항목에는 새롭게 투자되는 사업에 의해 유발되는 비용과 편익만을 포함하는바, 기존의 청계고가도로를 건설하여 이용하면서 발생한 편익과 비용은 고려하지 않는다.

즉 청계고가도로 이용에 따른 시간 절약 혹은 그동안 투입된 유지·보수비용 등은 「청계천 복원 사업」의 편익과 비용으로 계상하지 않는다는 것이다.

셋째, 「청계천 복원 사업」이 실행되는 것을 전제로 한 계획안을 토대로 그에 따른 편익과 비용을 분석한다. 청계천의 복원 길이, 재건되는 교량 규모 등에 대한 구체적인 계획안이 도출되지 않은 상황에서는 건설비용 등 청계천 복원으로 인한 편익과 비용 항목을 구체적으로 도출할 수 없기 때문이다.

분석의 기본방향은 정책의 성격 및 내용에 따라 다양하게 제시될 수 있으나, 비용 편익 분석의 논리적 전개과정을 고려하여 분석자가 신중하게 설정해야 한다.

여기서 고려해야 할 사항이 하나 더 있다. 바로 '무투자 대안(do nothing alternative)'이다. 무투자 대안은 정책이 집행되지 않았을 경우의 사회후생이라고 할 수 있다. 우리는 정책이 사회후생을 증가시킬 때만이 정책으로서의 가치를 갖는다는 것을 알고 있다. 이때 정책 시행으로 사회후생을 증가시키는지, 감소시키는지의 기준 근거가 되는 것이 바로 무투자 대안이다. 즉 제시된 정책이 정책으로 선택되어 집행되었을 때 발생하는 사회후생 증가분이 무투자 대안에 의해 발생하는 사회후생 증가분보다 높게 나타나면 그 정책은 사회에 편익을 제공하기 때문에 의미 있는 정책대안으로 볼 수 있다. 「청계천 복원 사업」은 청계천 복원 사업이 시행되지 않을 경우 '청계천고가 유지·보수 공사'를 시행하여야 하기 때문에 이와 비교하여 편익 및 비용 항목을 산정하였다.

분석의 기본 방향이 설정된 이후에는 앞서 설정한 정책 시나리오에 따른 투입과 산출 부문을 편익과 비용의 항목으로 분류하고, 측정 가능성을 검토한 후 분석범위를 결정한다. 결론적으로 「청계천 복원 사업」의 비용과 편익의 세부 항목을 제시하면 다음 <표 3-2>와 같다.

<표 3-2> 「청계천 복원 사업」에 따른 비용과 편익 항목

사회적 비용	사회적 편익

1. 사업비
   – 청계고가/복개도로 철거비용
   – 상하수도/지하매설물 정비비용
   – 자연형 하천 정비비용
   – 교량 건설비, 수표교/광교의 복원비용
 2. 교통 혼잡(차량 지체 시간비용)
 3. 복원 후 유지관리 비용
	1. 고가/복개도로의 유지 · 보수 비용 절감
	 2. 환경 개선으로 인한 편익

앞서 제시한 정책 시나리오와 비교하여 살펴보면 알 수 있듯이 정책 시나리오상 효과가 전부 비용과 편익 항목으로 선정되지는 않았다. 이는 비용과 편익 항목은 몇 가지 기준에 의해 선정되기 때문이다. 이를 구체적으로 설명하면 다음과 같다.

첫째, '이전소득(transfer payment)'은 비용과 편익 항목에 포함하지 않는다. '이전소득'이란 사회 구성원 간의 편익과 비용의 단순 이동에 의한 소득을 말한다. 이러한 맥락에서 「청계천 복원 사업」의 정책 시나리오에서 제시하고 있는 '주변 상권 변화 효과', '보상비용'은 이전소득이라고 볼 수 있다.

주변 상권 변화 효과를 이전소득으로 판단하는 이유는 다음과 같다. 청계천 복원 사업 종료 이후 기존 상권의 변화로 상권이 침체될 수도 있으며, 반면 복원된 청계천을 찾는 인파가 많아져서 상권이 활성화될 수도 있다. 이때 청계천 상권이 침체하면 다른 곳으로 상권이 이동하므로 사회 전체적인 영향은 '0'이 되며, 또한 청계천 상권이 활성화되면 다른 상권은 침체되므로 이 경우의 사회 전체적인 영향도 '0'이 된다. 따라서 주변 상권 변화 효과는 「청계천 복원 사업」으로 인한 편익이나 비용으로 고려하지 않는다.

보상비용은 정부와 주민들 간의 금전적 이동이므로, 사회 전체적인 영향은 '0'이 된다. 따라서 보상비용 또한 이전소득으로 볼 수 있다. 즉 정책으로 인해 어떤 구성원들에게 발생하는 편익 항목(청계천 상권의 활성화, 주민의 보상비 수입)이 다른 구성원들의 비용 항목(다른 상권의 침체, 정부의 보상비 지출)으로 이루지는 것이라면 분석 대상에서 제외된다.

둘째, '이중 계산(double counting)' 여부를 고려하여 비용과 편익 항목을 선정한다. 이중 계산이란 정책의 한 효과가 다른 항목의 이름으로 중복 계산됨으로 인해 정책 효과가 과소 혹은 과대 추정되는 것을 말한다. 이러한 맥락에서 「청계천 복원 사업」의 정책 시나리오에서 제시하고 있는 '지가 상승'을 편익 항목으로 설정할 경우 이는 이중 계산이라고 볼 수 있다.

지가 상승을 이중 계산으로 판단하는 이유는 다음과 같다. 청계천 복원으로 인한 주변의 지가 상승은 환경 개선의 편익이 지가에 반영되어 상승하는 것이다. 따라서 지가 상승을 편익에 포함하면 이는 환경 개선 편익이 두 번 계산되는 결과를 낳는다. 즉 분석자는 정책 시행으로 인해 발생하는 비용과 편익의 인과관계를 논리적으로 판단할 필요가 있다.

이 외에 「청계천 복원 사업」의 정책 시나리오 중 '공사 기간 중의 소음·먼지의 발생으로 인한 환경 악화', '접근성 악화로 인한 주변 상권의 영업 손실'은 복원 사업이 아닌 '청계고가 유지·보수 공사'가 시행되더라도 발생하므로 비용에 포함시키지 않았다.

분석 체계 수립 단계에서 결정해야 하는 중요한 사항이 하나 더 있다. 이는 비용과 편익의 계량화 단계에서 시장가격이 사회적 편익이나 비용을 정확히 반영하는지도 검토해야 한다는 것이다. 재화의 시장가격이 독점시장에서 결정된 것은 아닌지, 왜곡된 가격은 아닌지 등을 검토하고, 시장 가격이 존재하지 않는 경우에는 어떻게 계량화할 것인지 등을 결정해야 한다. 이에 대해서는 제3절에서 구체적으로 다룰 예정이다.

3단계: 자료 수집 단계

제3단계는 분석에 필요한 자료를 수집하는 단계로, 분석의 내용과 범위에 따라 자료의 범위와 자료구조 등을 결정하고, 그에 따라 자료를 수집한다. 비용 편익 분석은 분석 체계에서 설정된 비용과 편익 항목에 따라 다양한 자료가 이용된다. 기존에 발표된 자료를 이용할 것인지, 새롭게 자료를 생산해야 할 것인지를 결정해야 한다. 또한 같은 자료라 하더라도 조사 기관에 따라 다른 경우, 이러한 자료를 어떻게 처리해야 할 것인지 등을 신중하게 결정해야 한다. 「청계천 복원 사업」의 청계고가·복개도로 철거비용 등 사업비, 청계천 복원 후 유지관리비용 및 고가·복개도로의 유지·보수비용은 서울시의 사업 예산 자료를 활용하였다. 그리고 교통혼잡비용 산출을 위하여 청계로 이용 교통량 등의 자료를 수집하였다.

4단계: 분석 실시 단계

제4단계는 앞서 제시한 분석체계와 수집된 자료를 이용하여 정책의 비용과 편익을 분석하고 측정하는 단계이다. 「청계천 복원 사업」의 교통 혼잡 비용과 환경 개선 편익은 시장가격이 존재하지 않기 때문에 특정한 분석 방법을 이용하여 산출되어야 한다.

교통 혼잡 비용은 청계고가도로 관련 시설이 철거되고, 이 외 어떠한 공사나 교통 개선 조치도 없으며, 이러한 현상이 분석 기간 동안 장기에 걸쳐 지속된다고 가정했을 경우의 차량흐름의 지체 등을 비용으로 산출하였다. 구체적으로 청계고가도로 철거에 따른 차량 지체 속도, 차량 통행 시간 및 통행 거리 변화를 측정하여 청계천 복원 이후 소요되는 추가적인 통행 시간 비용 및 차량 운행 비용을 산출하였다.

환경 개선 편익은 제2장에서 살펴본 조건부 가치 측정법을 이용하여 산출하였다. 먼저 가상시장으로는 청계고가도로와 복개로를 걷어 낸 뒤 둔치 및 인공형 하천을 건설하고, 5급수 미만의 수질을 유지하는 상황을 설정하였다. 서울 시민을 대상으로 지불의사금액을 설문·분석하였다. 비용 편익 항목별 구체적인 분석 결과는 다음과 같다.

<표 3-3> 「청계천 복원 사업」의 비용과 편익

구분		금액
사회적 비용	사업비	3,754억 원
	교통 혼잡(차량 지체 시간 비용)	연간 1,528억 원
	복원 후 유지관리 비용	연간 100억 원
사회적 편익	고가/복개도로의 유지·보수 비용 절감	1,000억 원
	환경 개선으로 인한 편익	연간 3,562억 원

5단계: 최종 선택 단계

그리고 마지막 단계는 분석 결과를 바탕으로 정책을 평가하고 결정하는 단계이다. 「청계천 복원 사업」의 편익과 비용을 비교해 보자. 「청계천 복원 사업」으로 인해 편익이 더 많이 발생하는가, 비용이 더 많이 발생하는가. 이를 판단하기 위해 「청계천 복원 사업」의 비용과 편익을 발생하는 연도를 고려하여 제시하여 보자. 분석 기간은 앞서 제시하였듯이 2003년부터 2027년까지 총 25년으로 설정하였으며, 환경 개선 편익은 사업 완료 후 2005년부터, 교통혼잡비용은 2006년부터 발생하는 것으로 설정하였다.

<표 3-4> 「청계천 복원 사업」의 연도별 비용과 편익

	구분	2003	2004	2005	2006	2007	(중략)	2027
	사업비	983.0	1,476.5	1,295.3	0.0	0.0	……	0.0
비용	교통 혼잡비	0.0	0.0	0.0	1,528.5	1,528.5	……	1,528.5
	유지관리비	0.0	0.0	0.0	100.0	100.0	……	100.0
	합계	983	1,476.5	1,295.3	1,628.5	1,628.5	……	1,628.5
편익	청계고가/복개로 유지·보수비 절감	1,000.0	0.0	0.0	0.0	0.0	……	0.0
	환경 개선 편익	0.0	0.0	0.0	3,562.0	3,562.0	……	3,562.0
	합계	1,000	0	0	3,562	3,562	……	3,562

여기서 연도별로 제시된 결과를 단순 비교해서는 정확한 사회적 비용과 편익을 산출하지 못한다. 여기서 유의하여 적용해야 할 개념이 '할인율'이다. 정책의 특성상 비용은 대체로 초기 단계에서 발생하는 반면, 편익은 시간을 두고 장기적으로 발생한다. 따라서 정책의 효과는 시간을 구체적으로 고려하여 분석하여야 한다. 시간

을 고려한다는 것은 시간의 투자가치 즉, 할인율을 고려한다는 것을 의미한다.[18] 「청계천 복원 사업」의 할인율은 7%로 선정하였으며, 이를 적용하여 연도별 비용과 편익을 2003년 기준으로 현재가치화한 결과는 다음과 같다.

<표 3-5> 「청계천 복원 사업」 비용과 편익의 현재가치화

구분		2003	2004	2005	2006	2007	(중략)	2027
비용	사업비	983.0	1,379.9	1,131.4	0.0	0.0	……	0.0
	교통 혼잡비	0.0	0.0	0.0	1,247.7	1,166.1	……	301.3
	유지관리비	0.0	0.0	0.0	81.6	76.3	……	19.7
	합계	983.0	1,379.9	1,131.4	1,329.3	1,242.4	……	321.1
편익	유지 · 보수비 절감	1,000.0	0.0	0.0	0.0	0.0	……	0.0
	환경 개선 편익	0.0	0.0	0.0	2,907.7	2,717.4	……	702.2
	합계	1,000.0	0.0	0.0	2,907.7	2,717.4	……	702.2

비용 편익 분석에서 마지막으로 다루어지는 것이 '민감도 분석'이다. 민감도 분석은 분석 기간, 할인율 등의 변화가 최종 결과에 어떠한 영향을 미치는가를 분석하는 것을 말한다. 앞서 「청계천 복원 사업」의 분석 기간을 25년, 할인율을 7%로 설정하였으나, 이는 시간이나 상황에 따라 다르게 적용될 수 있다. 따라서 분석 기간, 할인율 등의 변화에 따라 분석 결과가 어떻게 변화되는지를 살펴볼 필요가 있다. 이를 민감도 분석이라고 한다.

우선 분석 기간(할인율 7%로 가정)에 따른 비용과 편익의 변화를 구체적으로 제시하면 다음과 같다.

---

18) 이에 대해서는 제4절 비용 편익 분석의 의사결정방법에서 구체적으로 다룰 예정이다.

〈표 3-6〉 분석 기간에 따른 민감도 분석(할인율 7%)

분석 기간	총비용의 현재가치	총편익의 현재가치	편익-비용비
15년	14,791.91	25,711.20	1.7382
20년	17,381.43	31,375.23	1.8051
25년	19,227.72	35,413.61	1.8418
30년	20,544.11	38,292.91	1.8639

할인율(분석 기간 25년 기준)에 따른 비용과 편익의 변화를 구체적으로 제시하면 다음과 같다.

〈표 3-7〉 할인율에 따른 민감도 분석(분석 기간 25년)

할인율	총비용의 현재가치	총편익의 현재가치	편익-비용비
3%	28,100.88	54,508.62	1.9397
5%	23,007.10	43,527.54	1.8919
7%	19,227.72	35,413.61	1.8418
10%	15,201.10	26,821.67	1.7645
20%	8,665.02	13,144.02	1.5169

「청계천 복원 사업」의 비용 편익 분석의 최종 분석 결과를 살펴보자. 여기서 편익이 비용보다 크면 그 정책의 타당성은 인정되나, 반대로 편익이 비용보다 작으면 타당성은 인정되지 못한다.

분석자가 비용편익분석 결과를 비교하여 최종 선택을 하는 데 사용되는 경제성 평가지표에는 '편익-비용비(benefit-cost ratio: 단위비용당 발생된 편익)', '순편익(net benefit: 비용에서 편익을 공제한 양)' 등이 있다.[19] 편익-비용비와 순편익의 결과 해석 방법을 간단히 설명하자면, 편익-비용비가 1보다 큰 정책은 비용에 비해 더 큰

---

19) 이에 대해서는 제4절 비용 편익 분석의 의사결정방법에서 구체적으로 다룰 예정이다.

편익이, 1보다 작은 정책은 비용에 비해 낮은 편익이 발생하는 것을 의미한다. 순편익이 0보다 큰 정책은 비용에 비해 편익이 큰 것을, 0보다 작은 정책은 비용에 비해 편익이 작은 것을 의미한다.

「청계천 복원 사업」의 비용 편익 분석 결과를 살펴보면 편익-비용비는 분석 기간과 할인율에 따라 1.5169~1.9397까지 산출되었다. 이러한 분석 결과로부터 정책결정자는 제시된 대안의 결과에 대한 정확한 이해를 할 수 있으며, 그에 따라 올바른 대안을 정책으로 선택할 수 있다. 결론적으로 「청계천 복원 사업」은 편익-비용비가 1보다 크기 때문에 편익이 비용보다 큰, 즉 사회후생의 증가분이 감소분보다 크다고 할 수 있으며, 따라서 「청계천 복원 사업」의 타당성은 인정된다고 볼 수 있다.

「청계천 복원 사업」의 비용 편익 분석 과정을 요약하여 제시하면 다음과 같다.

1단계 '정책 정의' 단계에서는 「청계천 복원 사업」의 정책 시나리오를 설정하였다. 투입 항목에는 청계고가·복개도로 철거비, 청계천 조성에 필요한 건설비 등의 정책에 투입되는 자원을, 산출 항목에는 환경개선, 주변상권 변화 등의 정책으로 인한 효과를 제시하였다. 「청계천 복원 사업」의 시간적 범위는 25년간, 공간적 범위는 서울시이다.

2단계 '분석 체계 수립' 단계에서는 비용 편익 분석의 전제를 설정하고, 비용 편익의 경로분석을 통해 편익과 비용 항목을 선정하였다. 「청계천 복원 사업」의 비용 항목에는 '사업비', '교통 혼잡 비용', '복원 후 유지관리 비용' 등이 선정되었으며, 편익 항목에는 '고가·복개도로 유지·보수비용 절감', '환경 개선으로 인한 편익'

등이 선정되었다.

3단계 '자료 수집' 단계에서는 사업비 산출에 필요한 서울시의 예산자료, 교통 혼잡 비용 산출에 필요한 청계로 이용 교통량 등의 자료를 수집하였다.

4단계에서는 비용과 편익 항목을 구체적으로 분석하여 화폐가치로 산출하였다. 특히 환경 개선에 따른 편익은 2장에서 제시한 조건부 가치 측정법을 이용하여 분석하였다.

마지막 5단계에서는 청계천 복원 사업의 비용과 편익을 발생 시기 및 발생 기간을 고려하여 연도별로 제시하고, 할인율(7%)을 적용하여 현재가치화하였다. 할인율과 분석 기간 등에 대한 민감도 분석을 실시하였으며, 최종 분석 결과 「청계천 복원 사업」의 편익-비용비가 1.5169~1.9397로 분석되어 「청계천 복원 사업」은 경제적 타당성을 갖는다고 판단되었다.

▧ 비용 편익 분석 과정은 크게 정책 정의, 분석 체계 수립, 자료 수집, 분석 실시, 최종 선택의 5단계로 이루어진다.

▶ 정책의 정의 단계에서는 정책 시나리오 및 정책 효과의 시간적·공간적 범위를 설정한다.

▶ 분석 체계 수립 단계에서는 분석의 기본 방향을 설정하고, 정책 시나리오에 따른 투입과 산출 부문을 편익과 비용으로 항목화하고 항목 평가를 실시한다.

▶ 자료 수집 단계에서는 분석에 필요한 편익 및 비용과 관련된 데이터를 수집한다.

▶ 분석 실시 단계에서는 수집된 데이터를 토대로 편익 항목과 비용 항목을 분석한다.

▶ 최종선택 단계에서는 분석결과를 토대로 순편익, 편익 비용비를 산출하여 정책의 효율성을 판단한다. 또한 민감도 분석을 실시하여 분석 기간, 사회적 할인율의 변화가 분석 결과에 어떠한 영향을 미치는지 파악한다.

청계천 복원 사업의 개요

「청계천 복원 사업」은 복개로인 '청계천로'와 '청계고가로'를 철거하고 기존 청계천을 복원하는, 친환경적인 도심 공원 조성 사업을 말한다. 청계천 복개 공사는 1958년부터 시작되었다. 4년여에 걸쳐 전장 2,358.5m 구간을 완전 복개하였으며, 당시에 투입된 총 공사비는 16억 6,171만 환이었다.

이후 1965년부터 1966년까지 지금의 동대문운동장부터 제2청계교, 즉 지금의 신설동까지 복개되었으며, 복개된 청계천로 위에는 고가도로가 1967년부터 1971년까지 4년에 걸쳐 건설되었다. 청계고가도로가 완성되고, 1977년 12월 신설동에서 마장동 철교까지 복개가 완료됨으로써 1958년 시작된 청계천 복개 사업은 거의 20년 만에 마무리되었다.

이후 청개고가 및 복개도로가 건설된 지 30~40년이 지난 2000년 이후부터 청계고가의 안정성 문제, 주변 건물의 노후화 문제가 제기되기 시작하였다. 이외에도 청계천변은 도심교통 혼잡, 대기오염 및 소음, 도심 쇄락, 역사유적 훼손 등의 문제가 발생하고 있었다. 이를 구체적으로 살펴보면 다음과 같다.

청계천변에는 하루 16.8만 대 이상의 차량이 통행하였으며, 이 중 62.5%는 단순 통과 목적의 통행이었다. 특히 불법주차가 상시화되어 오후 시간에는 1차로 이용 시 평균속도가 시속 6km/h에 불과하여 거의 소통이 불가능한 상황이었다. 이로 인해 대기오염 및 소음 문제가 심각한 수준이었다. 또한 청계천변의 노후화로 인해 강북도심의 경쟁력이 현저히 저하되었다. 강남에 비해 상주인구 및 고용인구가 지속적으로 감소하였으며, 사업체 본사의 수도 강남의 63%에 불과하였다. 그리고 복개 도로에 의해 광교 등이 매립되어 있어, 역사 유적 훼손에 대한 우려 또한 존재하였다.

이러한 배경하에 청계천 복원의 필요성에 대한 의견이 제시되었다. 구체적으로 청계천 복개 도로와 고가도로 철거를 통한 근본적인 안전문제의 해소, 도시 환경 회복을 위한 환경친화적인 도시 공간 조성, 광교·수포교 등의 복원을 통한 청계천 역사와 문화의 원형 회복, 장기적 주변 개발을 통한 강남북의 균형발전 도모 등이 청계천 복원의 필요성으로 언급되었다.

이후 「청계천 복원 사업」은 공론화 과정을 거쳐 시행이 확정되었으며, 청계천 복원 사업을 이끌어 갈 거버넌스 체계로서 청계천 복원 추진본부, 청계천 시민위원회, 청계천 복원지원연구단이 구성되었다.

청계천 복원 사업은 설계비, 공사비, 보상비 등을 포함하여 총 3,844억 원(2005년 준공정산 기준)의 사업비가 투입되어 완성되었다. 청계천 복원 공사의 총사업비는 2003년 계약 기준으로 약 357,692백만 원이었고, 서울시 일반회계 예산으로 충당하였다. 그러나 일련의 사업비 조정과정을 통해 최종 사용된 총사업비 예산은 393,070백만 원이었으며, 최종정산금액은 384,391백만 원이다.

<table> 3-8> 청계천 복원 사업의 총사업비

(단위: 백만 원)

구분		2003년 계약기준	2005년 준공정산 기준	증감	비고
총금액		357,692	384,391	+26,699	
	설계비	2,097	2,097	−	
	공사비	345,063	373,085	+28,022	계약: 331,642
	보상비	2,706	1,236	−1,470	
	감리비	7,226	7,546	+320	
	시설부대비	600	427	−173	

주: 청계천에 건설된 삼일교, 모전교, 광교, 장통교(관철교)의 건설비는 기증을 통해 충당하여, 총사업비에 포함되지 않음

청계천 복원 사업이 순조롭게 진행된 것은 아니다. 인근 지역의 상가주민들은 「청계천 복원 사업」을 강하게 반대하였다. 그 이유는 청계천 복원 공사로 인해 주변 상인들의 영업상의 손실, 먼지·소음·악취 등 생활상의 불편 등이 발생하기 때문이다. 이에 서울시는 이주상가단지 조성, 동대문 풍물시장 조성 등을 통해 주변 상가 상인 및 노점상과의 갈등을 해결하였다.

이러한 노력의 결과로 청계천은 2003년 7월부터 2005년 10월까지, 약 2년 3개월간의 공사 기간을 거쳐 서울시의 친환경 도심 공간으로 재탄생하게 되었다.

<그림 3-3> 복원된 청계천

3. 비용과 편익의 측정

정책 분석이란, 정책의 효과를 비용과 편익으로 구분하여 측정하는 것이다. 이를 보다 정확하게 수행하기 위해서는 비용과 편익의 종류와 그 비용과 편익의 화폐가치를 나타내는 시장가격 등에 대해서 구체적으로 살펴볼 필요가 있다.

3.1. 비용과 편익의 종류

비용과 편익의 종류에는 크게 실물적인 편익과 비용, 금전적인 편익과 비용으로 구분할 수 있다. 또한 실물적인 편익과 비용은 다시 직접적인 것과 간접적인 것, 유형적인 것과 무형적인 것으로 구분할 수 있다.

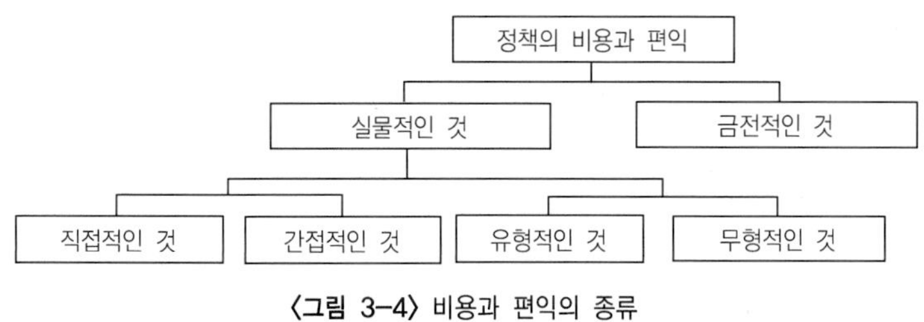

〈그림 3-4〉 비용과 편익의 종류

실물적인 편익과 비용 · 금전적인 편익과 비용

실물적인(real) 편익과 비용은 실제로 사회후생에 영향을 주는 편익과 비용을 의미한다. 예를 들어 청계천이 복원되면 사람들이 개선된 환경을 즐기게 됨으로써 사회 구성원의 효용을 높이게 된다. 따라서 '환경 개선 편익'은 사회후생을 증가시키는 실물적 편익이 된다. 이때 비용 측면에서는 건설비용과 청계고가도로 철거에 따른 교통혼잡비용 등이 실물적 비용이 된다. 건설비용은 청계천을 복원하기 위하여 투입되는 생산요소(자본 · 노동 · 토지 등)의 화폐적 가치를 나타낸다. 각 생산요소가 「청계천 복원 사업」에 투입되지 않으면 다른 부문에 투입되어 사회후생을 높일 수 있기 때문에 비용으로 포함한다. 청계고가도로 철거는 교통 혼잡을 야기하여 사회 구성원의 효용을 감소시키므로 실물적 비용이 된다. 또한 공사 기간 동안 발생하는 소음 공해 등도 실물적인 비용에 포함시켜야 한다.

정책으로 인해 금전적인(pecuniary) 편익과 비용도 발생하는데, 이것은 사업의 결과로 시장의 상대가격이 변할 때 주로 발생한다. 예를 들어 청계천 복원으로 인해 주변 상권이 활성화될 경우 주변 상가의 소유자는 이득을 본다. 그러나 이러한 편익은 실물적인 편익이 아니다. 왜냐하면 주변 상권의 활성화는 타 상권의 침체를 가져오기 때문이다. 또한 지가 상승으로 인한 상가 소유주의 소득 증가는 임대 상인의 소득 감소로 상쇄되기 때문에 실물적인 편익이 아니다. 즉 가격의 변화로 인한 소득 이전은 받은 쪽에게 편익을, 주는 쪽에게 비용을 발생시키지만 사회 전체의 후생에는 영향을 미치지 않으므로 실물적인 편익으로 볼 수 없다. 따라서 금전적인 편익과 비용은 비용 편익 분석에서 제외해야 한다. 이러한 논리에 의해 정책의 비용 편익 분석은 실물적인 편익과 비용을 분석 대상으로 선정한다.

실물적인 편익과 비용: 직접적인 것과 간접적인 것

직접적인 것은 그 정책에서 직접 기대할 수 있는 편익과 비용을 의미하며, 간접적인 것은 공공사업의 부산물이라는 성격을 갖는 편익과 비용을 의미한다. 「청계천 복원 사업」의 경우를 살펴보자. 청계천 복원의 목적은 친환경적인 도시 공간 조성이다. 따라서 환경 개선으로 인한 편익은 청계천 복원 사업의 직접적인 편익이라고 할 수 있다. 이 외에도 「청계천 복원 사업」을 통해 하천 복원 기술을 습득할 수 있는 기회를 제공한다. 이러한 편익은 복원 사업에 의한 직접적인 편익이라기 보다는 부수적인 편익으로, 이는 간접적인 편익에 속한다.

반면에 비용 측면에서 직접적인 비용은 「청계천 복원 사업」을 실행하는 데 지출되는 경비를 의미한다. 즉 청계천 복원 사업에 투입되는 청계고가·복개도로 철거, 하천 정비, 교량 건설에 있어서의 건설비용은 직접적 비용에 속한다. 한편 청계천 복원으로 고가 및 복개도로가 철거됨으로써 발생하는 교통 혼잡에 따른 비용은 간접적인 비용으로 분류될 수 있다. 이 외에 공사로 인한 소음과 진동 등의 환경오염 또한 간접적 비용에 속한다.

실물적인 편익과 비용: 유형적인 것과 무형적인 것

실물적인 편익과 비용은 시장의 존재 여부에 따라 유형적인(tangible) 것과 무형적인(intangible) 것으로 나눌 수 있다. 청계천 복원 사업의 편익에는 고가/복개도로 유지·보수 비용 절감에 따른 편익과 환경 개선에 따른 편익이 있다. 여기서 유지·보수 비용 절감에 따른 편익은 건설비용 등 시장이 존재하기 때문에 유형적인 편익에 속한다. 반면 환경에 대한 시장은 존재하지 않기 때문에 무형적인 편익에 속한다. 비용 측면 또한 시장의 존재 여부에 따라 유형적인 비용과 무형적인 비용으로 분류가 가능하다. 무형적인 편익이나 비용은 시장이 존재하지 않으므로 시장가격에 의한 측정이 불가능하다. 따라서 이를 측정하기 위해서는 측정을 위한 다른 방법을 모색해야 한다는 어려움이 따른다.

3.2. 비용과 편익의 측정

정책의 시행으로 인한 비용과 편익은 매우 다양하다. 이러한 비용과 편익은 그 종류에 따라 시장가격을 가지고 있기도 하나, 그렇지 못한 경우도 존재한다. 청계천 복원을 위해 투입되는 건설자재비 등은 시장가격이 존재하는 반면, 환경 개선으로 인한 편익은 시장가격이 존재하지 않는다. 따라서 환경 개선 편익과 같이 시장가격이 존재하지 않는 경우에는 그 측정을 위해 다른 방법을 모색해야 한다.

또한 시장가격이 존재하는 경우에도 그 시장가격이 언제나 적절한 평가 기준이 되지 않는다. 왜냐하면 시장의 불완전성이나 정부 개입 등의 원인으로 인해 시장가격이 자원의 정확한 기회비용을 반영하지 못할 때가 있기 때문이다. 여기에서는 시장가격이 존재하지 않거나 시장가격이 적절한 평가 기준으로 활용되지 못할 경우, 이에 대한 대안으로 이용 가능한 잠재가격에 대해서 살펴보고자 한다.

시장가격과 잠재가격

시장가격이 정책에 대한 진정한 사회적 가치를 반영한다고 할 때에는 '완전경쟁시장'이라는 중요한 전제조건이 충족되어야 한다. 왜냐하면 완전경쟁시장에서는 시장가격이 자원의 기회비용을 의미하기 때문이다. 즉 완전경쟁시장에서는 상품의 시장가격이 상품생산의 한계비용과 같아진다. 따라서 이때의 시장가격은 소비자가 지불할 의사가 있는 가격이며, 또한 사회적 기회비용을 반영하고 있는 가격이 된다. 그러나 현실의 시장은 대부분 완전경쟁시장이 아니므로 진정한 사회적 가치를 평가하기 위해서는 시장가격을 완전경쟁적인 가격으로 조정해야 하는데, 이를 잠재가격(shadow price)이라고 한다.

즉 잠재가격은 시장가격이 재화의 가치를 정확하게 반영하지 못한다는 인식으로부터 출발한다. 불행하게도 현실에서는 시장가격이 재화의 가치를 정확하게 반영하지 못하는 상황은 상당히 많이 발생한다. 따라서 모든 상황에서의 잠재가격 도출 과정을 살펴보는 것은 불가능하다고 하겠다. 여기에서는 잠재가격을 도출해야 하는 대표적인 3가지 경우, 즉 독점적 시장, 시장은 존재하나 가격이 왜곡되어 있는 경우, 시장이 존재하지 않는 경우의 잠재가격의 도출에 대해서 살펴보고자 한다.

독점적 시장에서의 잠재가격 도출

시장이 독점적일 경우 시장가격은 재화의 가치를 정확히 반영하고 있는가? 일반적으로 독점시장에서의 시장가격은 한계비용보다 높다. 이 경우 시장가격을 공공사업의 비용으로 적용하면 사회적 비용을 과대평가하게 된다. 예를 들어 독점시장에서 생산자가 이윤을 극대화하기 위해서 사회적 비용이 100만 원인 A재화를 120만 원에 판매하고 있다고 하자. 정부가 공공사업 추진에 필요한 A재화 10개 구입에 지불한 1,200만 원에는 독점기업의 이윤 200만 원이 포함된다. 즉 이때 200만 원은 실물적 비용이 아니라 독점기업에게 이전되는 금전적 비용이다. 따라서 독점적 시장의 시장가격은 사회적 한계편익이나 한계비용을 나타내는 잠재가격을 사용해야 한다.

시장은 존재하나 가격이 왜곡되어 있는 경우의 잠재가격 도출

여기에서는 생산요소와 관련하여 시장을 통한 시장가격이 존재하나, 그 시장가격이 재화의 사회적 가치를 과소 또는 과대평가하는 경우에 대해서 설명하고자 한다. 생산요소는 일반적으로 노동,

자본, 토지를 의미한다. 이들 생산요소와 관련된 시장이 완전경쟁
시장이라면, 생산요소가격은 잠재가격과 일치한다. 그러나 현실에
서 대부분의 생산요소시장은 완전경쟁시장이 아니므로 이들의 기
회비용은 완전경쟁시장일 때와 비교하여 낮을 수밖에 없다. 즉 시
장이 공급과 수요를 조정하지 못하는 경제에서 생산요소의 가격은
그 사회적 가치를 정확하게 나타내지 못한다고 할 수 있다. 이를
각 생산요소와 관련하여 살펴보자.

○ 노동

정책 수행을 위해 투입되는 노동비용은 사회적 비용으로 계상되
어야 하는가? 이는 노동시장이 완전고용상태인가, 아닌가에 따라
다르다. 완전고용상태에서 정책 수행을 위해 투입되는 노동은 다른
생산과정에 투입되던 노동을 의미한다. 따라서 정책 수행에 투입되
는 노동의 기회비용은 정책 수행에 투입됨으로써 포기해야 하는
민간부문의 생산량을 의미한다. 즉 완전고용상태에서 노동의 잠재
가격인 잠재임금은 시장임금과 일치한다.

반대의 경우를 생각해 보자. 만약 실업상태에 있는 사람들만 고
용된다면 비용은 어떻게 계상되는가? 실업 상태에 있는 사람들만
고용한다면, 정책 수행을 위해 투입되는 노동으로 인해 다른 부문
의 생산량 감소를 유발하지 않으므로 이 경우의 사회적 비용은 0
원이 된다. 그러나 실업이 존재하더라도 정부는 아무런 비용도 들
이지 않고 사람을 고용할 수는 없다. 회계적인 노동비용을 충당하
기 위해서는 민간부문으로부터 세금을 징수해야 한다. 세금징수는
민간부문의 구매력을 감소시키고, 생산 침체를 가져와 고용기회를

줄이는 비용을 발생시킨다.

또한 정부가 정책 수행에 필요한 인력을 실업상태에 있는 사람만을 고용할 확률은 낮다. 정부가 추진하는 정책은 대체로 특정 기술이나 능력을 보유한 인력을 필요로 한다. 따라서 특정 기술이나 능력을 보유한 인력을 고용한다는 것은 결국 민간부문의 생산량을 감소시키게 되고, 이는 비용을 발생시킨다.

결과적으로 노동의 사회적 비용(잠재가격)은 0보다는 크나, 실제 지급되는 임금보다는 낮은 수준이라는 결과를 얻을 수 있다.

○ 자본

여기서 말하는 자본(capital)이란 금융적 측면의 자본이 아니라, 물리적 측면의 자본을 의미하는 것으로 건물, 기계장비 등 시설물(자본재)을 가리킨다. 정책 수행을 위해 투입되는 자본의 사회적 비용은 어떻게 계상될 것인가? 우선 정책을 수행하기 전에는 이용되지 않았던 자본 A가 정책 수행에 투입되었다면, 자본 A의 사회적 비용은 0원으로 취급해야 한다.

또한 현재 또는 장래에 발생한 자본의 기회비용만이 사회적 비용으로 고려된다. 즉 매몰비용(sunk cost)은 자본의 사회적 비용으로 고려되지 않는다. 예를 들어 「청계천 복원 사업」에 기존에 설치된 교량이 그래도 이용된다면, 이때 교량의 사회적 비용은 0원이다. 교량 건설비용은 과거 교량 건설 당시에 이미 발생한 비용, 즉 매몰비용이기 때문이다.

○ 토지

정책 수행에 따른 토지의 사회적 비용은 어떻게 계상될 것인가?

토지 또한 노동이나 자본과 같이 정책을 수행하기 전에는 이용되지 않았던 토지가 정책 수행을 위해 투입되었다면, 토지의 사회적 비용은 0원으로 취급해야 한다.

반면 토지가 다른 용도로 생산 활동에 투입될 수 있는 상황에서 정부의 정책에 의해 그 사용이 제한될 경우에는 사회적 비용으로 계상되어야 한다. 즉 생산 활동에 투입되어 발생시킬 수 있었던 수익은 토지의 기회비용이 되기 때문에 이는 사회적 비용으로 계상되어야 한다.

그렇다면 토지의 구체적인 사회적 비용은 얼마인가? 토지의 잠재가격은 여러 방식에 의해 산출될 수 있다. 농업 및 산림토지의 경우 해당 토지에서 기대되는 농작물 수확의 가치 또는 산림에서 얻을 수 있는 편익 등으로 계산된다. 시장에서 실제 거래되는 일반토지의 경우에는 해당 토지에서 정상적으로 기대되는 지대(rent)를 토지의 사회적 비용으로 간주한다. 이때 토지의 시장가격이 투기 및 각종 규제 등으로 왜곡되어 있는지를 판단해야 한다.

시장가격이 존재하지 않는 경우의 잠재가격 도출

정책으로 인해 발생하는 편익이나 비용이 수명의 연장, 범죄율의 감소, 공기·수질 등 환경질의 변화 등의 형태로 나타난다면, 시장가격을 전혀 이용할 수 없는 상황에 처하게 된다. 이렇게 시장에서 거래되지 않는, 즉 비시장재화(non-market goods)가 정책의 편익이나 비용이 되는 경우에는 잠재가격을 어떻게 도출해야 할 것인가?

이 경우에는 다른 상황에서 관찰된 소비자의 행위나 시장정보를 이용하여 비시장재화에 대한 사람들의 평가를 간접적으로 추정할 수밖에 없다. 우리는 앞서 이와 관련된 대표적인 방법론인 헤도닉가격기법, 여행비용법, 조건부 가치 측정법 등을 살펴보았다. 여기에서는 공공재 이외에 시간, 생명의 잠재가격에 대해 살펴보고자 한다.

○ 시간의 가치 측정

경부고속철도 건설사업, 도로 확장 사업, 지하철 건설 사업 등의 공통적인 편익은 무엇인가? 교통 관련 정책의 편익 중 가장 대표적인 것은 바로 '시간'의 단축이다. 경부고속철도 건설에 따라 서울에서 부산까지의 이동 시간이 3시간 단축되었다고 하자. 단축된 '3시간'을 화폐가치로 나타내기 위해서는 시간은 얼마만큼의 가치를 가지고 있는지를 판단해야 한다. 그렇다면 시간의 가치를 어떻게 측정할 것인가?

예를 들어 시간당 임금수준이 10,000원이라고 하자. 당신은 시간당 10,000원을 벌기 위해 1시간의 연장근무를 할 것인가? 아니면 1시간의 여가 시간을 보낼 것인가? 이를 판단하기 위해 우리는 다음과 같은 생각을 한다. "시간당 임금수준인 10,000원과 여가 1시간의 가치 중 어느 것이 더 클 것인가?" 우리는 시간당 임금수준이 여가 1시간의 가치보다 크다면, 노동에 더 많은 시간을 배분할 것이며, 반대로 여가 1시간의 가치가 시간당 임금수준보다 크다면, 노동시간을 줄이고 여가 시간을 늘릴 것이다. 즉 궁극적으로 균형상태에서는 여가 한 시간의 가치가 시간당 임금수준과 같아진다. 따라서 경부고속철도 건설 사업 등으로 인한 시간 단축의 편익은 시간당 임금수준에 절약된 시간의 크기를 곱하여 도출할 수 있다.

이러한 논리에 의한 시간의 가치 측정에 있어서는 다음과 같은 점을 유의하여야 한다. 첫째 사람에 따라 일하고 싶어도 할 수 없는, 즉 노동의 선택이 자유롭지 못한 경우에는 시간당 임금수준과 시간의 가치는 상이할 수 있다. 이 경우에는 여가 시간을 갖기보다는 일을 더하는 것이 중요하므로, 시간당 임금수준이 여가 시간에 대한 가치보다 더 높을 것이다. 따라서 노동시간의 선택이 완전히 자유로운 상황을 감안하여 분석하여야 한다. 둘째 특정한 일을 임금 이외의 이득 때문에 선택하는 경우, 시간당 임금수준과 시간의 가치는 상이할 수 있다. 즉 일 자체가 즐거운 경우나 불쾌한 경우에는 임금이 낮아지거나, 높아지기도 한다는 것이다.

이 외에도 교통수단을 선택하는 행위를 통해서도 시간의 가치를 측정할 수 있다. 지역 간 이동 시 비행기와 자동차의 선택 여부, 시간이 절약되는 유료도로의 이용 여부 등은 시간에 대한 가치를 나타낼 수 있다. 서울에서 부산까지 자동차를 이용할 경우 5시간이 소요되는 반면 비행기를 이용할 경우 1시간이 소요된다고 하자. 이때 4시간을 단축하기 위한 항공요금은 시간에 대한 가치를 의미한다고 할 수 있다. 그러나 교통수단 선택에 영향을 미치는 요인에는 교통수단의 쾌적성, 안정성 등 여러 요인이 존재한다. 즉 교통수단 선택에는 '시간'만 영향을 미치는 것이 아니므로, 이를 감안하여 시간의 가치를 측정할 필요가 있다.

○ 생명의 가치 측정

전염병 예방 접종 사업, 국민건강 검진 사업, 환경오염 개선 사업, 사고율이 높은 도로의 개선 사업 등의 공통적인 편익은 무엇인가? 이러한 정책의 편익 중 가장 대표적인 것은 바로 국민 수명의 연장이다. 국민건강검진사업에 의해 암으로 인한 예상사망자 100명이 감소했다고 하자. 국민건강 검진 사업의 편익, 즉 생명을 연장하게 된 100명을 화폐가치로 나타내기 위해서는 생명이 얼마만큼의 가치를 가지고 있는지를 판단해야 한다. 그렇다면 생명의 가치를 어떻게 측정할 것인가?

시장가격(완전경쟁시장하에서의)이나 잠재가격은 자원의 기회비용을 나타낸다고 하였다. 즉 생명의 가치는 사람에 대한 기회비용으로 나타낼 수 있다. 죽음에 대한 기회비용은 무엇이 있는가? 가장 먼저 떠오르는 것이 사망하지 않았더라면 그 생명이 일생 동안 벌어들일 수 있는 장래 소득일 것이다. 생명의 가치를 측정하는 가장 대표적인 접근방법은 사망이 발생하지 않았을 때 그 생명이 일생 동안 벌어들일 수 있는 장래기대소득의 현재가치를 계산하는 것이다. 물론 장래기대소득을 어떻게 측정하느냐에 따라서 생명의 가치는 각기 다르게 측정될 가능성이 있다. 또한 어떤 사람의 사망은 (국민)소득의 감소와 함께 생존에 필요한 비용의 절감으로도 나타나기 때문에 이를 감안하여 소득의 감소분에서 부양비용의 감소분을 차감한 것을 생명의 가치로 보아야 한다는 주장도 있다.

이 외에도 사람들의 생명을 보호하기 위한 정책에 대한 조건부 가치 측정법(contingent valuation method: CVM)을 이용하여 생명의 가치를 측정하기도 한다. 즉 교통사고를 줄이기 위한 고속도로 재시공 사업 등에 대한 지불의사금액을 토대로 생명의 가치를 측정하기도 한다. 교통사고가 감소하면 그만큼 사망확률도 감소하고, 이것은 고속도로를 이용하는 사람에게 똑같은 편익을 주기 때문에

사망확률 감소에 대한 지불의사금액의 총합계액은 그 사업의 편익
이 된다는 것이다.

또한 직종 간의 임금수준을 비교하여 생명의 가치를 측정할 수
도 있다. 일반 사무직원과 생산직원의 임금수준에는 생산직원의 위
험에 대한 보상이 반영되어 있다는 것이다. 만약 한 개인이 100만
원의 위험수당을 받고 사망확률이 1,000분의 1인 직종에 종사하고
있다면, 그는 생명의 가치를 10억 원으로 느끼고 있다는 것이다.

▨ 일반적으로 정책의 비용 편익 분석은 사회후생에 영향을 주지 않는 금전적 편익과 비용을 제외하고 실물적인 편익과 비용을 분석 대상으로 선정한다.

▨ 정책 시행으로 발생하는 비용과 편익을 측정함에 있어, 시장가격이 재화의 사회적 가치를 정확하게 반영하지 못하는 경우는 잠재가격을 도출하여야 한다. 대표적으로 잠재가격을 도출하여야 하는 3가지 경우는 독점적 시장, 시장은 존재하나 가격이 왜곡되어 있는 경우, 시장이 존재하지 않는 경우이다.

4. 비용 편익 분석의 의사결정방법

비용 편익 분석 과정의 마지막 단계는 분석 결과를 바탕으로 최종 대안을 결정하는 단계이다. 이 단계에서는 비용 편익 분석의 결과를 토대로 해당 정책의 타당성을 판단하고 집행 여부에 대해 의사 결정을 한다. 이 단계에서 사회후생을 증대시키는 최적의 정책이 선택되지 않는다면, 이는 앞서 실시된 비용 편익 분석 자체가 무의미해지는 결과를 가져온다. 따라서 비용 편익 분석의 의사결정 방법은 중요하게 다루어져야 할 필요가 있다.

우선 의사결정단계가 어떻게 이루어지는지를 살펴보자. 의사결정 단계를 구체적으로 세분화하여 제시하면 <그림 3-5>과 같다.

먼저 편익과 비용 항목의 분석 결과가 도출되면, 이를 편익 및 비용의 발생 시기 및 기간을 고려하여 연도별로 배분한다. 일반적으로 정책 초기에는 비용이 편익에 비해 상대적으로 증가하며, 후기에는 편익이 비용에 비해 상대적으로 증가한다. 「청계천 복원 사업」의 경우 청계고가·복개도로 철거비는 사업이 시작되는 1차 연도부터 사업이 완료되는 시점까지 소요되는 반면, 청계천 복원으로 인한 환경 개선 편익은 사업이 완료되는 시점인 4차 연도부터 25년간 발생한다.20)

그 다음 단계에서는 편익과 비용을 시간의 투자가치를 고려하여 할인(discount)한다. '시간의 투자가치를 고려한 할인'의 의미를 예를 들어 설명하면 다음과 같다. 현재 시점에서 100만 원이 있다고 하자. 이를 은행에 예금한다면 1년 후의 가치는 원금 100만 원과 그의 이자를 합한 금액이 된다. 이를 반대로 생각해 보면 1년 후의 100만 원의 현재가치는 1년 동안 발생한 이자 금액을 제외한 금액이 된다. 즉 어떤 금액의 가치는 시간에 따라 증가하기 때문에, 시간대별로 달리 발생하는 정책의 효과는 그 시간을 고려하여 현재가치화해야 한다는 것을 말한다. 여기에서 분석자는 분석 대상이 되는 정책 효과를 얼마나 할인할 것인가, 즉 할인율을 결정해야 한다.

정책의 편익과 비용을 현재가치화한 이후에는 그 편익과 비용을 비교하여야 한다. 이때 사용되는 기준으로는 '편익-비용비(benefit-cost ratio)'와 '순편익(net benefit)'이 있다. 편익-비용비와 순편익은 평가 대안이 단일 대안인 경우와 복수 대안일 경우에 따라 다르게 적용된다.

본 장에서는 비용 편익 분석의 의사결정단계에서 중요하게 다루어지는 현재가치법, 할인율 그리고 편익-비용비와 순편익에 대해서 구체적으로 살펴보고자 한다.

---

20) 편익 및 비용 효과의 발생 완료 시점은 분석자가 정책의 성격과 내용을 종합하여 선정한다.

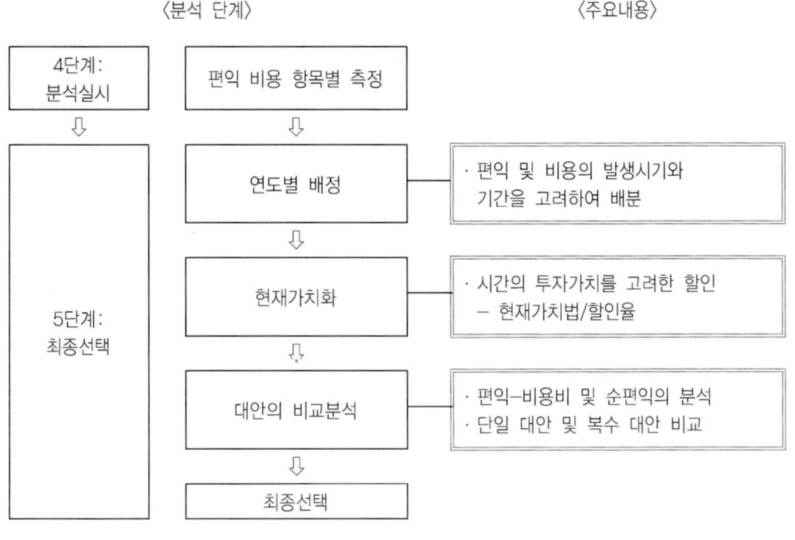

〈그림 3–5〉 비용 편익 분석의 의사결정단계

4.1. 현재가치법

정책으로 인한 편익과 비용을 시간의 고려 없이 단순 합산하여 평가하여서는 안 된다. 동일한 규모의 편익이라도 1년 후에 발생하는지, 10년 후에 발생하는지에 따라 그 가치가 달라지기 때문이다. 즉 시간은 투자가치를 가지고 있기 때문에 편익과 비용은 시간의 투자가치만큼 할인하여 장래에 발생하는 가치를 현재가치화한 후 평가하여야 한다.

현재가치화라는 개념은 정기예금을 생각하면 쉽게 이해할 수 있다. 1,000만 원을 3년 동안 정기예금에 둔다고 하자. 이때 은행 이자율이 연 5%라면 우리는 3년 이후 1,000만 원이 갖는 가치를 다음과 같이 계산할 수 있다.

(단위: 만원)

현재가치	:	$1,000 = 1,000$	
1년 후의 가치	:	$1,050 = (1+0.05) \times 1,000$	
2년 후의 가치	:	$1,102.5 = (1+0.05) \times 1,050$	$= (1+0.05)^2 \times 1,000$
3년 후의 가치	:	$1,157.6 = (1+0.05) \times 1,102.5$	$= (1+0.05)^3 \times 1,000$

여기서 1,000만 원의 3년 후의 가치는 1,158만 원이며, 반대로 3년 후의 1,158만 원의 현재가치는 1,000만 원이다. 따라서 3년 후에 발생하는 1,000만 원은 현재 시점에서 볼 때 1,000만 원보다 작다는 것을 알 수 있다. 즉 장래의 가치를 현재의 가치로 전환하기 위해서는 장래가치를 현재부터 장래 기간까지의 투자가치만큼 할인해야 한다. 이때 장래의 가치를 현재의 가치로 전환하는 과정에 적용되는 비율을 할인율(discount rate)이라 한다.

이를 일반화하여 할인율을 연 $r\%$라고 할 때 현재금액 V의 시간에 따른 가치 변화는 다음과 같이 나타낼 수 있다.

현재가치	:	$V = V_0$	
1년 후의 가치	:	$V_1 = (1+r) V_0$	
2년 후의 가치	:	$V_2 = (1+r) V_1$	$= (1+r)^2 V_0$
3년 후의 가치	:	$V_3 = (1+r) V_2$	$= (1+r)^3 V_0$
$\vdots$		$\vdots$	$\vdots$
$n-1$년 후의 가치	:	$V_{n-1} = (1+r) V_{n-2}$	$= (1+r)^{n-1} V_0$
n년 후의 가치	:	$V_n = (1+r) V_{n-1}$	$= (1+r)^n V_0$

이를 토대로 현재가치와 장래가치의 일반적인 관계는 다음과 같은 식으로 나타낼 수 있다.

$$V_0 = \frac{V_n}{(1+r)^n}$$

식 (3.1)

V_0: 현재가치, V_n: n년 후의 가치, r: 할인율

장래가치를 할인율에 따라 현재가치로 전환해 보자. 장래기간은 5년, 10년, 15년, 20년, 25년으로 구분하였으며, 할인율은 5%, 10%, 15%, 20%로 제시하였다. 20년 후의 1,000의 가치를 현재가치로 전환할 경우, 할인율이 5%라면 376.89이지만, 할인율이 20%라면 26.08로 나타났다. 여기서 알 수 있는 것은 장래의 가치를 현재의 가치로 전환할 때 높은 할인율은 장래가치를 크게 할인하며, 낮은 할인율은 장래의 가치를 작게 할인한다는 것이다. 이와 같이 할인율의 크기는 정책의 편익과 비용의 크기를 변화시키므로, 분석자는 어떤 수준의 할인율을 적용할 것인가를 신중하게 결정해야 한다.

〈표 3-9〉 할인율과 할인기간에 따른 현재가치

정책기간	현재가치			
	$r=5\%$	$r=10\%$	$r=15\%$	$r=20\%$
5년	783.53	620.92	497.18	401.88
10년	613.91	385.54	247.18	161.51
15년	481.02	239.39	122.89	64.91
20년	376.89	148.64	61.10	26.08
25년	295.30	92.30	30.38	10.48

현재가치화를 정책의 비용 편익 분석에 적용하여 보자. 다음 <표 3-10>은 정책 A의 비용과 편익을 연도별로 제시한 것이다. 우리는 현재가치화의 개념을 배웠기 때문에 편익을 30(=10+20)백만 원, 비용을 21(=10+5+4+2)백만 원으로 생각해서는 안 된다는 것을 알고 있다.

〈표 3-10〉 정책 A의 편익과 비용

(단위: 백만 원)

구분 \ 연도	0차 연도	1차 연도	2차 연도	3차 연도	합계
편익	0	0	10	20	30
비용	10	5	4	2	21

정책 A의 할인율을 7%로 설정하고 이를 현재가치화해 보자. 각 연도의 비용과 편익을 현재가치화한 결과는 다음 <표 3-11>과 같다.

〈표 3-11〉 정책 A의 비용과 편익의 현재가치화

(단위: 백만 원)

구분 \ 연도	0차 연도	1차 연도	2차 연도	3차 연도	합계
편익	0.00	0.00	8.73	16.33	25.06
비용	10.00	4.67	3.49	1.63	19.80

현재가치화 과정을 구체적으로 표현하면 다음과 같다.

$$편익 = \frac{0}{(1+0.07)^0} + \frac{0}{(1+0.07)^1} + \frac{10}{(1+0.07)^2} + \frac{20}{(1+0.07)^3} = 25.06 백만 원$$

$$\text{비용} = \frac{10}{(1+0.07)^0} + \frac{5}{(1+0.07)^1} + \frac{4}{(1+0.07)^2} + \frac{2}{(1+0.07)^3} = 19.80\text{백만 원}$$

이를 일반화하여 표현하면 다음 식과 같다.

$$B(\text{편익}) = \frac{B_0}{(1+r)^0} + \frac{B_1}{(1+r)^1} + \cdots + \frac{B_T}{(1+r)} \qquad \text{식}(3.2)$$

$$= \sum_{t=0}^{T} \frac{B}{(1+r)^t} \, ,$$

$$C(\text{비용}) = \frac{C_0}{(1+r)^0} + \frac{C_1}{(1+r)^1} + \cdots + \frac{C_T}{(1+r)} \qquad \text{식}(3.3)$$

$$= \sum_{t=0}^{T} \frac{C_t}{(1+r)^t}$$

4.2. 사회적 할인율

우리는 앞서 미래에 발생하는 편익이나 비용은 현재가치화하여 그 규모를 판단해야 함을 살펴보았다. 그리고 현재가치화하기 위해서는 할인율을 구체적으로 설정해야 한다. 그렇다면 이러한 할인율은 어떤 수준에서 정해야 할 것인가?

일반적으로 민간부문의 사업 평가에 이용하는 할인율은 사업에 사용되는 자금의 기간당 기회비용과 일치하도록 선택된다. 따라서 민간부문에서의 사업평가에서는 사업 수행을 위해서 자금을 빌려다 쓸 때 지불해야 하는 이자율을, 그 자금의 기회비용으로 보아 할인율로 사용한다.

그렇다면 공공부문의 할인율은 민간부문의 할인율을 이용하여도 되는가? 결론적으로 민간부문에 이용하는 할인율을 공공부문의 할인율로 그대로 이용하는 것은 한계가 있다. 왜냐하면 공공부문의 할인율은 사회 전체의 시간의 투자가치를 반영해야 하기 때문이다. 즉 공공정책의 대상은 사회 내 어느 특정인이나 특정 계층이 아니라 사회 전체가 대상이 되기 때문에 공공부문의 할인율은 사회 내 모든 구성원들이 동의할 수 있는 할인율이어야 한다. 이러한 이유로 공공정책에서 사용되는 할인율을 사회적 할인율(social discount rate)이라 부른다.

사회적 할인율의 의미를 좀 더 구체적으로 살펴보자. 할인율은 현재소비와 미래소비 간에 개인의 시간 선호를 반영하여 결정된다. 즉 개인의 시간 선호는 현재소비를 더 선호하는지, 미래소비를 더 선호하는지, 만약 현재소비를 선호한다면 미래소비에 비해서 얼마나 선호하는지에 따라서 할인율은 천차만별로 나타난다. 사회는 이러한 다양한 시간 선호를 지닌 개인들로 이루어지므로 사회 내 각 개인들이 모두 공감할 수 있는 할인율을 구체적으로 도출하는 것은 현실적으로 불가능한 일이다. 그러나 다행히도 이를 대신할 수 있는 시장의 할인율 등 다양한 할인율이 있다. 따라서 분석자는 정책의 성격과 내용에 적합한 할인율을 선택하면 된다.

할인율의 종류

일반적으로 비용 편익 분석에서 사회적 할인율을 대신해서 사용하는 할인율에는 시장이자율, 정부의 할인율, 기업의 할인율, 개인의 할인율 등이 있다. 각각에 대한 구체적인 설명은 다음과 같다.

○ 시장이자율

사회적 할인율로 사용할 수 있는 가장 기본적인 할인율에는 시장이자율이 있다. 시장이자율이란 어떤 개인이나 기업이 타인이나 타 기업으로부터 돈을 빌려 올 때 원금에 대해 지불할 이자를 계산하는 데 적용되는 이자율이다. 자본시장이 완전경쟁적이라면, 이때 형성된 시장이자율은 소비자의 시간적 선호(time preference)를 적절히 반영하고 있으며, 동시에 자본이 갖는 한계생산성과도 일치하게 된다. 따라서 완전한 자본시장이 존재할 때에는 사회적 할인율로 시장이자율을 사용하여도 아무런 문제가 없다. 그러나 현실적으로 자본시장은 완전 경쟁적이지 않기 때문에 시장이자율을 사회적 할인율이라고는 할 수 없다. 따라서 시장 이자율 또한 사회적 할인율의 하나로 간주하여 이용하나, 완벽한 사회적 할인율이라고는 할 수 없다.

이와 함께 시장이자율은 어떤 종류의 시장이자율을 선택할 것인가 하는 문제를 야기한다. 현실에서의 시장이자율은 단 하나의 이자율이 존재하는 것이 아니다. 일례로 제1금융권의 이자율과 제2금융권의 이자율은 엄연히 다르며, 돈을 빌리는 사람이나 기업의 신용도에 따라서도 이자율은 각기 달라진다. 따라서 시장이자율을 사회적 할인율로 이용한다고 할 때, 적절한 수준의 할인율은 바로 분석자의 판단에 의한다고 하겠다.

○ 정부의 할인율

정부의 할인율이란 정부가 발행하는 국공채에 부과된 이자율로, 정부가 민간으로부터 돈을 빌려 올 때 제시하는 이자율이다. 만약 정부가 이자율이 연 5%인 국공채를 발행하고 국민들이 이 수준을 만족하여 국공채를 구입한다면, 이것은 정부의 공공사업에 투자되는 자금의 기회비용을 5% 수준으로 인식한다고 볼 수 있을 것이다. 이러한 논리에 의해 정부의 할인율을 사회적 할인율로 이용할 수 있다.

그러나 정부의 할인율을 사회적 할인율로 이용하고자 하는 분석자는 다음과 같은 점을 유의하여야 한다. 정부가 제시하는 이자율은 비교적 시장 이자율보다 낮은 수준이다. 왜냐하면 정부는 도산 가능성이 거의 없기 때문에 정부의 신용도는 사회 내 어느 경제 주체들의 신용도보다도 높다. 따라서 정부의 이자율은 시장 이자율에 비해 낮은 수준으로 책정되므로 분석자는 이러한 점을 감안하여 정책분석에 필요한 사회적 할인율을 책정할 필요가 있다.

○ 기업의 할인율

기업의 할인율은 한 기업이 자신의 투자사업을 평가할 때 사용하며, 기업이 민간으로부터 돈을 빌려 올 때 제시하는 이자율을 의미한다. 기업은 정부에 비해 신용도 및 안정성이 낮기 때문에 기업 이자율은 정부의 이자율에 비해 높은 수준으로 나타난다. 또한 기업은 이익에 대해 세금을 납부하기 때문에 기업의 이자율은 이러한 점을 감안하여 책정된다. 즉 기업의 이자율은 수익률과 위험 부담률 및 세금 부담률을 이자율에 포함하여 책정한다.

○ 개인의 할인율

개인의 할인율이란 자신의 현재 소비를 포기하고 미래 소비를 선택할 때 적용될 수 있는 이자율을 의미한다. 이자율이 연 10%인

정기예금에 가입하는 사람은 지금의 1,000만 원의 가치와 내년의 1,100백만 원의 가치를 동등하게 평가한다는 의미이며, 이 경우에는 개인의 할인율을 10%로 볼 수 있다는 것이다.

사회적 할인율의 선택 기준

앞서 사회적 할인율로 이용될 수 있는 할인율에는 시장 할인율, 정부 할인율, 기업 할인율, 개인 할인율 등이 있으며, 이들 할인율 또한 적정 수준이 정해져 있는 것이 아니라 상황에 따라 다양한 수준으로 표현될 수 있음을 살펴보았다. 그렇다면 사회적 할인율은 구체적으로 어떤 기준에서 선택하여야 하는가?

우선 사회적 할인율은 정책의 편익과 비용이 갖는 특징을 고려하여 선택되어야 한다. 정책에 조달되는 세금, 즉 비용은 바로 현재의 투자규모와 개인의 소비량을 감소시킨다. 반면 장래 요소들의 생산성을 향상시킴으로써 생산자에게는 높은 수익을, 그리고 개인에게는 높은 소득과 향상된 복지수준을 제공한다. 따라서 정책분석에 사용하는 사회적 할인율은 비용과 편익의 발생 시점, 즉 현재 부담하는 비용과 미래에 발생하는 편익을 고려하여 시장이자율보다 낮은 수준에서 혹은 높은 수준에서 결정되어야 한다는 것이다.

○ 낮은 사회적 할인율의 적용 필요성

사회적 할인율이 자본 시장에서 결정되는 할인율보다 낮게 책정되어야 하는 논리적 근거는 다음과 같다.

첫째, 개인들은 일반적으로 미래소비를 위한 정책의 중요성을 과소평가하고, 현재 소비의 중요성을 과대평가하는 경향이 있다는 것이다. 이로 인해 일반적으로 민간부문은 높은 할인율을 선호하므로 정부는 이보다는 낮은 할인율을 사용할 필요가 있다는 것이다.

둘째, 사람들은 대체로 미래세대의 편익보다는 현재 세대의 편익에 더 큰 관심을 갖기 때문에 현재 세대가 더 많은 편익을 누릴 수 있는 사업이 채택되기 쉽다는 것이다. 따라서 정부는 낮은 할인율을 사용하여 세대 간 불공평성을 제고할 필요가 있다는 것이다.

○ 높은 사회적 할인율의 적용 필요성

사회적 할인율이 자본 시장에서 결정되는 할인율보다 높게 책정되어야 하는 논리적 근거는 다음과 같다. 일반적으로 공공사업에 투자되는 자본을 조달하기 위해서 공채가 발행될 경우에는 민간자본의 위축 현상이 일어나기 때문에 민간자본의 기회비용까지 고려하여 사회적 할인율을 책정할 필요가 있다는 것이다. 즉 공공사업의 투자는 민간사업의 투자를 감소시킬 수 있기 때문에 사회적 할인율은 자본의 기회비용 또는 기업할인율 수준까지 높여야 한다는 것이다.

○ 공공투자 정책에서 적용되는 할인율

사회적 할인율의 선택에 있어서 시장이자율보다 낮아야 된다는 의견과 높아야 한다는 의견이 공존하고 있음을 살펴보았다. 어느 주장이 옳은가를 정확하게 판단하기는 쉽지 않다. 사회 내 모든 구성원들이 공감할 수 있는 사회적 할인율을 계산한다는 것 자체가 무리이기 때문에 정확한 사회적 할인율은 제시되고 있지 않다.

다만 사회적 할인율과 관련해서 많은 연구가 이루어지고 있기 때문에 분석자는 분석 대상인 정책의 성격과 내용에 맞게 사회적 할인율을 선정할 수 있다. 여러 연구에서 제시하고 있는 사회적 할인율을 살펴보면 다음과 같다.

한국개발연구원(2001)은 경제여건을 고려하여 우리나라 공공투자사업에 적용할 수 있는 사회적 할인율을 연 7.5%로 제시하였으며, ADB(Asia Development Bank)에서는 사회적 할인율을 해당 국가의 GDP 성장률을 기준으로, GDP 성장률이 6% 미만인 국가의 사회적 할인율은 8%로, 그리고 GDP 성장률이 6% 이상인 국가의 사회적 할인율은 12%로 제시하고 있다.

4.3. 순편익과 편익-비용비

정책분석에서 분석자가 기본적으로 해야 할 것은 바로 제시된 대안이 정책으로 집행되었을 때의 영향을 계산하는 것이다. 즉 정책으로 인해 발생하는 편익과 비용은 무엇인지, 그리고 편익과 비용의 규모는 어느 정도인지를 구체적으로 밝히는 것이다. 분석자가 정책대안들의 결과를 비교하여 최종 정책을 선택하는 데 사용되는 경제성 평가지표에는 순편익(net benefit), 편익-비용비(benefit-cost ratio) 그리고 내부수익률(internal rate of return) 등이 있다. 이 장에서는 순편익과 편익-비용비에 대해서 구체적으로 살펴볼 것이다. 내부수익률은 지표가 가지고 있는 한계에 의해 널리 사용되지 않아 NOTE 4에서만 언급하고자 한다.

순편익

현재가치법에서 다루었던 정책 A의 편익과 비용의 현재가치화 결과를 다시 살펴보자. 여기서 정책 A의 타당성은 최종 산출된 25.06백만 원의 편익과 19.80백만 원의 비용을 비교하여 판단할 수 있다. 즉 우리는 편익에서 비용을 공제함으로써 정책 A의 타당성을 판단한다.

<표 3-12> 정책 A의 순편익

(단위: 백만 원)

구분 \ 연도	0차 연도	1차 연도	2차 연도	3차 연도	합계	순편익
편익	0.00	0.00	8.73	16.33	25.06	5.26
비용	10.00	4.67	3.49	1.63	19.80	

여기서 편익에서 비용을 공제한 것을 순편익(net benefit, NB)이라고 한다. 즉 이는 정책의 총편익에서 총비용의 규모를 공제하여 계산하는 것이다. 순편익을 식으로 나타내면 다음과 같다.

$$NB(순편익) = B(편익) - C(비용)$$ 식 (3.4)

현재가치화된 총편익에서 총비용을 공제한 값, 순편익이 0보다 크면 정책으로서 의의가 있음을, 반대로 0보다 작으면 정책으로서 의의가 없음을 의미한다. 0보다 작은 정책은 사회에 편익보다는 비용을 더 발생시킨다는 것을 의미하기 때문이다. 만약 순편익이 0이면 대안이 정책으로 집행되었을 때 사회 전체의 후생변화는 없음을 가리킨다. 따라서 순편익을 통한 정책의 선택은 다음과 같이 나타낼 수 있다.

$$B - C \begin{Bmatrix} > \\ = \\ < \end{Bmatrix} 0 \iff \begin{Bmatrix} \text{정책선택} \\ ? \\ \text{정책기각} \end{Bmatrix} \qquad \text{식 (3.5)}$$

따라서 정책 A의 순편익은 5.26(편익 25.06 − 비용 19.80)으로, 정책 A는 정책으로 선택되어야 한다.

편익-비용비

순편익과 함께 자주 사용하는 경제성 평가지표에는 편익-비용비가 있다. 편익-비용비는 정책의 총편익을 정책에 투입된 총비용으로 나눈 값, 즉 단위 비용당 발생된 편익을 가리킨다. 편익-비용비를 식으로 나타내면 다음과 같다.

$$B/C(\text{편익} - \text{비용비}) = B(\text{편익})/C(\text{비용}) \qquad \text{식 (3.6)}$$

현재가치화된 총편익을 총비용으로 나눈 값, 편익-비용비가 1보다 큰 대안은 비용에 비해 더 큰 편익이, 1보다 작은 대안은 비용에 비해 낮은 편익이 발생되는 것을 의미한다. 우리는 앞서 편익이 비용보다 많이 발생하는 정책이 효율적인 정책이며, 이러한 정책만이 정책으로서 의의를 갖는다고 배웠다. 따라서 편익-비용비가 1

이하인 정책은 비효율적인 정책이며, 정책선택 대상에서 제외되어야 한다. 앞서 제시된 정책 A의 편익-비용비를 산출하여 보자.

〈표 3-13〉 정책 A의 편익-비용비

(단위: 백만 원)

구분 \ 연도	0차 연도	1차 연도	2차 연도	3차 연도	합계	편익-비용비
편익	0.00	0.00	8.73	16.33	25.06	1.27
비용	10.00	4.67	3.49	1.63	19.80	

이때 정책 A의 편익-비용비는 1.27(편익 25.06/비용 19.80)이다. 즉 정책 A의 편익-비용비는 1보다 크기 때문에 편익이 비용에 비해 많이 발생한다는 것을 알 수 있다. 따라서 편익-비용비를 통한 정책의 선택은 다음과 같이 나타낼 수 있다.

$$B/C \left\{ \begin{array}{c} > \\ = \\ < \end{array} \right\} 1 \Leftrightarrow \left\{ \begin{array}{c} 정책선택 \\ ? \\ 정책기각 \end{array} \right\} \qquad 식\,(3.7)$$

편익-비용비와 순편익을 비교하면, 전자는 정책에 투입되는 비용의 효율성을 가리키는 데 반해, 후자는 비용에 대한 편익의 규모를 나타내는 것이라 할 수 있다. 그러나 식(3.5)에서 총비용을 우변으로 이항한 다음, 양변을 총비용으로 나누면 그 결과는 식(3.7)과 같아짐을 알 수 있다. 따라서 편익-비용비와 순편익은 서로 별개의 개념이 아니라 서로 동일시될 수 있는 개념이라 하겠다. 다음에서는 편익-비용비와 순편익의 실제 정책 선택에 있어서 어떻게 적용되는지를 살펴보자.

단일 대안이 제시된 경우

정책의 목표를 달성하기 위해 제시된 대안이 오직 하나인 경우 선택 기준은 매우 간단하다. 비용의 효율성 정도나 순편익의 규모에 관계없이 정책결정자는 대안의 편익-비용비가 1보다 크거나 순편익이 0보다 크면 정책으로 선택히고, 그렇지 않을 때는 기가시키면 된다. 예를 들어 정책 A의 총편익은 2,000백만 원, 총비용은 1,700백만 원으로 분석되었다고 하자. 이때 편익-비용비와 순편익을 산출하면 <표 3-14>와 같다.

<표 3-14> 각 대안별 편익-비용비와 순편익

구분	편익과 비용 비교	비고
B/C	1.2	정책으로 선택
NB	300백만 원	정책으로 선택

<표 3-14>는 정책 A가 집행되면 그 정책은 투입되는 비용의 1.2배의 편익을 사회에 제공하며, 증가된 사회후생은 300백만 원이다. 따라서 제시된 대안은 편익-비용비와 순편익으로 볼 때 정책으로 선택되어야 한다. 이와 같이 단일의 대안이 제시되었을 때 편익-비용비와 순편익에 의한 결과는 항상 동일하다.

여러 대안이 제시된 경우

정책의 목표를 달성하기 위해 여러 대안이 제시되는 경우는 앞에서 설명한 단일 대안의 경우보다 선택규칙이 복잡해진다. 왜냐하면 여러 대안이 제시되었을 때 분석자는 최적의 대안선택을 위해 각 대안의 결과를 바탕으로 우선순위를 결정해야 하기 때문이다. 그러면 여러 대안이 제시된 경우 정책선택은 어떻게 이루어지는지 예를 들어 설명해 보자. 어떤 정책의 목표를 달성하기 위해 4가지 대안이 제시되었으며 각각에 대한 분석결과는 <표 3-15>와 같이 요약되었다고 하자. 각 대안들의 우선순위를 결정하기 위해 대안들의 편익-비용비와 순편익을 계산하면 <표 3-15>와 같다.

<표 3-15> 각 정책대안별 편익과 비용 결과표

(단위: 백만 원)

구분	편익(B)	비용(C)	B/C	NB
대안 A	250	160	1.6	90
대안 B	200	120	1.7	80
대안 C	450	300	1.5	150
대안 D	250	270	0.9	−20
대안 E	300	225	1.3	75

계산된 대안별 편익-비용비를 기준으로 대안들의 우선순위를 결정하면 사회후생을 가장 최대로 향상시키는 대안은 B가 된다.

B/C 우선순위: 대안 B>대안 A>대안 C>대안 E>대안 D

한편 순편익 기준으로 대안들의 우선순위를 결정하면 사회후생을 가장 최대로 향상시키는 대안은 C가 된다.

NB 우선순위: 대안 C>대안 A>대안 B>대안 E>대안 D

우리는 여기서 편익-비용비와 순편익의 평가 결과가 서로 상이함을 알 수 있다. 즉 단지 사회후생의 증진 여부를 알기 위해서는 두 방법 중 어느 방법이든 사용이 가능하나, 서로 다른 사업의 비교 및 예산 제약하에서의 정책 선택 등의 경우에는 분석자는 편익-비용비와 순편익 중 어느 방법을 선택할 것인지 주의하여야 한다. 이때 서로 다른 사업 간에 어떤 사업이 사회후생을 더 많이 증진시키는가를 알기 위해서는 순편익 방법을 사용하는 것이 적절하며, 한정된 예산 내에서 실행 가능하면서 가장 큰 사회후생 증가를 가져오는 사업을 선택해야 할 때에는 편익-비용비 방법을 사용하는 것이 적절하다.

정부가 예산 300백만 원을 확보한 후, <표 3-15>의 사업 대안을 선택한다고 가정해보자. 순편익의 크기가 가장 큰 사업은 C로, 300백만 원 예산으로 사업 시행이 가능하다. 그러나 사업 C를 추진하는 것 보다는 사업 A와 사업 B를 함께 시행하는 것이 효율적이다. 왜냐하면 A사업과 B사업을 함께 시행할 경우 예산의 범위 내에서 시행이 가능하며 순편익은 170백만 원(A사업 90백만 원, B사업 80백만 원)으로 사업 C의 순편익 150백만 원보다 규모가 크기 때문이다. 따라서 편익 - 비용비가 높은 사업 A와 사업 B를 실행하는 것이 더 효율적일 수 있다. 즉 예산의 범위가 한정되어 있을 때에는 편익 - 비용비에 의하여 순위를 정하고 예산에 범위 내에서 높은 순위의 사업부터 선택하는 것이 바람직하다.

▨ 편익과 비용에 대한 분석 결과가 도출되면 사회적 할인율을 고려하여 현재가치화하여야 한다.

▶ 현재가치화란 장래의 가치를 현재부터 장래 기간까지의 투자가치만큼 할인하는 것을 의미한다.

▨ 사회적 할인율을 적용하여 현재가치화한 편익과 비용 항목에 대한 최종평가는 순편익과 편익·비용비를 토대로 판단한다.

▶ 여기서 순편익은 '편익에서 비용을 공제한 양', 편익·비용비는 '단위 비용당 발생한 편익'을 의미한다.

▶ 효율적인 정책은 순편익이 0보다 큰 정책, 편익·비용비가 1보다 큰 정책을 의미한다.

NOTE 6

내부수익률

내부수익률(internal rate of return)은 사업이 원만히 진행된다는 전제하에 기대되는 예상 수익률로서, 투자사업의 전 기간에 걸쳐 발생하는 편익의 현재가치와 비용의 현재가치를 일치시켜 순 현재가치가 0이 되게 하는 어떤 할인율을 의미한다. 이는 바로 비용의 평균 연 수익률로 해석할 수 있다. 즉 어떤 투자계획이 의미하는 기간당 수익률을 계산해 내부수익률이라 부르고, 이에 기초해 투자계획의 타당성을 평가하는 것이 내부수익률법이다. 이러한 내부수익률을 구하는 공식은 다음과 같다.

$$\sum_t \frac{B_t}{(1+\lambda)^t} = \sum_t \frac{C_t}{(1+\lambda)^t}$$

식(3.8)

λ: 내부수익률

내부수익률(λ)에 의한 평가기준은 내부수익률이 사업에 소요되는 자금의 기회비용을 뜻하는 할인율보다 크면 편익을 증가시키는 정책으로, 이와 반대로 내부수익률이 할인율보다 작으면 실질적인 편익을 감소시키는 정책으로 판단한다. 이를 식으로 표현하면 다음과 같다.

$$\lambda \left\{ \begin{matrix} > \\ = \\ < \end{matrix} \right\} r \;\leftrightarrow\; 정책 \left\{ \begin{matrix} 결정 \\ ? \\ 기각 \end{matrix} \right\} \qquad 식(3.9)$$

분석자는 내부수익률을 사용할 경우 그릇된 판단을 하게 될 수도 있음을 인지하고 있어야 한다. 내부수익률법은 투자계획의 크기가 서로 다른 상황에서 우선순위를 정할 때 문제가 있는 것으로 알려져 있다. 내부수익률이 갖는 또 하나의 문제는 순 현재가치가 0이 되게 하는 내부수익률의 수가 여러 개 나올 수 있다는 것이다. 결론적으로 말해 내부수익률법과 현재가치법을 비교해 볼 때, 사용범위는 매우 유사하나 내부수익률법보다는 현재가치법에 의한 대안의 평가가 더 적절한 방법이라 하겠다.

5. 환경가치를 고려한 관광개발정책의 비용 편익 분석

5.1. 일반 배경

경제발전에 따른 개인의 소득 수준 향상과 근로시간의 단축은 사람들로 하여금 여가에 대한 욕구를 증대시킨다. 증대된 여가 욕구는 실질적으로 관광수요의 증가로 나타난다. 이와 함께 지방화 시대가 성숙되면서 각 지방자치단체에서는 경쟁적으로 지역 내 관광자원을 개발하여 지역의 경제 성장을 이루려 하고 있다. 관광개발은 지역경제 활성화의 중요한 수단으로 인식되고 있어 지역개발계획에서 빠질 수 없는 개발사업으로 등장하고 있다. 특히 입지 여건상 후방효과가 큰 산업, 즉 제조업을 중심으로 한 지역경제 활성화가 여의치 않은 지역에서는 관광개발을 통한 관광산업 및 지역경제 파급효과에 큰 기대를 걸고 있다.

반면 과도하고 무분별한 관광개발로 인한 환경 훼손의 사례도 적지 않게 나타나고 있다. 숙박을 비롯한 편익시설이나 위락시설 등 인프라의 개발은 기본적으로 환경의 파괴 위에서 이루어진다. 관광객을 끌어들이기 위하여 이루어지는, 이른바 하드웨어의 투자 개발 자체가 환경의 측면에서는 파괴인 것이다. 도로와 주차장의 개설, 호텔, 콘도 및 골프장 건설, 전력 및 상수원의 확보, 하수도와 폐기물 처리장의 확충은 대부분의 경우 추가 또는 신규 시설로 녹지를 잠식한다. 또는 기존 문화유산과 경관의 훼손을 수반한다.

이와 같이 관광개발은 해당 지역에 전적으로 편익만을 제공하는 것이 아니라 오염, 환경 훼손 등과 같은 비용도 동시에 발생시키고 있는 것이다. 즉 관광개발정책은 지역 및 국민경제에 긍정적인 영향을 발생시켜 사회후생을 향상시키는 반면, 환경 훼손 등을 초래하여 사회후생을 감소시킨다. 따라서 합리적인 관광개발정책이 되기 위해서는 관광개발정책으로 인해 발생하는 사회후생 증가분(편익)이 사회후생 감소분(비용)보다 크게 나타나는지, 다시 말해서 사회후생을 향상시키는지 비교·분석해 봐야 한다.

그러나 환경에 대한 실질적인 시장이 존재하지 않기 때문에 관광개발의 환경적 영향을 구체적인 화폐 가치로 나타내기는 매우 어려우며, 이로 인해 환경 가치를 고려한 비용 편익 분석은 제대로 이루어지지 못하고 있는 실정이다. 결국 관광개발정책 입안 시 타 부처, 시민단체, 각 경제주체의 강한 반발에 직면하는 경우가 많으며, 소모적인 논쟁과 자원 낭비를 가져오는 일이 비일비재하다. 따라서 관광개발정책을 수행하는 데 있어서 정책담당자들이 합리적인 의사결정을 내리고, 국민적 합의의 도출을 용이하게 하기 위해서는 환경 가치를 고려한 경제성 평가가 포괄적이고 구체적으로 이루어져야 한다. 이에 본 연구는 환경 가치를 고려하여 관광개발의 효과를 사회적 편익과 사회적 비용의 두 관점에서 평가하고자 한다.

관광개발정책의 사회적 편익은 크게 관광효과와 건설효과로 구분할 수 있다. 우선 관광효과의 측정을 위해서 관광개발에 따른 지역의 수요 증가를 분석하기 위한 모형을 개발한다. 이는 다지역 가격관광투입산출모형을 설정함으로써 이루어진다. 그리고 개발된 모형을 이용하여 예측된 수요의 증가가 지역경제에 미치는 파급효과는 다지역 투입산출모형(Multi Regional Input Output Model; MRIO)을 통해 분석된다. 좀 더 구체적으로 관광수요의 증가가 지역경제에 미치는 효과는 다지역 투입산출모형의 부가가치 승수를 통해 도출되며, 이는 지역의 부가가치 증가로 나타나게 된다. 한편 건설효과는 관광개발 시 건설업에 투자되는 개발사업비가 지역경제에 미치는 영향으로, 이 또한 다지역 투입산출모형을 이용하여 도출된다. 그러므로 관광개발의 사회적 편익은 지역의 부가가치 증가분이 된다.

이러한 분석은 다지역 투입산출표를 이용하여 이루어진다. 그러나 우리나라에서는 공식적으로 다지역 투입산출표가 조사, 발표된 것이 없으므로 본 연구에서는 한국은행(2003)에서 발표한 전국 투입산출표와 Polenske(1980)가 제시한 방법에 의해 다지역 투입산출표를 작성하도록 한다. 여기서 지역은 광역행정구역을 기준으로 한 9개 지역, 산업은 관광산업을 포함한 25개 산업으로 구분하였다.

관광개발에 따른 사회적 비용은 환경훼손으로 인한 지역 주민들의 후생 감소, 즉 환경비용과 사적 비용으로 전제한다. 그러나 환경훼손에 대한 시장이 존재하지 않으므로, 이를 화폐 가치로 측정하기 위하여 본 연구에서는 조건부 가치 측정법(Contingent Valuation Method; CVM)을 이용하였다. 설문조사방법은 일대일 면접조사 방법을 이용하였고, 설문 조사된 내용을 바탕으로 지역 주민의 구체적인 지불의사금액 함수를 도출하는 방법은 로짓모형(logit model)과 프로빗모형(probit model)을 적용하였다.

연구사례는 최근 제주 지역에서 사회적 논란이 되고 있는 A 개발사업으로 설정하였다. 지역 차원에서의 효과를 분석하였기 때문에 A 개발사업으로 인한 편익과 비용의 공간적 범위는 제주 지역으로 한정하였다. 따라서 제주 지역 외에서 발생하는 편익 및 비용은 분석 과정에서 고려되지 않는다.

5.2. 관광개발의 영향

기존 관광개발의 영향에 대한 연구들을 종합해 보면, 관광개발의 영향은 크게 경제적 영향, 사회·문화적 영향, 환경적 영향으로 구분되어 제시되고 있다. 관광개발이 지역에 미치는 영향은 다음과 같이 도식화할 수 있다.

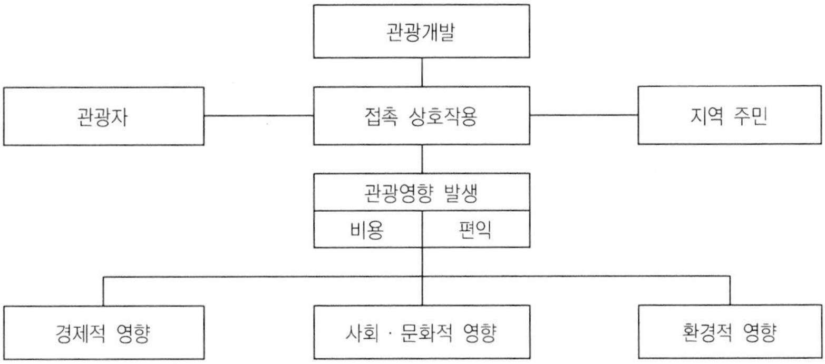

자료: Mathieson, A., Wall, G., 1982, Tourism: Economic, Physical and Social Impact, New York: Longman.

〈그림 3-6〉 관광영향의 개념적 틀

경제적 영향

최근 국내외적으로 대량관광시대를 맞이하면서 관광이 특정 지역사회 또는 국가에 미치는 사회·경제적 영향 그리고 생태학적 영향에 대한 관심이 제고되기 시작하였다. 단위국가별로 또는 국제기구 등에서 관광개발로 예상되는 영향의 파악, 즉 영향도 연구(impact studies)가 활기를 띠고 있는 것도 이러한 관심의 한 표현이라고 볼 수 있다. 영향도 연구 중, 특히 경제직 영향에 대해서는 승수분석 혹은 산업연관분석 등을 통해 그 효과가 충분히 밝혀지고 있는 편이다.

그러나 관광산업은 여러 산업들이 혼합되어 있는데다 관광의 경제적 영향을 받는 집단과 관광 경제에 영향을 미치는 집단이 다양하여 관광의 경제적 영향평가는 복잡하다. 관광개발의 경제적 파급효과를 분석하는 데 있어서 관광활동의 다양화로 관광산업부문의 유형도 변화되었고, 관광산업을 규정하는 개념도 역시 변화되어 다른 산업과의 상호 연관관계의 파악이 매우 복잡하게 되었다.

경제적 측면에서 본 관광개발의 긍정적 영향으로는 외화획득, 국제수지 개선, 그리고 주민의 소득 및 고용창출, 지역의 경제구조 개선, 기업 활동의 촉진 등을 기대할 수 있는데, 그 효과는 1차적 직접효과와 2차적 간접효과 및 유발효과로 대별된다. 이는 관광객의 소비지출로 발생되며, 그 편익의 정도는 승수기법과 산업연관분석에 의해 평가될 수 있다.

Cleverdon & Edwards(1982)는 지역사회에 있어서 관광개발로 인한 경제적 편익을 다음과 같이 제시하고 있다. 첫째, 외화획득과 경상수지적자를 개선시켜 준다. 둘째, 고용증대를 가능하게 해 준다. 셋째, 관광관련 산업의 발전을 도모한다. 넷째, 정부의 재정수입을 증가시킨다. 다섯째, 외부에 대하여 지역사회의 이미지를 높여 줌으로써 외부로부터의 투자증가를 촉진해 준다.

경제적 측면에서 본 관광개발의 부정적 영향으로서는 첫째, 한 지역에서의 정(正)의 승수효과는 다른 지역에서의 역(易)의 승수효과를 가져오거나, 개발이익이 지역경제로부터 누출 될 수 있다. 따라서 실제로 지역관광승수효과는 국가적 차원에서 계산된 관광승수효과에 비해 적다고 지적된다. 둘째, 관광투자의 기회비용문제이다. 관광투자자본을 타 산업부문에 투입했을 때 발생하는 편익의 정도를 개발이익과 비교·검토해 볼 여지가 있다는 것이다. 셋째, 지가 상승과 물가 상승으로, 이는 주택난을 가중시키고 실질소득을 감소시킬 수 있다. 넷째, 지역 주민에게 부과되는 오물처리비용, 관광시설의 유지비용 등 사회적 비용의 증가, 비수기의 실업현상과 계절에 따른 경기변동 등을 들 수 있다. 다섯째, 고용에 관한 부정적인 현상으로 고용창출이 대부분 저임금노동이라는 점 등이 지적되고 있다.

사회·문화적 영향

관광의 사회·문화적 영향은 관광이 가치체계, 개인의 태도, 가족관계, 집단적 라이프스타일, 도덕적 행동, 창조적인 표현, 전통적인 의식행사, 지역사회의 조직의 변화를 가져오는 한 원인이 되는 것을 말한다. 관광의 사회적 영향은 지역사회의 사회구조, 관광지

의 경제 및 산업의 조정이 즉시 변화하는 것과 관련이 있으며, 관
광의 문화적 영향은 지역사회의 규범이 장기간에 걸쳐 변화하는
것을 의미한다.

많은 학자들이 관광의 사회·문화적 영향을 구체적으로 분류하
고 있다. Pearce(1989)는 사회·문화적 영향을 6개의 범주, 즉 인구
구조 영향, 직업형태의 변화, 가치의 변화, 전통적인 라이프스타일
의 변화, 소비패턴의 변화, 관광객의 혜택(benefits to tourists) 등으
로 분류하고 있으며, Pizmam & Miltman(1984)은 인구통계학적 변
화, 직업의 변화, 규범의 변화, 소비패턴의 변화, 환경적 영향 등으
로 분류하였다.

또한 Travis(1984)는 관광지에 영향을 주는 사회·문화적 영향을
편익과 비용으로 분류하여 제안하고 있다. 관광으로 인한 편익측면
에서는 문화발전(현대화)과 교환, 사회의 변화, 지역사회 이미지의
개선, 공공복지의 개선, 사회적 환경의 개선, 교육과 보전, 긍정적
인 문화의 상호 교환, 정치적인 변화 등을, 관광으로 인한 비용 측
면에서는 지역 문화의 파괴와 변화, 사회적 불안정, 소비주의, 법과
사회적 질서의 변화, 지역 주민과 관광객의 상업적 관계, 전통적
가치의 변화와 정치적 혼란 등을 제시하고 있다.

환경적 영향

관광개발은 관광객의 환경에 대한 인식 증대 등 관광객과 환경
간의 관계에 있어서는 긍정적인 효과도 가져올 수 있으나, 일반적
으로 관광개발은 지형과 지세, 토양이나 식생의 변화를 초래하는

한편 야생동식물의 서식처를 훼손시킴으로써 부정적인 영향을 발생시킨다.

환경적 측면의 긍정적 관광개발영향으로는 물리적 환경의 개선, 자연환경의 정비와 보전 등 관광을 위한 환경보호활동을 들 수 있다. 반면 환경에 대한 부정적 영향은 생활환경의 오염과 파괴 및 물리적 환경의 공해문제로 집약해 볼 수 있다. 관광개발은 지형과 지세, 토양이나 식생의 변화를 초래하는 한편 야생동물의 생태계를 변질시키며, 관광객에 의한 사적이나 자연환경의 훼손 등도 발생될 수 있다. 또한 관광지의 쓰레기, 폐기물오염과 수질오염, 그리고 관광객의 증가로 인한 시설의 과부하 및 혼잡, 관광지의 무질서한 팽창 등을 유발시킨다.

종합

지금까지 살펴보았듯이 관광개발은 경제적 측면, 사회·문화적 측면, 환경적 측면 등에서 긍정적인 영향과 부정적인 영향을 발생시킨다. 따라서 관광개발정책의 비용 편익 분석에서 이러한 모든 영향을 예측하여 계량화하고 화폐 가치로 나타내기는 현실적으로 힘들다는 것이다. 특히 사회·문화적인 측면의 영향은 실질적인 시장이 존재하고 있지 않기 때문에 개발의 효과를 가치화하기는 매우 어려운 실정이다. 반면 환경적인 영향에 대해서는, 가치화를 위한 노력이 지속적으로 이루어지고 있다. 이러한 맥락에서 관광개발의 영향은 지역에 미치는 영향 정도 및 계량화 가능 여부를 기준으로 단순화시켜 항목화되어야 한다.

본 연구에서는 관광개발의 목적이 궁극적으로 지역경제 활성화에 있다는 점에 근거하여 관광개발의 경제적 파급효과만을 긍정적 영향, 즉 편익으로 한정하여 분석하고자 한다. 한편 관광개발로 인해 가장 문제가 되는 부정적 영향, 즉 환경 훼손을 관광개발의 비용으로 고려하여 분석하고자 한다. 구체적으로 관광개발의 편익은 관광시설 조성과정에서 발생하는 건설효과와 관광시설 조성 후 발생하는 관광수요 증대에 따른 관광효과로 한정하며, 관광개발의 비용은 관광개발을 위한 사업비와 환경 훼손에 따른 비용으로 한정한다.

5.3. 관광개발정책의 비용과 편익 항목

통상 개발사업과 관련된 회계적 비용을 사적 비용(private cost)이라 하며, 환경파괴비용을 고려한 비용을 사회적 비용(social cost)이라 한다. 정책적 측면에서 개발사업과 관련된 비용 편익 분석 또는 타당성 평가는 사적 비용에만 근거해서는 안 되고 사회적 비용에 근거해야 한다. 즉 환경의 가치를 고려한 비용 편익 분석을 해야 하는 것이다.

자연자산의 보존가치를 다른 측면에서 보면 경제학적 측면에서의 자연자산 개발사업으로 인한 환경파괴비용을 의미한다. 왜냐하면 이 값은 자연자산의 보존가치를 반영하기 때문이다. 따라서 관광개발로 인해 자연자원이 파괴된다면 이는 환경가치가 소실되는 것이므로 환경보존의 측면에서 본 환경가치는, 환경파괴의 측면에서 보면 환경비용이 되는 것이다. 이러한 맥락에서 관광개발정책의 타당성 평가를 위한 비용과 편익을 제시하면 <표 3-16>와 같다.

사회적 비용(social cost)은 사적 비용(private cost)과 환경비용(environmental cost)의 합으로 구성된다. 사회적 순편익(social net benefit)은 편익(B)에서 사회적 비용(social cost)을 뺀 것을 의미한다. 만약 사회적 순편익이 '0'보다 크게 나타난다면, 즉 사적 순편익(B-PC)이 자연자산의 보존가치 이상일 경우에는 개발사업은 타당성이 있다고 판단할 수 있다.

<표 3-16> 타당성 평가를 위한 비용과 편익

구분	내용
사적 비용(PC)	건설비
환경비용(EC)	자연자산의 보존가치
사회적 비용(SC)	PC+EC
편익(B)	지역경제 파급효과(부가가치 증대분)
사적 순편익(PNB)	B-PC
사회적 순편익(SNB)	B-SC

관광개발정책의 비용과 편익 항목은 '항목화' 및 '항목 평가'의 과정을 거쳐 구체화된다. 이에 대한 내용을 제시하면 다음과 같다.

항목화

비용 편익 분석이란 한마디로 말해 사업의 효과를 비용과 편익으로 구분하여 측정하고 평가하는 것이다. 그러므로 정책이 집행되었을 때 어떠한 효과들이 발생할 것인지를 우선 예상하여 항목화하고, 각 항목을 편익과 비용으로 구분해야 한다. A 개발사업으로 인해 발생하는 효과들을 편익과 비용 항목으로 구분하면 다음과 같다.

〈표 3-17〉 관광개발사업 효과의 항목화

편익 항목	대상	비용 항목	대상
관광효과	지역 주민	건설비	사업자
건설효과	지역 주민	부지매입비	사업자
고용효과	지역 주민	환경 훼손	지역 주민
재정증대효과	지방정부	-	-

관광개발사업은 기본적으로 관광수요를 증대시켜 지역경제에 긍정적인 영향을 미칠 뿐만 아니라 개발과정에서 건설효과도 발생시킬 것이다. 또한 지역 주민들의 고용을 창출하고 지방정부의 재정을 증대시키는 데 기여할 것이다. 반면에 관광개발사업의 비용 항목은 건설비 및 부지매입비 등이다. 그리고 환경 훼손 등의 비용을 지역 주민들에게 전가시키게 된다.

항목 평가

항목 평가에서 가장 기본적인 것은 항목화한 개별효과들이 진정으로 비용 또는 편익에 해당하는지를 평가하는 것이다. 특히 여기서는 두 가지 점에서 주의해야 한다. 첫째는 이전소득(transfer payment)에 관한 고려이다. 비용 편익 분석은 지역 전체를 대상으로 이루어지기 때문에 지역사회의 구성원 간 편익과 비용의 단순 이동은 사업효과로 고려되지 않는다. 즉 사업으로 인해 어떤 구성원들에게 발생하는 편익 항목이 단순히 다른 구성원들의 비용으로 이루어지는 것이라면 그 항목은 분석대상에서 제외된다.

다음은 이중 계산(double counting)의 가능성이다. 이중 계산이란 사업의 한 효과가 다른 항목의 이름으로 중복 계산됨으로 인해 사업의 경제성이 과대 또는 과소하게 평가되는 것을 말한다.

이러한 맥락에서 앞에서 제시되어 있는 효과항목 중 고용효과와 재정증대효과는 이전소득이라고 할 수 있다. 부지매입비를 비용으로 포함할지의 여부는 신중히 판단해야 한다. 이에 대해서 구체적으로 설명하면 다음과 같다.

○ 고용효과

관광개발사업은 지역 주민의 고용 창출에 기여한다. 그러나 이러한 고용효과는 이전소득이라 할 수 있다. 왜냐하면 관광개발사업에 따른 고용 증가는 지역 내 다른 곳의 고용 감소를 야기한다고 할 수 있기 때문이다. 김홍배(2003)는 개발사업으로 인한 고용증가는 이전소득이므로 분석대상에서 제외되어야 한다고 평가하고 있으며, 한국해양수산개발원(2001)은 일반적으로 개발사업에 있어서의 고용효과는 이전소득인 경우가 대부분이라고 제시하고 있다.

물론 관광개발사업으로 인해 지역 내 순 고용, 즉 지역 내 다른 곳의 고용 감소분을 넘어서는 고용효과는 발생한다. 그러나 여기서 유의해야 할 것은 이러한 고용효과는 관광효과에 포함되어 있다는 것이다. 따라서 이러한 고용효과를 편익에 포함시킨다면 관광효과와 이중 계산(double counting)이 되므로, 편익의 범위에서 제외시켜야 한다.

이와 마찬가지로 관광개발사업에 따른 사업 수입도 이전소득이라고 할 수 있다. 즉 어떤 지역의 관광개발사업에 따른 사업 수입은 지역 내 다른 곳의 수입 감소를 야기하여, 제주 지역 전체의 순수요 증가에 의한 사업 수입은 관광효과와 이중 계산이 된다.

○ 재정증대효과

관광개발사업 추진 과정에서 발생하는 각종 세금 등으로 지방재
정은 증대될 것이다. 이러한 지방재정 증대 효과는 해당 지방정부
입장에서는 편익이 될 것이다. 그러나 이는 지역의 사회후생이 증
가한 것이 아니라 사업자의 비용, 즉 부지매입비 등의 비용이 지방
정부의 편익으로 단순 이동한 것이므로 이전소득이 된다. 따라서
지방재정 증대 효과는 편익의 범위에 포함되지 않는다.

○ 부지매입비

관광개발사업의 비용을 평가함에 있어서 부지매입비를 비용으로
포함시켜야 하는지를 판단해야 한다. 실질적으로 개발사업의 비용
에는 부지매입비가 아니라 토지의 가치가 포함되어야 한다. 이러한
토지의 가치는 일반적으로 부지매입비로 계산되기 때문에 개발사
업의 비용 항목에는 부지매입비가 제시된다.

그러나 그동안 생산과정에 투입되지 못하고 있거나 향후에도 장
기간 유휴지로 남아 있을 가능성이 많은 토지의 경우에는 기회비
용이 0원에 가깝다고 할 수 있다. 다시 말해서 생산과정에 투입되
지 못했던 토지가 사업으로 인해 생산과정에 투입된다면 그 토지
의 사회적 비용은 0원이 된다.

○ 기타(지가 상승)

A 개발사업은 주변의 지가를 상승시키게 될 것이다. A 개발사업
자는 사업으로 인해 약 12.9%의 지가 상승이 발생할 것으로 예측
하고 있다. 그러나 지가 상승은 공공사업이라는 측면에서 진정한
편익으로 인정되지 않는 금전적(pecuniary) 편익이다. 즉 토지가격이

상승할 경우 토지소유자는 이득을 보지만, 그 토지를 임대해 사용하는 사람은 손해를 입게 된다. 다시 말해 토지소유자가 얻는 금전적 편익은 토지사용자가 입는 금전적 손실에 의해 상쇄된다. 따라서 지가 상승은 편익에 포함시키지 않는 것이 비용 편익 분석의 일반적 원칙이다.

○ 종합

앞서 언급한 내용을 정리하여 관광개발사업의 편익과 비용 항목을 제시하면 다음과 같다. 편익 항목으로는 크게 관광효과, 건설효과, 고용효과, 재정증대효과 등이, 비용 항목으로는 건설비, 부지매입비, 환경 훼손 등이 제시되었다. 그러나 이러한 항목들을 평가한 결과, 고용효과, 재정증대효과는 이전소득이므로 분석 대상에서 제외시켜야 되며, 토지의 경우에는 기회비용을 고려하여 분석에 포함할지를 결정해야 한다는 결론을 내렸다. 이러한 결과를 바탕으로 A 관광개발사업의 효과를 구분하면 다음과 같다.

<표 3-18> A 개발사업의 효과 구분

편익 항목	계량화	가치화	비고	비용 항목	계량화	가치화	비고
관광효과	○	○	−	건설비	○	○	−
건설효과	○	○	−	부지매입비	○	○	?
고용효과	○	○	분석대상 제외	환경 훼손	○	○	−
재정증대효과	○	○	분석대상 제외	−	−	−	−

5.4. 관광개발정책의 편익 분석 방법

관광효과

관광개발은 해당 지역 관광자원의 잠재력을 관광활동이 가능한 형태로 전환시켜 줌으로써 관광유인성을 제고시킨다. 결국 관광개발은 해당 지역 관광산업의 생산성을 향상시키는 역할을 할 것이다. 이러한 맥락에서 관광개발이 지역경제에 미치는 영향을 분석하기 위한 모형을 설정하면 다음과 같다. 먼저 지역 내 관광산업의 생산함수를 바탕으로 관광개발이 관광재의 가격에 미치는 영향을 분석하기 위한 모형을 설정한다. 그리고 가격변화가 수요에 미치는 영향을 분석하기 위한 모형을 설정한다.

○ 관광개발이 재화의 가격에 미치는 영향 분석

관광개발의 효과를 분석하기 위한 모형의 구조는 다음과 같다. 먼저 국민경제는 m개의 지역으로, 각각의 지역경제는 n개의 산업으로 구성되어 있다. 이때 경제 내 생산자들은 중간재(q_{ij}^{sr})와 자본(K_j^r)과 노동(L_j^r)을 이용하여 제품을 생산하며, 생산기술은 규모 불변의 Cobb-Douglas 생산함수로 가정한다.

$$Q_j^r = A_j^r \ K_j^{r^{\alpha_j^r}} \ L_j^{r^{\beta_j^r}} \ \prod_i^n \prod_s^m q_{ij}^{sr^{\gamma_{ij}^{sr}}} \cdot (\alpha_j^r + \beta_j^r + \gamma_{ij}^{sr} = 1) \qquad 식(3.10)$$

Q_j^r: r지역 j산업의 총생산량

A_j^r: r지역 j산업의 생산성 계수

m: 지역 수, n: 산업 수

여기서 A_j^r은 r지역내 j산업의 총요소생산성을 나타내는 계수이다. 여기서 총요소생산성이란 노동, 자본 등 생산요소의 투입과 이로부터 얻어지는 산출을 비교한 것으로서 투입량에 대한 산출량의 비율로 표시된다. 따라서 동일한 양의 생산요소를 투입하여 더 많은 산출량을 얻거나 동일한 산출량을 더 적은 양의 생산요소를 투입하여 얻게 되는 경우 생산성이 향상된 것으로 볼 수 있다. 이러한 총요소생산성은 여러 가지 이유에 의해 지역별, 산업별로 차이가 날 수 있다.

관광산업의 경우는 지역의 관광개발 정도, 계절적 요인, 자연자원의 매력도 등에 의해 차이가 날 수 있을 것이다. 그러나 본 연구에서는 지역 내 관광개발의 정도에 의해서만 관광산업의 생산성이 결정됨을 가정한다. 즉 관광개발이 잘되어 있을수록 해당 지역 관광산업의 생산성은 높다고 보았다.

이러한 가정은 관광개발을 관광재를 공급하는 일로 정의함으로써 설명될 수 있다. 즉 관광개발은 공공재적 성격이 강한 관광재를 공급하는 일이므로 지역 내에 관광재가 많아진다면 관광산업의 생산성도 향상될 것이다. 관광개발이 관광사업의 진흥을 목적으로 하고 있다는 점에서 이러한 정의 및 가정은 타당하다고 보인다. 다만 관광산업의 생산성이 관광개발 정도에 의해서만 결정된다고 하는 것은 모형 설정에 있어서의 한계라고 할 수 있다. 한편 관광개발은 관광산업의 생산성에만 영향을 미치며 타 산업에는 아무런 영향을 미치지 않음을 가정한다.

$$A_t^r = (Dev^r)^{a_t^r}$$ 식 (3.11)

A_t^r: r지역 관광산업의 생산성 계수, Dev^r: r지역의 관광개발 정도
a_t^r: 관광개발 정도에 의해 결정되는 r지역 관광산업의 생산성 탄력계수

여기서 관광개발 정도를 어떻게 측정할 것인가 하는 문제가 발생한다. 관광개발 정도를 측정하는 문제는 현재 관광학계에서도 해결하기 쉽지 않은 과제이다. 관광지의 면적 또는 호텔 객실 수 등을 대리지표로 사용하는 경우가 있으나, 어떤 지표도 논리적인 근거를 제시하지 못하고 있다. 이러한 문제 해결은 후속 과제로 남겨두고 본 연구에서는 관광개발이 관광사업 진흥을 목적으로 하고 있다는 점에 기초하여 관광사업의 진흥 정도는 관광사업체 종사자 수로 대신할 수 있음을 가정한다. 즉 관광개발이 잘되어 있는 지역일수록 관광사업체 종사자 수가 많다고 가정한다.

지역 내 산업별 생산함수식과 생산자들의 이윤극대화 가정으로부터 생산요소의 가격은 다음과 같이 표현된다.

$$r_j^r = P_j^r \frac{\partial Q_j^r}{\partial K_j^r} \cdot w_j^r = P_j^r \frac{\partial Q_j^r}{\partial L_j^r} \cdot P_{ij}^{sr} = P_j^r \frac{\partial Q_j^r}{\partial q_{ij}^{sr}}$$ 식 (3.12)

r_j^r: r지역 j산업의 자본수익
w_j^r: r지역 j산업에 고용된 노동자의 노동임금
P_j^r: r지역 j산업 재화의 단위 가격

앞의 식(3.10)의 양변에 로그를 취한 뒤, 수확불변(constant returns to scale)의 산업기술 가정과 식(3.12)의 각 요소의 수요를 대입하고

정리하면 다음과 같다.

$$\ln P_j^r = (1 - \sum_s^m \sum_i^n \gamma_{ij}^{sr})^{-1} - a_j^r \ln Dev + T_j^r \qquad \text{식 (3.13)}$$

$$T_j^r = -\alpha_j^r \ln \alpha_j^r + \alpha_j^r \ln r_j^r - \beta_j^r \ln \beta_j^r + \beta_j^r \ln w_j^r - \sum_s^m \sum_i^n \gamma_{ij}^{sr} \ln \gamma_{ij}^{sr}$$

식(3.13)의 양변을 시간에 대해 전미분하면 다음과 같다.

$$\frac{\dot{P}_j^r}{P_j^r} = (1 - \sum_s^m \sum_i^n \gamma_{ij}^{sr})^{-1} \left\{ - a_t^r \frac{\dot{Dev}^r}{Dev^r} \right\} \qquad \text{식 (3.14)}$$

앞의 식에서 제시되었듯이 재화의 가격변화는 지역 내 관광개발 정도와 음의 상관관계가 있음을 보여 주고 있다. 다시 말해서 관광개발이 증가될수록 관광재를 포함한 재화의 가격은 감소된다.

○ 관광개발이 수요에 미치는 영향 분석

관광재를 포함한 재화의 가격변화는 수요에 영향을 미치게 된다. 재화의 가격변화에 따른 소비자의 소비 변화를 구하기 위해서는 우선적으로 소비자의 소비 효용함수가 설정되어야 한다. 여기서 소비자의 효용함수는 Cobb-Douglas 함수의 형태를 갖는다고 가정한다.

$$U^r = \prod_s^m \prod_j^n C_j^{sr^{\phi_j^r}} \qquad \text{식 (3.15)}$$

C_j^{sr}: 지역 s의 j산업 재화에 대한 지역 r내 소비자 1인당 소비량

산업 재화에 대한 소비 수요량은 소비자의 효용 극대화 행태로부터 구해진다. 이를 수식으로 표현하면 다음과 같다.

$$Max\, U^r = \prod_s^m \prod_j^n C_j^{sr^{\phi_j^{sr}}} \qquad \text{식}(3.16)$$

$$s.t.\ \sum_s \sum_j P_j^{sr} \cdot C_j^{sr} = \overline{w^r}$$

$\overline{w^r}$: 지역 r내 고용자 1인당 평균임금

위의 식을 통해 관광재의 가격변화에 따른 소비변화를 계산하기 위해서는 먼저 위의 식을 Lagrange 함수로 나타내고, 이로부터 일계 조건(F.O.C.)을 통해 소비량이 구해진다.

$$C_j^{sr} = \frac{\phi_j^{sr}}{\sum_s \sum_j \phi_j^{sr}} \cdot \frac{\overline{w^r}}{P_j^{sr}} \qquad \text{식}(3.17)$$

따라서 관광재의 가격변화에 따른 소비 변화분은 위 식을 통해 계산될 수 있다.

○ 관광수요 변화가 지역경제에 미치는 영향 분석

관광개발에 따른 관광재의 가격변화는 수요를 변화시키고, 이는 지역경제에 긍정적인 영향을 미치게 된다. 이처럼 수요 변화가 지역경제에 미치는 영향은 다지역 투입산출모형을 이용하여 분석할 수 있다. 구체적으로 지역경제에 미치는 효과는 부가가치 변화로

나타나게 된다. 이에 대한 분석모형은 다음과 같다.

관광재의 가격변화에 의한 최종수요 변화로 부가가치 또한 변하게 된다. 이는 부가가치 승수에 의해 측정되며, 이를 식으로 나타내면 다음과 같다.

$$\Delta V = \widehat{A_v} \cdot (I - CA)^{-1} \Delta C_p \qquad\qquad 식 (3.18)$$

$$A_v = (a_{v1}^r, \cdots\cdots, a_{vn}^r, a_{v1}^s, \cdots\cdots, a_{vn}^s)$$

I: 단위행렬

CA: 다지역 투입–산출계수행렬

ΔC_p: 관광재의 가격변화에 따른 수요변화행렬

a_{vj}^r: r지역 j산업의 부가가치 계수($=\dfrac{V_j^r}{X_j^r}$)

건설효과

관광개발에 따른 건설효과는 관광시설 및 관광지 조성을 위한 건설 수요가 지역경제에 미치는 직·간접 효과를 포함한다. 관광효과와 마찬가지로 건설효과도 부가가치 변화로 나타나게 되며, 이는 부가가치 승수에 의해 측정된다. 여기서 주의해야 할 것은 건설효과는 관광효과와는 달리 일회적으로 발생하는 효과라는 것이다.

$$\Delta V = \widehat{A_v} \cdot (I - CA)^{-1} \Delta C_b \qquad\qquad 식 (3.19)$$

ΔC_b: 건설수요변화행렬

5.5. 관광개발정책의 비용(환경 비용) 분석 방법

관광개발로 인해 지역에 발생되는 비용은 크게 환경비용, 건설비용 등이 있다. 여기서 환경비용은 관광개발정책에 따른 환경 훼손으로 나타나는 사회후생의 감소라고 할 수 있으며, 이러한 환경비용은 조건부 가치 측정법에 의해 측정될 수 있다. 조건부 가치 측정법을 통한 환경비용 측정 과정에 대해서 설명하면 다음과 같다.

먼저 구체적인 설문지 작성 과정 및 표본 설계 등에 대해서 구체적으로 제시한다. 그리고 설문조사 결과를 분석하고, 이를 바탕으로 지불의사금액 함수를 추정한다. 다음으로 추정된 지불의사금액 함수에 설명변수들의 값을 적용하여, 사업대상지의 가치 보전을 위한 지역 주민들의 가구당 평균 지불의사금액 및 총가치를 도출한다.

설문지 작성 및 표본 설계

조건부 가치 측정법에 의한 설문조사는 크게 조사기획단계, 실시단계로 구분된다. 조사기획단계에서는 비교적 적은 수의 표본을 선택하여 사전조사(pretest)를 실시한 후, 수정을 거쳐 설문지의 내용을 최종 확정하게 된다. 실시단계는 확정된 설문지를 바탕으로 설문을 실시하는 과정으로, 설문을 하기 위해 필요한 여러 단계가 포함된다. 예컨대 설문조사원 교육, 설문 실시, 설문지 작성, 자료 입력, 확인 및 수정단계를 거쳐 필요한 정보를 도출하는 분석단계로 넘어간다.

조건부 가치 측정법 설계 절차는 <그림 3-7>에 도식화되어 있으며, 각 절차에 대한 설명은 다음과 같다.

대상재화의 선정	평가하고자 하는 환경질 개선 또는 추가적인 서비스 제공에 대한 내용, 달성 목표 등을 명확히 한다.
지불수단 선택	제시된 정책시행과 명백한 관계를 가지면서 이와 관련된 일상적 지출에 지나치게 제약을 받지 않는 지불수단을 선택하는 것이 중요하다.
지불의사 유도	현실시장에서 소비자들이 선택하는 메커니즘과 유사하면서 국민투표에서 흔히 사용되어 비교적 친숙한 양분선택형 질문법을 통해 지불의사를 유도하는 것이 바람직하다.
제시금액 설계	무작위 추출된 표본에 대한 사전조사 결과를 바탕으로 하여 제시금액을 선정하고 응답자에게 무작위로 제공되어야 한다.
설문방법 선택	설문의 목적과 비용을 고려하여 우편조사, 전화조사, 일대일 면접조사 중 하나를 선택한다. 전달하고자 하는 환경재가 복잡하고 제공되는 정보가 적지 않은 경우에는 비용의 부담이 있기는 하지만 일대일 면접을 하는 것이 바람직하다.
필요정보 포함	응답자의 사회경제적 사항 등 필요한 정보를 얻기 위한 질문을 포함해야 한다.

〈그림 3-7〉 조건부 가치 측정법 설계 과정

○ 대상재화 선정

본격적인 설문조사를 하기 위한 첫 단계로서 대상재화와 이에 대한 가상의 시장을 설정해야 한다. 지불의사에 관한 핵심질문을 하기 전에 설문지는 가상적인 시장의 일반적 상황부터 만들어 간다. 먼저 응답자로부터 환경문제에 대한 일반적인 견해(general attitude to the environment)를 이끌어 낸다. 그 다음 관광개발사업에 대한 정보를 제공한 후, 사업 대상지가 현재 상태로 보존되었을 경우와 개발 후의 환경 질 변화를 제시한다.

사업 대상지에 대한 정보를 정확히 전달하기 위하여 응답자들에게 사업 대상지의 모습과 위치, 그리고 서식 동·식물 등을 담은 사진들을 보조자료로 활용한다.

　○ 지불수단 선택

가상의 시장 설정에 있어서 중요한 역할을 하는 것은 응답자가 밝히고자 하는 지불의사를 쉽게 표현할 수 있도록 지불수단을 제시하는 것이다. 현실성 있는 지불수단이 되도록 가상적인 시장을 설정하는 것은 응답자가 진정한 가치를 밝힐 수 있도록 유도한다는 것과, 가상적 상황을 좀 더 현실화시킨다는 것, 또한 의도와 행동 간의 관계를 밀접하게 할 수 있다는 점에서 중요하다. 특정한 지불수단을 결정할 때는 평가하고자 하는 재화와의 관련 정도, 응답자의 결정을 단순화할 수 있는 정도, 여러 가지 편의를 제거할 수 있는 정도를 기준으로 삼게 된다. 즉 평가하려는 대상과 관련하여 현실성이 있으며 사실과 부합하는 수단을 선택해야 한다는 것이다. 또한 NOAA 보고서에서 주지시키고 있듯이 지불의사금액(WTP)이 여타 소비의 제약을 수반한다는 것도 명시한다.

　○ 지불의사 유도방법 선택

지불의사 유도방법으로는 경매법(bidding game), 직접질문법(direct question), 지불카드법(payment card), 양분선택형 질문법(dichotomous choice question) 등이 있다. 그러나 NOAA 보고서에서 권고하고 있듯이 응답자가 대답하기 용이하여 응답률이 높고, 시작점 편의(starting point bias)나 설문조사원 편의에 의한 영향이 적으며, 응답자의 전략적 행위를 줄일 수 있는 양분선택형 질문법으로 지불의사를 유도하는 것이 바람직하다.

○ 제시금액 설계

제시금액은 최종적으로 얻고자 하는 지불의사금액의 평균값 또는 중앙값에 민감한 영향을 미칠 수 있으므로 본 조사 못지않게 세심한 주의를 기울여 결정해야 한다. 따라서 설문조사에 들어가기 전, 사전조사(pretest)를 시행한 후 초기 제시금액을 결정하는 것이 바람직하다.

○ 설문방법 선택

설문방법으로는 일대일 면접조사, 전화조사 그리고 우편조사 등이 있다. 비용이 많이 소요된다는 단점이 있지만 충분한 예산을 확보한 후, 응답자가 쉽게 이해할 수 있도록 하기 위하여 일대일 개별면접설문을 실시하는 것이 바람직하다.

○ 표본 설계 및 조사

연구대상이 되는 모집단을 확정하고, 분석 결과의 신뢰성을 고려하여 표본 추출 방법을 선정한다. 또한 일대일 면접조사, 전화조사, 우편조사 등 연구에 적합한 표본 조사 방법을 선정한다.

지불의사금액 함수의 설정 및 추정

일반적으로 지불의사금액은 응답자들이 처한 환경과 경제적 상황에 의해서 영향을 받을 뿐만 아니라 개인적 특성이나 선호에 의해 달라진다. 따라서 사업 대상지 보전에 대한 지불의사금액은 응답자들의 사업 대상지 등에 대한 인지(cognition) 및 태도(attitude), 응답자 개인 또는 가구의 사회경제적 특징에 의해서 결정된다. 이러한 점을 고려하여 지불의사금액 함수를 설정하여야 한다.

그리고 지불의사금액 함수를 추정하기 위해서는 최소자승법 (Ordinary Least Square; OLS) 또는 최대우도추정법(Maximum Likelihood Estimation; MLE) 등의 통계적 기법을 이용하는바, 최대우도추정법을 적용하기 위해서는 먼저 우도함수(likelihood function; L)를 설정한다. 이때 계산의 용이성을 고려하여 우도함수에 자연로그를 취한 로그우도함수(Log Likelihood Function)를 계산하여 사용한다.

단일경계 양분선택형(Single-Bounded Dichotomous Choice; SBDC) 질문법을 이용하는 경우, 제시액에 따른 응답자의 반응형태는 2가지 경우(yes, no)이다. 따라서 다음과 같은 형태의 로그우도함수를 설정할 수 있다.

$$\ln L(\theta) = \sum_{1}^{N} [D_1 \ln \pi^y + (1 - D_1) \ln \pi^n] \qquad \text{식 (3.20)}$$

θ : 모수벡터

N: 관측치 수, D_i : 지시변수(indicator variables)

$D_i = 1$: i 번째 제시액에 대해 수락

$D_i = 0$: i 번째 제시액에 대해 거부

π^y: 제시액에 yes로 응답한 경우의 확률

π^n: 제시액에 no로 응답한 경우의 확률

응답자 i 가 제시금액(B_i)에 대해 수락 또는 거부할 경우의 확률은 다음과 같이 표현할 수 있다.

$$\pi^{y}(B_i) = \Pr[B_i \leq WTP_i] = 1 - F(B_i;\theta) \qquad \text{식 (3.21)}$$

$$\pi^{n}(B_i) = \Pr[B_i > WTP_i] = F(B_i;\theta) \qquad \text{식 (3.22)}$$

WTP_i: 응답자 i 의 내재된 잠재 지불의사금액

$F(\cdot)$: 임의의 누적확률 분포함수

이중 경계 양분선택형(Double-Bounded Dichotomous Choice; DBDC) 질문법을 이용하는 경우, 제시액에 따른 응답자의 반응형태는 4가지 경우(yes/yes, yes/no, no/yes, no/no)이다. 따라서 다음과 같은 형태의 로그우도함수를 설정할 수 있다.

$$\ln L(\theta) = \sum_{1}^{N}\Big[D_1 \times D_2 \ln\pi^{yy} + D_1 \times (1-D_2)\ln\pi^{yn} \qquad \text{식 (3.23)}$$
$$+ (1-D_1) \times D_2 \ln\pi^{ny} + (1-D_1) \times (1-D_2)\ln\pi^{nn}\Big]$$

DBDC 모형에서는 응답자 i 가 제시금액(B_i)에 대해 수락하게 되면 더 높은 금액(B_i^u)을 제시하게 되며, 거부하게 되면 더 낮은 금액(B_i^d)을 제시하게 된다. 응답자 i 가 초기 제시액 B_i 에 대해 'yes'로 응답하고 더 높은 제시액 B_i^u 에 대해서도 'yes'로 응답한 경우(yes/yes)의 확률($\pi^{yy}(B_i, B_i^u)$), B_i 에 대해 'yes'로 응답하고 B_i^u 에 대해 'no'로 응답한 경우(yes/no)의 확률($\pi^{yn}(B_i, B_i^u)$), B_i 에 대해 'no'로 응답하고 더 낮은 제시액 B_i^d 에 대해서는 'yes'로 응답한 경우(no/yes)의 확률($\pi^{ny}(B_i, B_i^d)$), 그리고 B_i 와 B_i^d 에 대해 모두 'no'로 응답한 경우(no/no)의 확률($\pi^{nn}(B_i, B_i^d)$)은 다음과 같이 표현할 수 있다.

$$\pi^{yy}(B_i, B_i^u) = \Pr[B_i^u \leq WTP_i] = 1 - F(B_i^u;\theta) \qquad \text{식 (3.24)}$$

$$\pi^{yn}(B_i, B_i^u) = \Pr[B_i \leq WTP_i < B_i^u] = F(B_i^u;\theta) - F(B_i;\theta) \qquad \text{식 (3.25)}$$

$$\pi^{ny}(B_i, B_i^d) = \Pr[B_i^d \leq WTP_i < B_i] = F(B_i;\theta) - F(B_i^d;\theta) \qquad \text{식 (3.26)}$$

$$\pi^{nn}(B_i, B_i^d) = \Pr[WTP_i < B_i^d] = F(B_i^d;\theta) \qquad \text{식 (3.27)}$$

여기서 $F(B;\theta)$는 로지스틱 누적분포함수 또는 정규누적분포함수 등 임의의 누적확률분포함수이다. 로지스틱 누적분포를 가정할 경우를 로짓모형, 정규누적분포를 가성할 경우를 프로빗모형이라고 한다. $F(B;\theta)$는 일반적으로 다음과 같이 설정된다.

$$F(B,\theta) = F(\alpha + \beta x' + \beta_{bid}B) \ or \ F(\alpha + \beta x' + \beta_{bid}lnB) \qquad \text{식 (3.28)}$$

α: 상수항, β: x의 계수 벡터.
x': 응답자의 특성을 나타내는 특성변수의 벡터.
β_{bid}: B 또는 $\ln B$의 계수, B: 제시금액.

로짓모형이나 프로빗모형을 이용하여 $F(B;\theta)$의 모수들을 추정할 수 있다.

환경재의 가치 평가

로짓모형이나 프로빗모형을 이용하여 추정된 모수와 각 속성의 평균치를 이용하면 평균적 응답자의 제시금액 B에 대한 수락확률을 구할 수 있다. 이러한 수락확률을 적분하면 평균 지불의사금액을 구할 수 있다. 그러나 이 함수가 '0'에 수렴할 경우에는 지불의사금액 분포가 오른쪽으로 무제한적으로 편향되게 됨으로써 평균

값이 발산할 수 있다. 이러한 이유로 인해 제안된 평균 도출식이 절단 평균값(truncated mean)이다. 절단평균값을 도출하는 식은 다음과 같다.

$$E(WTP) = WTP_{truncated\ mean} = \int_0^{WTP_{max}} F(B;\theta)dB \qquad 식\,(3.29)$$

그리고 이는 환경재의 영향을 받는 대상을 고려하여 지역 전체의 총 가치로 확장할 수 있다.

5.6. 사례 분석

여기에서는 제주 지역의 A 개발사업을 사례로 관광개발사업의 비용 편익 분석을 실시한 결과를 제시한다. A 개발사업의 효과를 항목화 및 항목 평가하여 편익은 관광효과와 건설효과, 비용은 건설비와 환경비용으로 한정하였다. 여기서 환경비용은 A 개발사업이 시행됨으로써 훼손되는 곶자왈의 환경 가치로 전제한다.

분석의 전제

분석 기간은 20년으로 가정한다. 따라서 관광효과는 관광개발이 완료된 이후인 2012년에서 2026년까지 발생되며 환경비용은 공사가 시작되는 시점인 2007년부터 2026년까지 발생하는 것으로 전제한다. 그리고 할인율은 한국개발연구원(2001)이 제시하고 있는 연

7.5%를 적용하였다. 한편 곶자왈 보존을 위한 지불의사금액을 설명하는 변수들의 특성과 가구 수는 설문조사 시점과 동일한 것으로 전제한다. 그리고 효과의 공간적인 범위는 제주 지역으로 한정한다.

A 개발사업의 편익

○ 관광효과

A 개발사업은 제주 지역 내 관광산업의 생산성을 향상시키게 되고, 이로 인해 관광산업을 비롯한 제주 지역 내 산업 재화의 가격을 변화시킨다. 이는 식(3.14)에 의해 도출할 수 있으며, 분석결과는 <표 3-19>와 같다.

〈표 3-19〉 산업별 재화의 가격변화

(단위: %)

산업구분	가격변화율	산업구분	가격변화율
1. 농림, 수산, 광업	−0.017	14. 운수 및 보관	−0.060
2. 음식료품	−0.010	15. 통신 및 방송	−0.043
3. 섬유 및 종이	−0.066	16. 금융 및 보험	−0.064
4. 석탄 석유 화학제품	−0.000	17. 부동산 및 사업서비스	−0.099
5. 유리 및 비금속광물	−0.006	18. 공공행정 및 국방	−0.000
6. 철강제품	−0.023	19. 교육 및 연구	−0.014
7. 기계, 전기, 전자, 정밀기기	−0.046	20. 의료	−0.005
8. 자동차 및 수송기계	−0.000	21. 사회 및 개인	−0.019
9. 기타 제조업	−0.007	22. 기타	−0.066
10. 전력, 가스, 수도	−0.010	23. 관광 음식점 및 숙박	−0.561
11. 건설	−0.010	24. 관광 운수 및 보관	−0.674
12. 도소매	−0.036	25. 관광 문화오락서비스	−0.657
13. 음식점 및 숙박	−0.005	관광산업 평균	−0.631

구체적으로 설명하자면, A 개발사업은 제주도의 관광개발 정도를 증가시키는바, 본 연구에서는 관광개발 정도를 측정하는 지표로 관광사업체 종사자 수를 적용한다고 전제하였다. 이러한 가정을 바탕으로 관광개발 정도를 분석한 결과, A 개발사업으로 제주 지역의 관광개발 정도는 약 2.7% 증가하는 것으로 분석되었다. 이러한 내용을 식(3.14)에 적용하여 가격변화를 분석하였다.

이러한 관광산업 및 기타 지역 내 산업 재화의 가격하락은 소비를 증가시킨다. 이는 식(3.17)에 의해 분석되며 그 결과는 <표 3-20>와 같다. 관광산업을 포함한 지역 내 전 산업 재화에 대한 소비 증가는 7,276.93백만 원으로 분석되었다.

<표 3-20> 산업별 재화의 소비변화

(단위: 백만 원)

산업구분	소비변화	산업구분	소비변화
1. 농림, 수산, 광업	23.48	14. 운수 및 보관	101.74
2. 음식료품	42.41	15. 통신 및 방송	62.90
3. 섬유 및 종이	103.55	16. 금융 및 보험	178.12
4. 석탄 석유 화학제품	0.00	17. 부동산 및 사업서비스	497.80
5. 유리 및 비금속광물	0.19	18. 공공행정 및 국방	0.00
6. 철강제품	2.31	19. 교육 및 연구	35.01
7. 기계, 전기, 전자, 정밀기기	93.07	20. 의료	16.94
8. 자동차 및 수송기계	0.00	21. 사회 및 개인	62.58
9. 기타 제조업	2.96	22. 기타	0.00
10. 전력, 가스, 수도	3.93	23. 관광 음식점 및 숙박	2,630.76
11. 건설	0.00	24. 관광 운수 및 보관	1,953.30
12. 도소매	106.03	25. 관광 문화오락서비스	1,346.11
13. 음식점 및 숙박	13.76	합계	7,276.93

관광산업을 비롯한 지역 내 산업에 대한 소비 증가는 지역 내

산업의 부가가치를 증가시킨다. 이는 식(3.17)에 의해 분석될 수 있다. 분석 결과는 <표 3-21>와 같다.

<표 3-21> 산업별 재화의 부가가치 변화

(단위: 백만 원)

산업구분	부가가치 변화	산업구분	부가가치 변화
1. 농림, 수산, 광업	307.94	14. 운수 및 보관	149.81
2. 음식료품	449.55	15. 통신 및 방송	150.08
3. 섬유 및 종이	229.98	16. 금융 및 보험	347.94
4. 석탄 석유 화학제품	0.00	17. 부동산 및 사업서비스	661.81
5. 유리 및 비금속광물	29.77	18. 공공행정 및 국방	0.00
6. 철강제품	94.91	19. 교육 및 연구	65.71
7. 기계, 전기, 전자, 정밀기기	163.15	20. 의료	26.28
8. 자동차 및 수송기계	0.00	21. 사회 및 개인	68.47
9. 기타 제조업	23.72	22. 기타	171.47
10. 전력, 가스, 수도	41.57	23. 관광 음식점 및 숙박	1,117.60
11. 건설	59.47	24. 관광 운수 및 보관	969.22
12. 도소매	235.21	25. 관광 문화오락서비스	978.90
13. 음식점 및 숙박	42.68	합계	6,385.24

관광 음식점 및 숙박, 관광 운수 및 보관, 관광 문화오락서비스의 부가가 각각 1,117.60백만 원, 969.22백만 원, 978.90백만 원 증가하는 것으로 분석되었다. 이와 함께 부동산 및 사업서비스의 부가가치가 661.81백만 원 증가하는 등 제주 지역 전 산업의 부가가치 증가분은 6,385.24백만 원으로 분석되었다.

○ 건설효과

연차별 건설투자비를 식(3.19)에 적용하면 부가가치 변화분을 도출할 수 있다. A 개발사업은 기반시설, 건축공사, 조경공사 등에 총 324,874백만 원이 투입되는 것으로 계획되어 있으며, 이로 인해 제주 지역 전 산업의 부가가치는 총 343,105백만 원(할인율을 적용하지 않을 시)이 증가하는 것으로 분석되었다. 이를 현재가치화하면 299,132백만 원(분석 기간; 20년, 할인율; 7.5%)이 되며, 이것이 건설효과가 된다.

A 개발사업의 비용

○ 환경비용

본 연구에서는 곶자왈 보전에 대한 지불의사금액은 응답자들의 곶자왈 등에 대한 인지(cognition) 및 태도(attitude)와 응답자 개인 또는 가구의 사회경제적 특징에 의해서 결정되는 것으로 가정한다. 지불의사금액에 영향을 미치는 변수를 좀 더 구체적으로 살펴보면 다음과 같다.

먼저 곶자왈 등에 대한 인지 및 태도는 '리조트 개발사업에 대한 정보 인식 수준(REINF)', '리조트 개발에 따른 곶자왈 훼손 인식 수준(DEINF)', '곶자왈에 대한 정보 사전 인식 수준(GZINF)', '곶자왈의 훼손에 대한 인식 수준(GZDE)', '곶자왈의 미래 훼손에 대한 우려 수준(GZFU)' 변수에 의해서 설명된다. 그리고 응답자 개인 또는 가구의 사회경제적 특징은 '성별(SEX)', '나이(AGE)', '거주기간(RESID)', '교육기간(EDU)', '월평균 가구수입(INCOME)' 변수에 의해서 설명된다.

이에 따라 추정 모형식은 다음과 같이 설정할 수 있다.

$$Y = \alpha + \beta_1 REINF + \beta_2 DEINF + \beta_3 GZINF + \beta_4 GZDE$$
$$+ \beta_5 GZFU + \beta_6 SEX + \beta_7 AGE + \beta_8 RESID + \beta_9 EDU$$
$$+ \beta_{10} INCOME + \beta_{bid} \ln B$$

$$Y = 0, 1$$

식 (3.30)

모형의 계수를 추정하기 위해서는 우도함수를 설정하여야 한다. 본 연구에서는 SBDC 모형과 DBDC 모형을 함께 분석하고자 한다. SBDC 모형을 가정할 경우 식(3.21)과 식(3.22)을 이용한 우도함수 식(3.20)을 설정하게 되며, DBDC 모형을 가정할 경우 식(3.24), 식(3.25), 식(3.26), 식(3.27)을 이용한 우도함수 식(3.23)을 설정할 수 있다. SBDC 모형은 두 번째 제시금액에 대한 질문이 사용되지 않았다는 가정하에 분석되었다. 한편 $F(B,\theta)$는 로지스틱 누적분포 및 정규누적분포, 모두를 가정하고 최대우도추정법을 이용하여 모수를 도출하였다. 그리고 추정된 계수와 설명변수의 평균값을 식(3.29)에 적용하여 평균 WTP를 도출하였다.

먼저 SBDC모형을 추정한 결과는 <표 3-22>와 같다.

<표 3-22> SBDC 모형 추정결과

구분	로짓모형		프로빗모형	
	추정계수	t-ratio	추정계수	t-ratio
CONSTANT	4.24	3.68***	2.63	3.71***
LBD	−0.47	−3.64***	−0.29	−3.66***
GZDE	−0.48	−3.46***	−0.30	−3.48***
INCOME	0.10	1.94**	0.06	1.93*
Loglikelihood	−356.98		−357.01	
월 평균 WTP	4,646.89원		4,655.15원	

−LBD는 초기제시액의 LOG치임
−***, **, *은 각각 유의수준 1%, 5%, 10%에서 통계적으로 유의함을 의미

SBDC 모형에서는 LBD(제시금액의 LOG치), GZDE(곳자왈의 훼손에 대한 인식수준) 변수는 유의수준 1%에서 유의한 것으로 나타났다. INCOME(월평균 가구수입) 변수는 로짓모형의 경우 유의수준 5%에서, 프로빗모형의 경우 유의수준 10%에서 유의한 것으로 나타났다. 추정계수의 부호를 살펴보면 예상 부호와 일치하는 것으로 나타났다. 높은 금액을 제시할수록, 곳자왈의 훼손에 대한 인식수준이 낮을수록 지불의사가 없는 것으로 나타난 반면에, 월평균 가구수입이 많을수록 지불의사가 있는 것으로 분석되었다.

평균 WTP는 로짓모형보다 프로빗모형인 경우가 조금 더 높은 것으로 분석되었다. 로짓모형인 경우 월 평균 WTP는 4,646.89원으로 나타난 반면에, 프로빗모형인 경우는 4,655.15원으로 나타났다.

DBDC 모형을 추정한 결과는 다음 <표 3-23>와 같다.

<표 3-23> DBDC 모형 추정결과

구분	로짓모형		프로빗모형	
	추정계수	t-ratio	추정계수	t-ratio
CONSTANT	8.19	10.20***	5.01	10.67***
LBD	−0.90	−12.99***	−0.55	−13.95***
GZDE	−0.50	−3.97***	−0.29	−3.81***
INCOME	0.12	2.45**	0.07	2.31**
AGE	−0.02	−2.24**	−0.01	−2.39**
Loglikelihood	−668.19		−664.43	
월 평균 WTP	5,250.43원		5,117.87원	

LBD는 초기제시액의 LOG치임
***, **, *은 각각 유의수준 1%, 5%, 10%에서 통계적으로 유의함을 의미

DBDC 모형에서는 SBDC 모형에서 유의한 것으로 나타난 LBD(제시금액의 LOG치), GZDE(곳자왈의 훼손에 대한 인식수준), INCOME

(월평균 가구수입) 변수 외에 AGE(나이) 변수도 유의수준 5%에서 통계적으로 유의한 것으로 나타났다. 추정계수의 부호는 SBDC 모형에서와 같이 예상 부호와 일치하는 것으로 나타났다. 평균 지불의 사금액은 로짓모형의 경우가 프로빗 모형의 경우보다 조금 더 높은 것으로 분석되었다. 로짓모형인 경우 월 평균 WTP는 5,250.43원으로 나타났으나, 프로빗모형의 경우는 5,117.87원으로 나타났다.

제주지역 주민들은 곶자왈 보존을 위해 월평균 4,646.89∼5,250.43원을 지불할 의사가 있는 것으로 나타났다. SBDC 모형에서의 월 평균 지불의사금액은 4,646.89∼4,655.15원으로, DBDC 모형에서의 월 평균 지불의사금액은 5,117.87∼5,250.43원으로 분석되었다. 이러한 결과를 토대로 곶자왈의 연간 총가치를 추정한 결과는 다음과 같다.

〈표 3-24〉 곶자왈의 총 가치 추정

구분		평균 WTP(월, 원) A	지역 내 가구 수 B	보존가치(연, 백만 원) A×B×12
SBDC	로짓모형	4,646.89		10,866
	프로빗모형	4,655.15	194,855	10,885
DBDC	로짓모형	5,250.43		12,277
	프로빗모형	5,117.87		11,967

곶자왈의 연간 총가치는 최소 10,866백만 원에서 최대 12,277백만 원으로 분석되었다. 이를 현재가치화(할인율: 7.5%, 분석 기간: 20년)하면 환경비용은 최소 119,077백만 원에서 최대 134,543백만 원이 되는 것으로 나타났다.

A 개발사업의 종합평가

여기서는 앞에서 분석된 A 개발사업의 사회적 편익과 사회적 비용을 동시에 고려하여 종합적 평가를 제시한다. 앞에서 제시된 전제를 바탕으로 비용과 편익을 도출하면 <표 3-25>와 같다. A 개발사업은 총 402,315~417,780백만 원의 비용을 발생시키는 반면에 편익은 총 341,337백만 원을 발생시켜, 결국 순편익은 -60,978~ -76,444백만 원이 된다. 즉 곶자왈의 생태적 가치를 훼손하는 A 개발사업은 지역 주민의 복지수준을 감소시키는 것으로 분석되었다.

<표 3-25> A 개발사업의 비용과 편익

(단위: 백만 원)

비용			편익	
건설비		283,237	관광효과	42,205
환경비용	최소	119,077	건설효과	299,132
	최대	134,543		
계	최소	402,315	계	341,337
	최대	417,780		

한편 환경비용을 고려하지 않고 분석을 해 보면, A 개발사업은 58,100백만 원의 순편익을 발생시켜 지역 주민의 복지 수준을 증가시키는 것으로 분석된다. 즉 곶자왈의 생태적 가치를 최대한 보존하면서 친환경적으로 개발한다면 큰 환경 비용 없이 개발의 편익을 얻을 수 있다. 친환경적인 개발은 개발 편익뿐만 아니라 곶자왈에 대한 이용가치를 높여 줌으로써 지역사회의 후생 수준을 높여 줄 것이다.

6. 문화시설 건립의 비용 편익 분석

6.1. 일반 배경

최근 개인의 소득 수준 향상과 주 5일 근무제 실시에 따른 근로 시간의 단축 등으로 인해 다양한 문화생활에 대한 국민들의 욕구가 증대되고 있다. 이러한 문화서비스에 대한 수요 증대는 문화서비스 생산의 필수 요소인 문화시설 건립에 대한 압력으로 작용하고 있다. 그러나 문화시설의 공공재적 성격으로 인해 민간부문에서의 문화시설 공급은 한계를 지니고 있으며, 이에 따라 공공부문이 적극적으로 개입하여 문화시설을 건립하는 경우가 많다.

여기에서 문화시설 공급의 적정 수준에 대한 문제가 발생한다. 다시 말해서 아무리 문화시설에 대한 수요가 증가한다고 해서 적정 수준을 넘어선 문화시설 건립은 자원 배분의 비효율성을 발생시킨다. 특히 문화시설 건립은 막대한 예산이 소요되기 때문에 제한된 예산의 범위 내에서 재정을 운영해야 하는 국가나 지방자치단체의 입장에서는 문화시설 건립의 타당성을 사전에 면밀히 조사할 필요가 있다.

이를 위해서는 기본적으로 문화시설 건립에 따른 편익, 즉 문화시설의 경제적 가치를 측정해야 한다. 그러나 문화시설의 가치 측정에는 다음과 같은 어려움이 수반되기 마련이다. 첫째, 문화서비스는 Musgrave(1959)가 정의한 '가치재(merit goods)'적 성격을 갖고 있어, 일반적인 시장재(market goods)에 비하여 가치평가에 원천적인 어려움이 있다. 둘째, 일부 시장가격(입장료 등)이 존재하는 문화서비스의 경우에도 그 가격 수준이 잠재가격보다 낮아 문화시설의 사회적 가치를 반영하지 못하는 경우가 발생한다. 셋째, 다양한 성격을 갖는 문화시설의 가치를 사전적으로 확정하기 어려운 측면이 있다.

그러나 이러한 어려움에도 불구하고 사회적으로 제한되어 있는 자원을 효율적으로 사용하기 위해서는 문화서비스 생산에 필요한 문화시설에 어느 정도 재원을 배분할 것인가에 대한 판단이 필요하며, 이를 위해서는 문화시설의 가치 측정을 포함한 문화시설 건립의 비용 편익 분석이 이루어져야 한다.

6.2. 문화시설 건립의 비용과 편익 항목

정책분석이란 정책의 효과를 비용과 편익으로 구분하여 측정·평가하는 것이므로 분석자는 정책이 집행되었을 때 어떠한 효과들이 발생한 것인지를 우선 예측해야 하며, 그 효과들을 어떠한 기준에 의해 비용과 편익으로 구분할 것인지에 관해 결정해야 한다. 그리고 각 항목들이 정책분석에서 갖는 의미를 판단하여 분석에 어떠한 항목들을 포함시킬 것인가를 평가해야 한다. 여기서 항목 평가의 기준은 제시된 효과의 의미와 계량화의 가능성으로, 즉 항목들이 정책분석에 중요한 의미를 갖는 것인지, 그리고 의미 있는 항목이라면 그 효과의 계량화는 가능한 것인지를 기준으로 항목들을 평가하게 되는 것이다.

항목화

문화시설 건립으로 인해 발생하는 효과들을 편익과 비용 항목으로 구분하면 다음과 같다. 우선 문화시설 건립사업의 편익 항목으로는 문화시설에서 제공되는 문화서비스, 건설효과, 운영효과, 입장료 수입 등이 있을 수 있다. 여기서 문화시설에서 제공되는 문화서비스의 가치는 직접 소비함으로써 얻는 사용가치 외에도 비사용가치를 포함한다. 그리고 건설효과는 문화시설 건립 시 건설업에 투자되는 개발사업비가 지역경제에 미치는 영향을 말하며, 운영효과는 문화시설 운영 시 발생하는 연관산업의 성장 효과를 의미한다. 한편 문화시설 건립사업의 비용으로는 건설비, 운영비, 부지매입비 등을 들 수 있다.

〈표 3-26〉 문화시설 건립사업 효과의 항목화

편익 항목	대상	비용 항목	대상
문화서비스	국민 또는 주민	건설비	중앙정부 및 지방자치단체
건설효과	국민 또는 주민	운영비	중앙정부 및 지방자치단체
운영효과	국민 또는 주민	부지매입비	중앙정부 및 지방자치단체
입장료 수입	중앙정부 및 지방자치단체	—	—

항목 평가

이전소득과 이중 계산의 가능성을 고려하여 문화시설 건립의 비용과 편익 항목을 평가해 본 결과는 다음과 같다. 우선 많은 문화시설 건립 타당성 분석 보고서에서 편익 항목으로 제시하고 있는 입장료 수입은 시장가격에 의해 결정된 가격이 아니라, 법령에 의해 강제적으로 결정된 가격으로 문화시설 건립의 편익으로 판단하기에는 한계가 존재한다. 입장료는 이용자의 진정한 가치판단의 결과인 지불의사금액을 제대로 반영하지 못한 것이기 때문에 이를 편익으로 산정한다면, 편익의 과소 혹은 과대추정의 가능성이 존재한다. 또한 실질적인 지불의사금액이 반영되어 입장료가 산정되었다 하더라도, 이는 결국 문화서비스의 가치가 되기 때문에 이중 계산의 문제가 발생한다.

비용 항목 중 운영비에 포함되는 인건비와 부지매입비 항목을 비용으로 포함할지에 대해서 판단해야 한다.

인건비는 실제 노동자에게 지급되는 임금에 의해서 결정된다. 그러나 만약 사회에 실업이 존재한다면, 이렇게 임금에 의해서 결정되는 노동의 회계적 비용과 비용 편익 분석에 포함되는 노동의 사회적 비용이 다를 수 있다. 따라서 비용 항목으로 포함하기 위해서는 이러한 점을 신중히 판단해야 한다.

그리고 실질적으로 문화시설 건립사업의 비용에는 부지매입비가 아니라 토지의 가치가 포함되어야 한다. 이러한 토지의 가치는 일반적으로 부지매입비로 계산되기 때문에 개발사업의 비용 항목에는 부지매입비가 제시된다. 그러나 그동안 생산과정에 투입되지 못하고 있거나, 향후에도 장기간 유휴지로 남아 있을 가능성이 많은 토지의 경우에는 기회비용이 0원에 가깝다고 할 수 있다. 다시 말해서 생산과정에 투입되지 못했던 토지가 사업으로 인해 생산과정에 투입된다면, 그 토지의 사회적 비용은 0원이 된다(김홍배, 2003).

〈표 3-27〉 문화시설 건립사업의 효과 구분

편익 항목	계량화	가치화	비고	비용 항목	계량화	가치화	비고
문화서비스	○	○	−	건설비	○	○	−
건설효과	○	○	−	운영비	○	○	?
운영효과	○	○	−	부지매입비	○	○	?
입장료 수입	○	○	분석대상 제외	−	−	−	−

6.3. 사례 분석

제주특별자치도에서 추진 중인 한라문화예술회관 건립사업을 사례로 문화시설의 가치를 측정하고, 측정 결과를 토대로 비용 편익 분석을 실시하였다.

한라문화예술회관의 가치 측정

○ 가상의 시나리오 설계

가상의 시나리오를 설정하는 데 있어서 가장 중요한 것은 설문 대상자로 하여금 대상재화의 가치에 대하여 명확히 이해를 시키는

것과 시나리오 자체가 현실성이 있어야 한다는 점이다. 이에 따라
한라문화예술회관 신축 사업을 근거로 한라문화예술회관의 사업계
획 등을 설명하였고, 이와 함께 한라문화예술회관의 조감도 사진
등의 보조자료를 제시하였다. 그리고 한라문화예술회관 운영을 위
한 지불수단으로는 문화발전기금이라는 형식을 설정하였다.

○ 설문지 설계

설문은 크게 다섯 부분으로 나누어 구성하였다. 첫 번째 부분에
서는 연구 수행 목적을 간략히 소개하고, 두 번째 부분에서는 문화
서비스에 대한 의견을 조사함으로써 응답자의 관심을 유도하였다.
세 번째 부분에서는 한라문화예술회관 건립사업에 대한 내용을 소
개하면서 그 인지도를 조사하였다. 네 번째 부분에서는 한라문화예
술회관 신축의 가치 측정을 위하여 한라문화예술회관 신축에 대한
가상의 시나리오의 구체적인 설명과 함께 지불의사금액에 대한 질
문을 하였다. 이때 한라문화예술회관에 대한 실질적인 지불의사금
액을 도출하기 위하여 한라문화예술회관 이용료(입장료)는 무료임
을 가정하였다. 그리고 마지막 부분은 응답자의 사회경제적 사항에
대한 내용으로 성별, 연령, 가구주 여부, 거주기간, 가족 수, 직업,
교육수준, 소득수준 등을 질문하였다.

○ 표본 설계 및 조사

표본조사를 위해서는 먼저 모집단을 확정하고 이 모집단에서 표
본을 어떻게 추출할 것이며, 또한 추출된 표본을 어떻게 조사할 것
인가를 결정해야 한다. 본 조사의 모집단은 제주도 내 가구로 규정
하였고, 모집단을 적절히 대표하기 위하여 표본은 가구 수 비율을

기준으로 지역적으로 고르게 분포시켰다. 여기서 지역은 크게 제주시 행정동, 서귀포시 행정동, 제주시 서부 읍면지역, 제주시 동부 읍면지역, 서귀포시 서부 읍면지역, 서귀포시 동부 읍면지역 등 6개 지역으로 구분하였다. 이렇게 구분된 지역을 바탕으로 해당 지역의 가구 수에 비례하여 할당된 표본은 지역 내에서 무작위적으로 추출되었다. 그리고 표본조사는 NOAA 보고서에서 권고한 바대로 일대일 면접조사 방법을 이용하였다.

○ 지불의사금액 함수의 설정 및 추정

일반적으로 지불의사금액은 응답자들이 처한 환경과 경제적 상황에 의해서 영향을 받을 뿐만 아니라 개인적 특성이나 선호에 의해서 달라진다. 본 연구에서는 한라문화예술회관 운영에 대한 지불의사금액은 응답자 가구의 사회경제적 특징인 성별(G), 연령(AGE), 교육수준(EDU), 소득수준(MI)과 응답자들의 한라문화예술회관 신축사업에 대한 인지정도(KNO) 및 도내 공연관람시설 이용 시 지출금액(EXP), 그리고 도내 공연관람시설에 대한 만족도(SAT)에 의해서 결정되는 것으로 가정하였다. 이에 따라 지불의사금액 함수는 다음의 식(3.31)과 같이 나타낼 수 있다. 그리고 이는 로짓모형에 의해 추정된다.

$$Y = \alpha + \beta_1 G + \beta_2 AGE + \beta_3 EDU + \beta_4 MI + \beta_5 KNO$$
$$+ \beta_6 EXP + \beta_7 SAT + \beta_{bid} \ln B'$$

식 (3.31)

$$Y = 1, 0$$

○ 지불의사금액 함수 추정결과

로짓모형을 이용하여 지불의사금액 함수를 추정한 결과, 한라문화예술회관 신축사업에 대한 인지정도, 소득수준, 응답자의 사회·경제적 변수 중 연령이 유의한 것으로 분석되었다. 실제 소득 변수는 9등간 척도 자료를 이용할 경우, 유의성이 떨어지는 것으로 분석되어 2등간 척도 자료로 변환하여 사용하였다.[21]

〈표 3-28〉 최종 추정 결과

구 분	추정계수	$p\text{-}value$
$CONSTANT$	2.9950	0.0019**
LBD	−0.0002	0.0000***
KNO	0.9710	0.0003***
AGE	−0.3030	0.0233**
MI	0.4490	0.0971*
월평균 WTP	3,039원	

LBD는 초기제시액의 LOG치임
*** ** * 는 각각 유의수준 1%, 5%, 10%에서 통계적으로 유의함을 의미

○ 한라문화예술회관의 가치 측정

추정된 지불의사금액 함수를 이용하여 한라문화예술회관의 가치를 측정하였다. 분석 결과, 한라문화예술회관에 대한 제주도민의 가구당 월 평균 지불의사금액은 3,039원인 것으로 분석되었다. 이를 연간 총가치로 환산하면 한라문화예술회관의 가치는 연 7,463백만 원이 된다.

---

21) 소득 변수는 지불의사금액에 직접적인 영향을 줄 수 있는 중요 변수인 점을 감안하여 이러한 조치를 취하게 되었다.

〈표 3-29〉 한라문화예술회관의 가상적 가치 추정

가구당 월평균 지불의사금액(원) A	제주도 내 가구 수(가구) B	전체 가구의 월평균 지불의사금액 (백만 원) C=A×B	연간 총가치 (백만 원) C×12
3,039	204,635	622	7,463

한라문화예술회관 건립사업의 비용 편익 분석

한라문화예술회관 건립사업의 효과를 항목화 및 항목 평가하어 비용은 부지매입비, 건설비, 운영비로, 편익은 문화서비스, 건설효과, 운영효과로 한정하였다. 운영비 중 인건비 부문은 실질적인 노동의 잠재가격을 도출하기 어렵기 때문에 실제임금을 비용으로 산정하였다. 부지매입비의 경우 사업대상지를 농지로 활용되었었다는 점, 즉 본 사업에 투입되기 이전에 생산활동이 이루어졌다는 점을 감안하여 비용에 포함하였다.

○ 분석의 전제

분석 기간은 20년으로 가정한다. 이에 따라 편익 항목 중 문화서비스와 운영효과는 한라문화예술회관 건립사업이 완료된 이후인 2010년에서 2023년까지 발생되는 것으로 전제한다. 그리고 할인율은 한국개발연구원(2001)이 제시하고 있는 연 7.5%를 적용하였다.

○ 한라문화예술회관 건립사업의 비용

한라문화예술회관 건립사업의 비용은 부지매입비, 건설비, 운영비 등이다. 부지매입비는 1,360백만 원, 건설비는 2006년부터 2009년까지 총 25,500백만 원이 투입되었다. 그리고 운영비는 2010년부

터 5,900백만 원이 투입될 것으로 산정하였다.[22]

<표 3-30> 한라문화예술회관 건립사업 비용

(단위: 백만 원)

연 도	2004	2006	2007	2008	2009	2010	…	2023
부지매입비	1,360	–	–	–	–	–	…	–
건설비	–	2,500	4,500	4,500	14,500	–	…	–
운영비	–	–	–	–	–	5,900	…	5,900
합계	1,360	2,500	4,500	4,500	14,500	5,900	…	5,900

○ 한라문화예술회관 건립사업의 편익

한라문화예술회관 건립사업의 편익은 문화서비스, 건설효과, 운영효과 등이다. 문화서비스는 앞서 측정한 한라문화예술회관의 가치로, 완공 이후인 2010년부터 연 7,463백만 원의 편익이 발생하는 것으로 분석되었다.

이 외에도 한라문화예술회관 건립사업은 크게 두 가지 측면에서 지역경제에 긍정적인 영향을 미치게 된다. 첫 번째는 한라문화예술회관 건립 사업비가 건설업에 투자됨으로써 유발되는 지역경제 파급효과이다. 두 번째는 한라문화예술회관 운영 시 문화산업 등의 연관 산업에 미치는 지역경제 파급효과이다. 이러한 건설효과와 운영효과는 산업연관모형을 이용하여 분석이 가능하며, 구체적인 분석 결과는 부가가치 효과로 제시될 수 있다.

한라문화예술회관 건립사업의 편익, 즉 문화서비스, 건설효과, 운영효과를 연도별로 제시하면 다음과 같다.

---

22) 실제 운영비 자료가 존재하지 않아, 기존 문화시설의 운영비를 한라문화예술회관의 좌석 수를 기준으로 보정하여 추정하였다.

〈표 3-31〉 한라문화예술회관 건립사업의 편익

(단위: 백만원)

연 도	2006	2007	2008	2009	2010	…	2023
문화서비스	−	−	−	−	7,463	…	7,463
건설효과	1,603	2,564	2,885	9,295	−	…	−
운영효과	−	−	−	−	4,558	…	4,558
합계	1,603	2,564	2,885	9,295	12,021	…	12,021

한라문화예술회관의 종합평가

한라문화예술회관 건립사업의 비용과 편익을 현재가치화하여 종합한 결과는 다음 <표 3-32>와 같다. 분석 결과, 한라문화예술회관 건립사업은 총 61,782백만 원의 비용을 발생시키는 반면에 편익은 111,414백만 원을 발생시켜, 결국 순편익은 40,324백만 원이 된다. 따라서 한라문화예술회관 건립사업은 궁극적으로 제주 지역 주민의 후생을 증가시키는, 즉 효율적인 정책으로 평가된다.

〈표 3-32〉 한라문화예술회관 건립사업의 비용과 편익

(단위: 백만 원)

비용		편익	
건설비	20,105	문화서비스	67,382
운영비	40,317	건설효과	12,887
부지매입비	1,360	운영효과	31,145
계	61,782	계	111,414

참고문헌

□ 국내문헌

강신준, 2001, 「자본론의 세계」, 풀빛.

고태호, 2006, "관광개발정책의 비용-편익 분석", 고려대학교 박사학위 논문.

고태호·황경수, 2006, "우리나라 정부의 정책평가방법에 관한 개선 방안 연구", 정책분석평가학회보, 한국정책분석평가학회, 제16권, 제4호.

고태호·황경수, 2006, "환경 가치를 고려한 관광개발정책의 비용-편익 분석", 공공경제, 한국재정학회, 제11권, 제2호.

과학기술처, 1991, 「산림의 공익적 기능의 계량화 연구」.

곽승준, 1993, "수질개선의 편익측정: 조건부 가치 측정법과 반모수 추정법의 적용", 자원경제학회지, 한국자원경제학회, 제3권, 제1호, pp.183~198.

곽승준, 전영섭, 1995, 「환경의 경제적 가치」, 학현사.

곽승준, 1999, "조건부 가치 측정법과 설계효과: 비용정보 중심으로", 경제학연구, 한국경제학회, 제47권, 제2호, pp.235~248.

곽승준·유승훈, 2001, "동강자연환경 보존의 경제적 편익추정: 조건부 가치 측정방법의 적용을 중심으로", 경제학연구, 한국경제학회, 제49권, 제2호, pp.163~184.

곽승준·류문현·신승식 외, 2007, 「환경·자원의 경제학적 접근」, 산문출판.

김광임, 1996, "쓰레기 매립장 기피의사 추정: 수도권 매립장의 사례", 자원경제학회지, 한국자원경제학회, 제5권, 제2호, pp.303~315.

김남엽·유종권, 1999, "조건부 가치 측정법의 주요 편의와 논쟁", 영남대 산경연구, 제7권, pp.195~207.

김동건, 2004, 「제3판 비용·편익분석」, 박영사.

김종원, 1997, "주택 가격에 내재된 대기질의 가격 측정", 자원경제학회지, 한국자원경제학회, 제7권, 제1호.

김준순, 1998, "여행비용법에서 고려되는 요소들이 모형추정에 미치는 영향", 산림경제연구, 한국산림경제학회, 제6권, 제2호, pp.38~47.

김홍배, 2001, 「도시 및 지역경제 분석론」, 기문당.

김홍배, 2003, 「정책평가기법-비용·편익분석론」, 나남출판.

노형규·원윤희, 1997, 「재정학」, 한국방송통신대학교출판부.

박영호, 2001, "가치와 가격이론의 분석석 구소와 억사", 동향과 진밍 통권 제48호.

서울특별시, 2006, 「청계천복원사업 백서」.

손호기·김규호, 1998, "야외위락자원의 보전가치평가: 경주 황성공원에 대한 CVM 기법을 적용하여", 관광연구, 대한관광경영연구, 제11권, pp.127~139.

신영철, 1997, "이중 양분선택형 질문 CVM을 이용한 한강 수질개선 편익 추정", 환경경제연구, 한국환경경제학회, 제6권, pp.171~192.

안국신, 1996, 「개정판 신경제학개론」, 율곡출판사.

안재욱, 2006, 「얽힌 실타래는 당기지 않는다-시장경제와 정부의 역할」, 삼성경제연구소.

엄영숙, 1998, "대기오염이 건강에 미치는 영향에 대한 평가: 회피행위 접근법을 사용하여", 환경경제연구, 한국환경경제학회, 제7권, pp.1~23.

오호성, 2002, 「환경경제학」, 법문사.

유병국, 1998, "강화도 남단 갯벌의 경제적 가치 평가", 한국환경경제학회, 1998년도 한국환경경제학회 정기학술대회 논문집, pp.325~356.

유승훈·곽승준·김태유, 1999, "서울시 대기질 속성의 가치 추정: 다속성 효용이론에 근거한 조건부 가치 측정법", 환경경제연구, 한국환경경제학회, 제7권, 제2호, pp.243~270.

유승훈·곽승준·김태유, 1999, "양분선택형 조건부 가치 측정 모형에서의 영(零)의 응답자료 처리: 이변량 모형을 이용하여", 환경경제연구, 한국환경경제학회, 제8권, 제1호, pp.1~17.

유재윤·곽승준, 1996, "도시정책결정에서의 시민의사반영을 위한 조건부 가치 측정의 적용: 고속도로 대전역 통과노선의 지하화 문제를 중심으로", 국토계획, 대한국토도시계획학회, 제31권, 제4호, pp.9～18.

윤여창·김성일, 1992, "산림자원의 휴양가치 산출을 위한 경제적 평가방법론 비교연구", 한국환경경제연구, 환경경제학회, 제1권, 제1호, pp.155～184.

윤여창·장호찬, 1994, "광릉 크낙새의 보존가치 평가", 환경경제연구, 한국환경경제학회, 제3권, 제1호, pp.87～105.

이기호·곽승준, 1996, "수질개선의 화폐적 가치: CVM과 비구분 효과", 자원경제학회지, 한국자원경제학회, 제6권, 제1호, pp.87～109.

이성우, 1999, "환경재 가격평가를 이용한 SOC 시설의 입지결정에 관한 연구-조건부 가격 측정법을 중심으로-", 국토계획, 대한국토도시계획학회, 제34권, pp.117～126.

이성태·이명헌, 1998, "대구 팔공산 자연공원의 편익가치 측정-여행비용접근법을 통하여-", 1998년도 한국환경경제학회 정기학술대회 논문집, pp.55～78.

이영범·고태호·홍근석·지현정, 2008, "공공서비스의 경제적 가치 측정에 관한 연구: 특허청의 청구항별 심사제도를 중심으로", 정책분석평가학회보, 한국정책분석평가학회, 제18권, 제3호.

이영성·황기연, 2004, "환경복원정책의 비용과 편익: 청계천 복원정책을 중심으로", 한국행정학보, 한국행정학회, 제38권 제2호.

이용만, 2008, "헤도닉 가격 모형에 대한 소고", 부동산학연구, 제14집, 제1호, pp.81～87.

이주석·유승훈·곽승준, 2005, "국립중앙박물관 신축의 경제적 편익 측정", 공공경제, 10(1): 1-22.

이준구·신영철, 2000, "그린벨트의 경제적 가치 측정", 자원환경경제연구, 한국자원환경경제학회, 제9권, 제4호.

이준구, 2001, "비용-편익분석의 이론과 현실: 새만금사업의 사례", 재정논집, 한국재정학회, 제16권, 제1호.

이준구, 2003, 「제4판 미시경제학」, 법문사.

이준구, 2004, 「감정촉탁보고서(사건번호 2001구 33563 정부조치계획
　　　취소 등)」.

이준구, 2004, 「제3판 재정학」, 다산출판사.

이진경, 2004, 「자본을 넘어선 자본」, 그린비.

이준미, 조규영, 박헌수, 1999, "도시생태공원의 가치평가에 관한 연구",
　　　국토계획, 대한국토도시계획학회, 제34권, pp.159～168.

이충기, 이주희, 한상열, 1998, "생태관광자원의 레크리에이션 이용가치
　　　측정: 민주지산을 사례로", 관광학연구, 한국관광학회, 제21권,
　　　pp.263～2/8.

임영식 · 전영섭, 1993, "헤도닉가격기법을 이용한 대기질 개선 시의 편
　　　익 추정", 자원경제학회지, 한국자원경제학회, 제3권, 제1호.

임정현 · 고태호 · 황경수 · 양영철, 2007, "CVM을 이용한 대중교통서비
　　　스 개선에 따른 경제적 가치 분석", 한국사회와 행정연구, 서울
　　　행정학회, 제18권, 제1호.

장태구, 1997, "임의가치법(CVM)을 이용한 환경재의 가치평가: 낙동강
　　　의 편익 산출을 중심으로", 한국지역개발학회지, 한국지역개발학
　　　회, 제9권, 제1호, pp.55～69.

제주특별자치도, 2007, 「제주특별자치도 지방대중교통계획」.

조광익 · 손대현, 1999, "여행비용모형을 이용한 관광자원의 수요분석",
　　　관광학연구, 한국관광학회, 제22권, 제3호, pp.113～133.

최영문 · 박창규, 1998, "도시자연공원의 자원가치 평가에 관한 연구:
　　　가상적 가치추정법(CVM)을 중심으로", Tourism Research, 한국관
　　　광산업학회, 제12권, pp.421～436.

케리터너, 조영일 역, 1998, 「환경경제의 이해」, 도서출판 금문.

한국개발연구원, 2000, 「문화 · 관광 · 체육 · 과학부문 사업의 예비타당
　　　성 조사 표준지침 연구」.

한국개발연구원, 2001, 「예비타당성조사 수행을 위한 일반지침 연구」.

한국개발연구원, 2004, 「문화시설의 가치추정 연구」.

한국해양수산개발원, 2001, 「갯벌의 보존과 개발에 대한 경제 분석의
　　　표준화 및 해양환경회계설계방안에 관한 연구」.

한범수, 1996, "관광자원의 비시장 가치와 그 결정요인: TCM과 CVM 을 중심으로", 경기대 박사학위논문.

한범수·김사헌, 1997, "관광자원 가치평가방법의 방법론적 우열에 관한 연구", 관광학연구, 한국관광학회, 제20권, 제2호, pp.115～133.

허재용·유승훈·곽승준·이주석, 2005, "국립과학관 신축의 공익적 가치", 경제학연구, 53(4): 259～278.

□ 외국문헌

Abdalla, Roach, B. A. and Epp, D. J., 1992, "Valuing Environmental Quality Changes Using Averting Expenditures: An Application to Groundwater Contamination", Land Economics, 68(2), pp.163～169.

Arrow, K. J. et al, 1993, "Report for the NOAA Panel on Contingent Valuation", Washinton, D.C.

Bateman, I. J. and Willis, K. G., 1999, Valuing Environmental Preferences, Oxford University Press, New York.

Bateman, I. J., 1995, Environmental and Economic Appraisal. In: Oriordan, T.(ed), Environmental Science for Environmental Management. Longman Scientific & Technical, London, pp.45～65.

Bateman, I. J., I. H. Langford, A. P. Jones and G. N. Kerr, 2000, "Bound and Path Effects in Double and Triple Bounded Dichotomous Choice Contingent Valuation", paper presented at Tenth Annual Conference of the European Association of Environmental and Resource Economists(EAERE), Rethymno, Greece.

Benson, J. F., Willis, K. G., 1990, The Aggregate Value of Non-Priced Recreation Benafits of the Forestry Commission Estate, Report to the Forestry Commission, Department of Town and Country Planning, University of Newcastle upon Tyne.

Brookshire, D. S., Thayer, M. A., Schulze, W. P. and d'Arge, R. C., 1982, "Valuing Public Goods: A Comparison of Survey and Hedonic Approaches", American Economic Review, 72(1), pp.165～178.

Cameron, T. A. and J. Quiggin, 1994, "Estimation Using Contingent Valuation Data from a Dichotomous Choice with Follw-up Question", Journal of Environment of Environmental Economics and Management, 27.

Carson, R. T., Hanemann, W. M., & Mitchell, R. C., 1986, "Determining the demand for public goods by simulating referendums at different tax prices", Unpublished manuscript, University of California, San Diego.

Carson, R. T., R. C. Mitchell, M. Hanemann, R. J. Kopp, Stanley Presser, and Paul A. Ruud, 2003, Contingent Valuation and Lost Passive Use: Damage from the Exxon Valdez Oil Spill, *Environmental and Resource Economics.* 25(3).

Carson, R. T., T. Groves and M. J. Machina, 1999, "Incentive and Informational Properties of Preference Questions", Plenary Address, Ninth Annual Conference of the European Association of Environmental and Resourec Economists(EAERE), Oslo, Norway.

Chong K. Liew & Chung J. Liew., 1985, "Measuring the Development Impact of A Transportation System: A Simplified Approach", Journal of Regional Science, 25(2).

Clawson, M. and Knetsch, J., 1966. 「Economics of Outdoor Recreation」, Baltimore: The Johns Hopkins Press.

Clayton, C. and Mendelsohn, R., 1993, "The Value of Watchable Wildlife: A Case Study of McNeil River", *Journal of Environmental Management*, 39(2).

Cleverdon, R., & Edwards, A., 1982, International Tourism to 1990, Massachusetts: ABT Associates Inc.

Cooper, J. and W. M. Hanemann, 1995, "Referendum Contingent Valuation: How Many Bounds Are Enough?", USDA Economic Research Search Service, Food and Consumer Economics Division, Working paper.

Dale, V., Russell, C., Hadley, M, Kane, M. and Gregory, R., 1996, Applying Multi-Attribute Utility Techniques to Environmental Valuation: A Forest Ecosystem Study, presented at the Southern Economic Association Meetings, Washington, D. C., November.

Desvousges, W. H., Smith, V. K., Fisher, A., 1987, Option price estimates for water quality improvements: a contingent valuation study of the Monongahela River, *Journal of Environmental Economics and Management* 14: 248-67.

Dickie, M. and Gerking, S., 1991, "Valuing Reduced Morbidity: A Household Production Approach", *Southern Economic Journal*, 57(3), pp.690~702.

Dixon, J. and Hufschmidt, M., 1986, Economic Valuation Techniques for the Environment, The Johns Hopkins University Press.

Eiswerth, M. E. et al., 2000, "The value of water levels in water-based recreation: A pooled revealed preference/contingent behavior model", Ecological, 36(4), pp.1079~1086.

English, D. B. K. and Bowker, J. M., 1996, "Sensitivity of Whitewater Rafting Consumer's Surplus to Pecuniary Travel Cost Specifications", Journal of Environmental Management, 47(1), pp.79~91.

Freeman Ⅲ, A. M., 1993, The Measurement of Environmental and Resource Value, Resource for the Future, Washington, D. C.

Garrod, G. and Willis, K. G., 1999, Economic Valuation of the Environment, Edward Elgar, Cheltenham · Northampton.

Gonzalez-Caban, A. and Loomis, J. B., 1997, "Economic benefits of maintaining ecological integrity of Rio Mameyes, in Puerto", Ecological Economics, 21(1), pp.63~75.

Habibullah Khan and Chou Fee Seng and Wong Kwei Cheong, 1990, "Tourism Multiplier Effects on Singapore", Annals of Tourism Research, 17.

Hanemann, W. M., 1984, "Welfare Evaluations in Contingent Valuation Experiments with Discrete Responses", American Journal of Agricultural Economics, 66, pp.332~341.

Hanemann, W. M., 1985, "Some Issues Continuous and Discrete-Responses Contingent Valuation Studies", Northeastern Journal of Agricultural Economics, 14, pp.5~13.

Hanemann, W. M., Loomis, J. B. and Kaninnen, 1999, "The Statistical Analysis of Discrete-Response CV Data", in I. J. Bateman and K. E. Willis, ed., Valuing Environmental Preferences: Theory and Practice of the Contingent Valuation Method in the US, EU, and Developing Countries, Oxford: Oxford University Press.

Hanemann, W. M., Loomis, J. B. and Kaninnen, B. J., 1991. "Statistical Efficiency of Double-Bounded Dichotomous Choice Contingent Valuation", American Journal of Agricultural Economics, 73, pp.1255~1263.

Helen Briassoulis, 1991, "Methodological Issues-Tourism Input Output Analysis", Annals of Tourism Research, 18.

Hornsten, L. and Fredman, P., 2000, "On the distance to recreational forests in Sweden", Ecological Economics, 51(1), pp.1~10.

Johansson, P. O., Kristrom, B. and Maler, K. G., 1989, "A note welfare evaluation with discrete response data:, American Journal of Agriculture Economics, 71, pp.1054~1056.

John W. Duffield and David A. Patterson, 1991, "Inference and Optimal Design for a Welfare Measure in Dichotomous Choice Contingent Valuation", Land Economics, 67.

Kim Tai-Yoo, Kwak Seung-Jun and Yoo Seung-Hoon, 1998, "Applying Multi-Attribure Utility Theory to Decision-Making in Environmental Planning: A Case Study of the Electric Utility in Korea", Journal of Environmental Planning and Management, 41(5), pp.597~609.

Kotchen, M. J. and Reiling, S. D., 2000, "Environmental Attitudes, motivations, and contingent valuation of nonuse values: a case study involving endangered species", Ecological Economics, 32, pp.93~107.

Krutilla, J. V., 1967, "Conservation Reconsidered", American Economic Review, 57(4), pp.777~786.

Kwak Seung-Jun, Yoo Seung-Hoon and Kim Tai-Yoo, 2001, "A Constructive Approach to Air Quality Valuation in Korea", Ecological Economics, forthcoming.

Kwak, S. J, Lee J. and Russell C., 1997, "Dealing with Censored Data from Contingent Valution Durveys: Symmetrically-Trimmed Least Squares Estimation", Southern Economic Journal, 64(3), pp.743~750.

Kwak, S. -J. and C. Russell., 1994, "Contingent Valuation In Korean Environmental Planning: A Pliot Application to the Protection of Drinking Water Quality in Seoul", Environmental and Resource Economics, 4(4), pp.511~526.

Kwak, S. -J. and Russell C., 1996, "Exploring the Value of Drinking Water protection in Seoul, Korea", The Economics of Pollution Control in the Asia Pacific, Edward Elgar(UK), pp.199~225.

Kwak, S. J., Lee K. -P. and Chun. Y., 1996, "Estimation of the Benefit of Air Quality Improvement: An Application of Hedonic Price Technique in Seoul", The Economics of Pollution Control in the Asia Pacific, 8, Edward Elgar(UK), pp.171~181.

Leon, C. J., 1996, "Double Bounded Survival Values for Preserving the Landscape of National Parks", Journal of Environmental Management, 46(2), pp.103~118.

Liston-Heyes, C., and Heyes, A., 1998, "Recreational Benefits from the Dartmoor National Park", Journal of Environmental Management, 55(2), pp.69~80.

Lockwood, M., Loomis, J. and Delacy, T., 1993, "A Contingent Valution Survey and Benefit-Cost Analysis of Forest Preservation in East Gipps;and, Australia", Journal of Environmental Management, 38(3), pp.233~243.

Loomis, J., Kent, P., Strange, L., Fausch, K., and Covich, A., 2000, "Measuring the total economic value of restorinf ecosystem services in an impaired river basin: results from a contingent valuation survey", Ecological Economics, 33, pp.103~117.

Madaniels, T. L. and Roeddler, C., 1996, Multiattribute Elicitation of Wilderness Preservation Benefits: A Constructive Approach, manuscript, Westwater Reserach Centre, University of British Columbia.

Maile, P. and Mendelsohn, R., 1993, "Valuing Ecotourism in Madagascar", Journal of Environmental Management, 38(3), pp.213~218.

Mathieson, A., Wall, G., 1982, Tourism: Economic, Physical and Social Impact, New York: Longman.

Mendelsohn, R., 1980, "An Economic Analysis of Air Pollution From Coal-Fired Power Plants", Journal of Environmental Economics and Management, 7, pp.30~43.

Menkhaus, S. and Lober, D. J., 1996, "International Ecotourism and the Valuation of Tropical Rainforests in Costa Rica", Journal of Environmental Management, 47, pp.1~10.

Mitchell, R. C. and Carson, R. T., 1989, Using Survey to Value Public Goods: The Contingent Valuation Method, Resources for the Future, Washing, D. C.

Muringhan, J. K., 1994. "Game Theory and Orgaizational Behavior", Research in Organixational Behavior, 16, pp.96~100.

Nelson, J. P., 1982, Highway Noise and Property Values: a survey of recent evidence', Journal of Transport Economics and Policy 14(1), pp.37~52.

NOAA(National Oceanic and Atmospheric Administration), 1994, "Natural Resource Damage Assessments: Proposed Rules", Jan. 7, Part Ⅱ, Federal Register, 15 CFR Part 990, Department of Commerce, pp.1139~1184.

Parsons, Wayne, 1995, Public Policy: An Introduction to the Theory and Practice of Policy Analysis, Aldershot, England; Edward Elgar.

Pearce, D. G., 1989, 「Tourist Development」, London: Longman.

Pearce, D. W. and Turner, R. K., 1990, Economics of Natural Resources and the Environment, Johns Hopkins University Press, Baltimore.

Pething, R., 1994, Valuing the Environment: Methodological and Measurement Issues, Dordrecht, Kluwer Academic Publishers.

Petty, W., 1667, A Treatise of Taxes and Contributions, London, p.31, in MEW, Bd. 23, S. 106, 107.

Pizmam A. and A. Miltman, 1984, "The Social Impacts of Tourism", UNEP Industry and Environment, 7.

Polenske, K., 1980, The U.S. Multiregional Input Output Accounts and Model.

Price, C., 2000, "Valuation of unpriced products: contingent valuation, cost-benefit analysis and partcipatory democracy", Ecological Economics, 17(3), pp.187~196.

Randall, A., 1992, Total and nonuse values, in Braden, J. B. and Kolstad, C. D.(ed) Measuring the Demand for environmental Quality, North-Holland Press.

Rolfe, J., Bennett, J. and Louviere, J., 2000, "Choice modelling and its potential application to tropical rainforest preservation", Ecological Economics, 35(2), pp.289~302.

Rollins, K. and Lyke, A., 1998, "The Case for Diminishing Margina Existence Values", Journal of Environmental Economics and Management, 36(3), pp.289~344.

Russell, C., V., Lee, J., Jensen, M. H., Kane, M., and Gregory, R., 2001, "Experimenting with multi-attribute utility survey methods in a multi-dimensional valuation problem", Ecological Economics, 36(1), pp.87~108.

Sanders, L. D., Walsh, R. G. and Loomis, J. B., 1990, "Toward Empirical Estimation of the Total Value of Protecting Rivers", Water Resources Reserach, 26(7), pp.1345~1357.

Scarpa, R., Chilton, S. M., Hutchinson, W. G. and Buongiorno, J., 1999, "Valuing the recreational benefits from the creation of nature reserves in Irash forests", Ecological Economics, 33(2), pp.237~250.

Shafer, E. L., Upneja, A., Seo, W. and Yoon, J., 2000, "Economic Value of Receational Power Boating Resources in Pennsylvania", Ecological Economics, 26(3), pp.339~348.

Shyamsundar, P. and Kramer, R. A., 1996, "Tropical Forest Protection: An Empirical Analysis of the Costs Borne by Local People", Journal of Environmental Economics and Management, 31(2), pp.129~144.

Spash, C. L., 2000, "Ecosystems, contingent valuation and ethics; the case of wetland re-creation", Ecological Economics, 34, pp.195~208.

Stevend, T. H., Belkner, R., Dennis, D., Kittredge, D., and Willis, C., 2000, "Comparison of contingent valuation and conjoint analysis in ecosystem management", Ecological Economics, 32, pp.63~74.

Stiglitz J.E., 1979, A Neoclassical Analysis of the Economics of Natural, Resources. in V, K.S mith(ed.). Scarcity and Growth Reoomsidered.(Ch.2). Baltimore: The Johns Hopkins University.

Travis, A. S., 1984, "Social and Cultural Aspects of Tourism", UNEP Industry and Environment, 7.

White, P. C. L. and Lovett, J. C., 1999, "Public preferences and willingness-to-pay for nature conservation in the North York Moors National Park, UK", Journal of Environmental Management, 55(1/2), pp.1~13.

Willis. K. G. and Garrod, G. D., 1993, "Valuing Landscape: a Contingent Valuation Approach", Journal of Environmental Management, 37(1).

Yoo Seung-Hoon and Chae Kyung-Suk, 2001, "Measuring the Economic Benefits of the Ozone Pollution Control Policy in Seoul: Results of a Contingent Valuation Survey", Urban Studies, 38(1), pp.49~60.

Yoo Seung-Hoon, Kwak Seung-Jun and Kim Tai-Yoo, 2000, "Dealing with Zero Response Data from Contingent Valuation Surveys: Application of Least Absolute Deviations Estimator", Applied Economics Letters, 7(3), pp.181~184.

Yoo Seung-Hoon, Kwak Seung-Jun and Kim Tai-Yoo, 2001, "Modeling Willingness to Pay Responses from Dichotomous Choice Contingent Valuation Surveys with Zero Observations", Applied Economics, 33(4), 523~529.

색인

(ㄱ)

가격의 역할 35, 52
가상 시나리오 137
가상적 수요곡선(pseudo-demand curve) 80
가상적 시장 122
가치형태 26, 27, 28, 30
가치형태론 26, 34
간접적인 비용 209
간접적인 편익 209
개인의 할인율 228, 230
건설효과 244, 245, 251, 253, 256, 262, 270, 273, 278, 281, 283, 287, 288, 289
경매법(bidding game) 118, 265
경제활동의 지표 36, 37, 52
계약곡선 51
고정점 편의(anchoring point bias) 119
공공재의 가치 22, 23, 34, 35, 52, 77, 83, 85, 86, 87, 101, 116, 117, 118, 134
공공재의 가치 측정 방법 6, 7, 81, 114, 115
공공재의 최적 생산량 73, 75
공공재의 특성 64
공급곡선 23, 38, 39, 74, 77, 164
관광개발의 경제적 영향 246
관광개발의 사회 · 문화적 영향 246
관광개발의 환경적 영향 246
관광개발정책의 비용 편익 분석 243, 250
관광효과 244, 251, 253, 254, 256, 257, 262, 270, 271, 278
교환가치 26
군십 표본 추출법(cluster sampling) 122
금전적 가치 145, 179
금전적인 비용(pecuniary cost) 207, 208, 209
금전적인 편익(pecuniary benefit) 207, 208, 209
기업의 할인율 228, 230

(ㄴ)

내부수익률(internal rate of return) 233, 241
노동의 잠재가격 213, 287
NOAA 보고서 120, 123, 131, 134, 265, 285
NOAA 보고서 가이드라인 81, 131, 134

(ㄷ)

다지역 투입산출모형(Multi Regional Input Output Model; MRIO) 245
단순무작위 표본 추출법(simple random sampling) 122
단순한 가치형태 27, 28
단일경계 양분선택형 질문법(Single-Bounded Dichotomous Choice; SBDC)124, 267

대중교통서비스 개선의 가치　144
대체가능성(substitutability)　83
도로 소음 오염 증가의 가치　103
독점시장　186, 196, 212
독점적 시장에서의 잠재가격　212
동등변화(equivalent valuation)　87, 93, 96, 97
동등잉여(equivalent surplus)　87, 94, 97, 98
동분산 가정　126
등가　27
디자인 편의(design bias)　113

(ㄹ)

로그우도함수(Log Likelihood Function)127, 267
로지스틱 분포　142
로지스틱 함수　140
로짓모형(logit model)　246

(ㅁ)

명시선호(stated preference)　101
무임승차자(free rider)　69
무차별곡선(indifference curve)　57
무투자 대안(donothing alternative) 193
무형적인 비용(intangible cost)　210
무형적인 편익(intangible benefit)　210
문화시설 건립의 비용 편익 분석　279, 280
물물교환의 메커니즘　30
민감도 분석　190, 199, 200, 202, 203

(ㅂ)

베르누이 분포(Bernoulli Distribution)　142
보상변화(compensating valuation)

87, 93, 95, 96, 97
보상잉여(compensating surplus)　87, 93, 97, 98
보이지 않는 손　40
부가가치 승수　245, 262
비사용가치　81, 105, 109, 110, 114, 116, 135, 136, 281
비순수공공재(impure public goods)　66
비시장재화(non-market goods)　215
비시장재화의 가치 측정 방법　101
비용편익분석　200
비표본 오차(non-sampling error)　121
비확률 표본 추출법　122
비효율성　41, 64, 72, 73, 145, 279

(ㅅ)

사용가치　25, 26, 33, 109, 110, 135, 281
사적 비용(private cost)　251, 252
사적재(private goods)　23, 34, 64, 65, 66, 67, 73, 77, 78, 164
사전조사(pretest)　146, 160, 167, 168, 263, 266
사회복지서비스의 가치　164
사회적 비용(social cost)　251, 252
사회적 순편익(social net benefit)　252
사회적 편익(social benefit)　185, 186, 194, 196, 197, 244, 245, 278
사회적 할인율(social discount rate)　227, 228
사회후생　183, 184, 185, 188, 193, 201, 208, 220, 221, 237, 238, 239, 244, 255, 263
산림의 위락가치　107, 108
산업연관분석　247
삼중경계 양분선택형 모형　125
상품　25~27, 29~31, 33,

36~ 38, 43, 49, 52, 53, 91, 185, 211
생명의 가치 217~219
선택가치 110, 135
선형 회귀분석 138, 139
선호체계(preference relation) 83
소비의 비경합성(nonrivalness in consumption) 65
소비의 비배제성(nonexcludability in consumption) 65
소비자 선택 이론 53, 94
소비자의 신덱 54, 57, 61, 94, 95, 97
소비자 잉여(consumer surplus) 2 3, 38, 39, 42, 43, 73, 74, 77~81, 85~88, 90, 92, 101, 104, 106, 112, 164
수요공급곡선 38
수용의사금액(Willingness To Accept:) 84, 131
순수공공재(pure public goods) 65
순편익(net benefit) 44, 222, 233
시작점 편의(starting point bias) 118, 265
시장경제체제 36
시장수요곡선 23, 73, 77~79, 81, 101, 164, 165
시장이자율 185, 228, 229, 231, 232
실물적인 비용(real cost) 207~210
실물적인 편익(real benefit) 207~210

(ㅇ)

양분선택형 질문법(dichotomous choice question) 119, 265
에지워스상자(Edgeworth Box) 47, 48, 50, 51

엑손 발데즈 호 사건(Exxon Valdez) 135~137
여행비용법(Travel Cost Method; TCM) 101, 106, 107, 115
여행생성함수(trip generating function) 106
예산선(budget line) 55
완전경쟁시장 211~213, 218
우도(likelihood) 141
우도함수(likelihood function) 142
우편조사 101, 122, 131, 148, 168, 264, 266
위락가치 108
유산가치 110, 135
유형적인 비용(tangible cost) 210
유형적인 편익(tangible benefit) 210
이전소득(transfer payment) 194, 253
이중 계산(double counting) 195, 253, 254
이중경계 양분선택형 질문법(Double-Bounded Dichotomous Choice; DBDC) 120, 124, 125, 160, 168
이항형 변수 126, 138, 141
일대일 면접조사 122, 123, 148, 159, 168, 245, 264, 266, 285
일반적 등가물 31~33
일반화된 가치형태 26, 30, 32, 33
임의 표본 추출법(convenience sampling) 122

(ㅈ)

자연자원의 가치 135, 136
자율적인 배급 기능 37, 38
잠재가격(shadow price) 211
잠재적 파레토 개선(potential pareto improvement) 183
장애인 콜택시의 적정요금 164

재화묶음(bundle of goods) 48, 83
전략적 편의(strategic bias) 113
전략적 행위 148, 150, 265
전수 조사(census survey) 121
전화조사 122, 131, 148, 159, 160,
　　168, 264, 266
절단 평균값(truncated mean) 130,
　　270
정보 편의(information bias) 113
정부의 할인율 228~230
정책 분석 5, 207
정책 시나리오 190, 193~195, 201,
　　203
정책의 비용 편익 분석 6, 7, 179,
　　184, 185, 188, 189, 209, 220,
　　226
정책의 효율성 179, 181, 182, 184,
　　188, 203
제시금액 120, 124, 127, 128, 129,
　　132, 136, 146, 148~161, 167,
　　168, 266
조건부 가치 측정법(Contingent
　　Valuation Method; CVM) 245
존재가치 110, 131, 135
중앙값(median) 130
중위투표자 정리 130
지불수단 117, 118, 136, 137, 146,
　　147, 159, 167, 168, 265, 284
지불의사 유도 방법 146~148, 159
지불의사금액 함수 110, 116, 123,
　　124, 126, 133, 134, 138, 149,
　　150, 160, 161, 169, 171, 173,
　　175, 178, 246, 263, 266, 267,
　　285, 286
지불의사금액(Willingness To Pay:
　　WTP) 84
지불의사금액(Willingness To Pay; WTP)
　　101, 131, 265
지불카드법(payment card) 119, 265

직접적인 비용 209
직접적인 편익 209
직접질문법(direct question) 118, 265

(ㅊ)

청계천 복원 사업 19~22, 189,
　　190~202, 204~206, 208~210,
　　214, 221
청구항별 심사제도의 가치 10, 156
초기부존자원 49
총비용(total cost) 42
총요소생산성 258
총편익(total benefit) 42
최대우도추정법(Maximum Likelihood
　　Estimation; MLE) 267
최소자승법(Ordinary Least Square;
　　OLS) 267
최소자승법의 기본 가정 126
층화 표본 추출법(stratified random
　　sampling) 122

(ㅌ)

토지의 잠재가격 215

(ㅍ)

파레토 개선(Pareto-improvement)
　　41, 182
파레토 최적(Pareto-optimality) 40
파레토 효율(Pareto-efficiency) 40,
　　50
판단 표본 추출법(judgement sampling)
　　122
편의(bias) 81, 113, 120
편익-비용비(benefit-cost ratio) 200,
　　222, 233
표본 조사(sample survey) 121

표본선택편의(sample selection bias) 109
프로빗 모형(probit model) 129
프로빗모형(probit model) 246

(ㅎ)

하천 수질 개선의 가치 111~113
한계대체율 체감의 법칙 60, 61
한계대체율(marginal rate of substitution) 51, 59
한계비용(marginal cost) 42
한계생산성 229
한계지불의사금액 88
한계편익(marginal benefit) 42
한계편익곡선 42, 45, 47
한계효용체감의 법칙 61
할당 표본 추출법(quota sampling) 122
할인율(discount rate) 186, 224
헤도닉 가격함수 103~105
헤도닉가격기법(Hedonic Price Method; HPM) 101, 102

현시선호(revealed preference) 101
현재가치법 222~234, 242
현재가치화 186, 199, 202, 222, 223, 226, 227, 234, 235, 240, 274, 277, 289
화폐가치 22, 23, 34, 83, 84, 85, 86, 92, 95, 96, 99, 100, 105, 119, 185, 186, 202, 207, 216, 218
화폐상품 32
화폐형태 26, 32
확대된 가치형태 26, 28, 30
확률 표본 추출법 122
환경비용(environmental cost) 252, 274
환경재의 가치 평가 269
효용수준 49, 50, 57, 58, 59, 83, 94, 95, 96, 97, 98, 100
효율성 조건 42, 44, 73, 76
효율적인 공공재의 배분 35
효율적인 생산량의 결정 44
효율적인 자원배분 36, 40, 51, 52
효율적인 정책 187, 188, 235, 240, 289

고태호

■약력
제주대학교 행정학사
한양대학교 도시개발경영학 석사
고려대학교 경제학 박사
현) 제주발전연구원 책임연구원
제주대학교 행정학과 시간강사

공공재의 가치

초판인쇄 | 2010년 3월 4일
초판발행 | 2010년 3월 4일

지은이 | 고태호
펴낸이 | 채종준
펴낸곳 | 한국학술정보㈜
주　소 | 경기도 파주시 교하읍 문발리 파주출판문화정보산업단지 513-5
전　화 | 031) 908-3181(대표)
팩　스 | 031) 908-3189
홈페이지 | http://www.kstudy.com
E-mail | 출판사업부　publish@kstudy.com
등　록 | 제일산-115호(2000. 6. 19)

ISBN　978-89-268-0742-2 93350 (Paper Book)
　　　978-89-268-0743-9 98350 (e-Book)